Studien zur Geschichte und Kultur des Alt

1. Reihe, 13. Band

STUDIEN ZUR GESCHICHTE UND KULTUR DES ALTERTUMS

Neue Folge

1. Reihe: Monographien

Im Auftrag der Görres-Gesellschaft herausgegeben von
Heinrich Chantraine, Tony Hackens,
Hans Jürgen Tschiedel u. Otto Zwierlein

13. Band

1998

Ferdinand Schöningh

Paderborn · München · Wien · Zürich

BARBARA VOLLSTEDT

Ovids „Metamorphoses", „Tristia" und „Epistulae ex Ponto" in Christoph Ransmayrs Roman „Die letzte Welt"

1998

Ferdinand Schöningh
Paderborn · München · Wien · Zürich

Die Deutsche Bibliothek – CIP-Einheitsaufnahme

Vollstedt, Barbara:
Ovids "Metamorphoses", "Tristia" und "Epistulae ex Ponto" in
Christoph Ransmayrs Roman "Die letzte Welt" / Barbara Vollstedt. –
Paderborn; München; Wien; Zürich: Schöningh, 1998
  (Studien zur Geschichte und Kultur des Altertums: Reihe 1,
  Monographien; Bd. 13)
  ISBN 3-506-79063-3

Gedruckt auf umweltfreundlichem, chlorfrei gebleichtem
und alterungsbeständigem Papier ☉ ISO 9706

© 1998 Ferdinand Schöningh, Paderborn
(Verlag Ferdinand Schöningh GmbH, Jühenplatz 1, D-33098 Paderborn)

Alle Rechte vorbehalten. Dieses Werk sowie einzelne Teile sind urheberrechtlich geschützt. Jede
Verwertung in anderen als den gesetzlich zugelassenen Fällen ist ohne vorherige schriftliche
Zustimmung des Verlages nicht zulässig.

Printed in Germany. Herstellung: Ferdinand Schöningh, Paderborn

ISBN 3-506-79063-3

*Gewidmet ist diese Arbeit meinen lieben Eltern,
die mir immer mit Rat und Tat zur Seite stehen.*

PARENTIBUS CARISSIMIS

Ein herzliches Danke

meinen akademischen Lehrern

besonders Herrn Prof. Dr. Otto Zwierlein, der diese Arbeit immer sehr hilfsbereit und freundlich betreut hat

Herrn Prof. Dr. Peter Pütz für die Mühe des Korreferats

den Herausgebern der "Studien zur Geschichte und Kultur des Altertums", die diese Arbeit in ihre Reihe aufgenommen haben

der Görres-Gesellschaft für ihre großzügige Übernahme der Druckkosten

Herrn Dr. Robert Cramer für genaue und scharfsinnige Korrekturen

Zur Zitierweise

<u>Unterstreichungen</u> in den Zitaten stammen von der Verfasserin und sollen Detailvergleiche optisch erleichtern.

<u>Unterstreichungen</u> in den Zitaten aus dem Interview der Verfasserin mit Christoph Ransmayr am 17.10.1996 in Köln sollen Ransmayrs lebhaftes Erzählen andeuten.

Kursivdruck im Literaturverzeichnis hebt die Kurztitel hervor, die in den Anmerkungen zitiert werden.

// in zitierten Versen kennzeichnet aus Platzgründen die Grenze zwischen zwei Versen.

Sofern die Übersetzungen dieser Arbeit nicht anders gekennzeichnet sind, stammen sie von der Verfasserin. Die Übersetzungen von Ovids Exildichtung wurden zum leichteren Verständnis in Prosa formuliert.

"Die letzte Welt" wird in einfacher Seitenangabe in ( ) zitiert.

Der Kommentar zu Ovids "Metamorphosen" wird als "Bömer" zitiert, der Kommentar zu Ovids "Tristien" als "Luck".

INHALTSVERZEICHNIS

Zur Zitierweise.. 9

Einleitung... 13

I.   WERDEGANG OVIDS UND RANSMAYRS...................................... 19

II. ZUR GENESE DES ROMANS "DIE LETZTE WELT"........................ 25

III. OVIDS "METAMORPHOSES" IN "DIE LETZTE WELT"................... 29

    1. Metamorphose als Thema... 30
    2. Metamorphose als Fiktion innerhalb einer Fiktion................... 33
        2. 1. "Midas": eine Komödie Nasos... 33
        2. 2. "Die Pest auf Aegina": eine Rede Nasos......................... 35
    3. Die Verwandlung der fiktiven "Metamorphosen"in Realität
       innerhalb einer Fiktion.. 39
        3. 1. Cyparis.. 40
        3. 2. Ceyx und Alcyone... 41
        3. 3. Argus, Io und Merkur... 48
        3. 4. Hector, Hercules und Orpheus...................................... 51
        3. 5. Echo.. 54
        3. 6. Lycaon.. 57
        3. 7. Battus.. 59
        3. 8. Tereus, Procne und Philomela...................................... 60
        3. 9. Verarbeitung der Mythen... 63
    4. Flutbericht... 66
    5. Weltalter.. 75
    6. Metamorphose... 80
        6. 1. in Ovids "Metamorphosen".. 80
        6. 2. in "Die letzte Welt"... 87

IV. FORMKUNST... 99

    1. Struktur... 99
    2. Verknüpfungstechnik... 102
    3. Stil.. 107
    4. Bildteppiche als Spiegel der Formkunst............................... 110
    5. "Ars latet arte" und die "Erfindung der Wirklichkeit"........... 116

V.	Ovids "Tristia" und "Epistulae ex Ponto" in "Die letzte Welt".....	121
	1. Relegation aus Rom..	122
	1. 1. Gründe: Carmen et error..	122
	1. 2. Abschied von Rom..	132
	1. 3. Manuskriptverbrennung...	139
	1. 4. Ovid und seine Frau...	147
	1. 5. Überfahrt von Rom nach Tomi.......................................	153
	2. Tomi...	157
	2. 1. Klima...	158
	2. 2. Natur...	162
	2. 3. Bewohner...	165
	2. 4. Medea...	170
	3. Ovid und Naso...	172
VI.	Ein "Ovidisches Repertoire"..	185
VII.	Zusammenfassung...	189
VIII.	Literatur...	191

EINLEITUNG

Im Pressedienst der Österreichischen Industrie vom 7. Juni 1989 heißt es anläßlich der Verleihung des Anton-Wildgans-Preises an Christoph Ransmayr für seinen Roman "Die letzte Welt" :

> Die Konfrontation des antiken Stoffes mit der Gegenwart und die Verwandlung von Mythen in gegenwärtige Bilder stellen den besonderen Reiz des Werkes dar.[1]

Zwar hat "Die letzte Welt" nach ihrem Erscheinen 1988 eine Flut positiver bis überschwenglicher Kritiken[2] ausgelöst, aber das Verhältnis zwischen Ransmayrs Roman und seiner lateinischen Vorlage blieb in ihnen weitgehend unberücksichtigt. Unter den allmählich erscheinenden Abhandlungen über "Die letzte Welt" gingen lediglich zwei kurze Aufsätze Töchterles[3] und ein Kapitel aus Epples Handreichung für den Deutschunterricht[4] näher auf die Bedeutung des antiken Dichters für den Roman ein.

Dabei fordert Ransmayr im beigegebenen "Ovidischen Repertoire", das in synoptischer Anordnung Kurzbeschreibungen der "Gestalten der letzten Welt" und "Gestalten der alten Welt" bietet, seine Leser doch deutlich dazu auf, Beziehungen zwischen Ovids Text und seinem eigenen zu entdecken. Dieser Aufforderung ist offenbar eine Reihe von Lesern gefolgt, denn nach dem Erscheinen von "Die letzte Welt" scheint die Nachfrage nach (sogar zweisprachigen) "Metamorphosen"-Ausgaben gestiegen zu sein[5].

Umso befremdlicher muten gelegentliche Bemerkungen mancher Philologen über Ransmayrs Verhältnis zu Ovid an.

---

[1] "Pressedienst der Industrie" von Mittwoch, 7. Juni 1989, 18.00 Uhr.
[2] Siehe das Literaturverzeichnis unter "Rezensionen" (Literatur 2. 1.). Negative Stimmen gibt es ver-schwindend wenige.
[3] Töchterle, Gegen das Große und Ganze, S. 12-13; ders.: Spiel und Ernst, S. 95-106.
[4] Epple, Unterrichtshilfen, S. 84-91. Entgegen dem Untertitel wird Ovid in folgender Aufsatzsammlung nur oberflächlich mit einbezogen: "Keinem bleibt seine Gestalt". Ovids "Metamorphoses" und Christoph Ransmayrs "Letzte Welt". Essays zu einem interdisziplinären Kolloquium ("Keinem bleibt seine Ge-stalt").
[5] Das ergibt sich aus einer Antwort des Artemis-Verlags auf eine Anfrage Manfred Fuhrmanns. Fuhrmann, Die letzte Welt, S. 254.

Zu einer ersten Gruppe der Bemerkungen zählen die nebulösen. Bartsch bezeichnet das Verhältnis zwischen Ransmayr und Ovid als "dialogisch"[1]. Petra Kiedaisch stellt fest: "Der Autor spielt mit der Textvorlage der 'Metamorphosen'"[2]. Offen bleibt, wie Ransmayr mit seiner antiken Vorlage "spielt". Arlette Camion ist die Beziehung gar unheimlich: Ransmayrs Ovidanspielungen seien "des récits 'spectraux'"[3].

Zweitens gibt es methodisch bedenkliche Äußerungen. De Groot beruft sich bei seinem kurzen "Vergleich mit authentischen biographischen Daten" nicht auf Ovids "Tristia" und "Epistulae ex Ponto", sondern auf Sekundärliteratur über Ovid[4].

Drittens verbietet ein Klassischer Philologe Christoph Ransmayr geradezu die Beschäftigung mit Ovid. Denn Reinhold Glei wirft Ransmayr vor, Ovid falsch zu interpretieren, und hält damit indirekt 'falsches' Interpretieren für illegitim. Orientiert sich der österreichische Autor an Ovid, meint Glei: "Jedenfalls hätte sich Ransmayr für seinen Versuch, das identitätslogische Denken zu demontieren, nicht auch noch auf Ovid berufen dürfen"[5]. Weicht Ransmayr von seiner Vorlage ab, stellt Glei vorwurfsvoll fest: "Mit Ovid hat das nichts zu tun."[6] Sollten jedoch literarischer Rezeption (im Gegensatz zu einer wissenschaftlichen Interpretation) Abweichungen vom Originalsinn nicht erlaubt sein?

Herwig Gottwald schließlich ist der Ansicht, Ovids Vorlage sei für "Die letzte Welt" kaum von Bedeutung. Er erkennt in Ransmayrs Werk Merkmale eines Kriminal- und Bildungsromans, eines Exilromans und politischen Romans, aber nicht eines Antikeromans: "Die Beziehung des Romans zur Antike scheint mir eher eine indirekte"[7]. Ransmayr fordere lediglich zu einem kritischen Umgang mit einem tradierten Rombild zur Zeit des Augustus auf. Aber auch eine kritische Auseinandersetzung ist doch wohl eine Auseinandersetzung mit der Antike. Gottwald behauptet außerdem:

> Die Ovid-Zitate bei Ransmayr sind gekennzeichnet, der Autor legt im "Ovidischen Repertoire" die Karten offen auf den Tisch, die Intertextualität dient also - im Gegensatz zu Ecos Roman - nicht als Aufforderung zur Entschlüsselung, sodaß auch das 'postmoderne' Vernügen des Lesers am 'Dechiffrieren' fehlt.[8]

In seinem "Ovidischen Repertoire" legt Ransmayr jedoch längst nicht alle Bezüge zwischen beiden Dichtungen offen, und der Spürsinn eines 'lector doctus'

---

[1] Bartsch, Mythos, S. 18.
[2] Kiedaisch, Ist die Kunst noch heiter?, S. 245.
[3] Camion, Le goût de métamorphoses, S. 40.
[4] De Groot, Es lebe Ovid, S. 255-256.
[5] Glei, Ovid in Postmoderne, S. 423.
[6] Ebd.
[7] Gottwald, Mythos und Mythisches, S. 5.
[8] Ebd. S. 9.

stößt auf immer neue Verbindungen.[1] Auf Vorbildstellen aus Ovids Exilliteratur weist Ransmayr kaum hin. Gottwald widerspricht sich im übrigen, wenn er selbst wenige Seiten später dem Reiz, die - um mit ihm Umberto Eco zu zitieren - "disiecta membra" des Prätextes aufzusammeln, nicht widerstehen kann: "Wie genau Ransmayr den antiken Text verarbeitet hat, zeigt die montageartige Behandlung des Pluto-Mythos"[2].

In "Die letzte Welt" scheint Ransmayr selbst metaphorisch anzudeuten[3], wie aus spielerischer Nachahmung Ovids mit der Zeit ein eigenständigeres Kunstwerk entstanden ist:

> Unter den Umarmungen der Zweige war schließlich nicht mehr zu erkennen, ob ein Wetterhahn oder eine Giebelfigur noch an ihrem Platz stand oder längst zerfallen war. Das wuchernde Grün ahmte die Formen, die es umfing, anfänglich spielerisch und wie zum Spott nach, wuchs dann aber nur noch seinen eigenen Gesetzen von Form und Schönheit gehorchend weiter und über alle Zeichen menschlicher Kunstfertigkeit hinweg.[4]

Viel wichtiger als zu erkennen, welche Geschichten Ovids Ransmayrs Roman zugrunde liegen, ist es darüber hinaus zu untersuchen, *wie* diese Geschichten verarbeitet werden. Das ist das Ziel dieser Arbeit.

Mag am Ende eines Vergleichs sich ein Qualitätsurteil von selbst ergeben: zunächst sollte weder die Germanistik antike Wurzeln ignorieren noch die Klassische Philologie moderne Antikerezeption vorn vornherein als minderwertig verurteilen. Um letzteres zu vermeiden, empfiehlt es sich, Hans Blumenbergs Definition eines Umgangs mit Mythen in Erinnerung zu rufen. Blumenberg versteht Mythos "als immer schon in Rezeption übergegangen"[5]. Mythenproduktion sei gleichzusetzen mit Mythenrezeption. Auch Homer und Hesiod würden erst daraus begreiflich. Blumenbergs Definition läßt dadurch auch modernen Mythenerzählungen, wie zum Beispiel Christoph Ransmayrs Roman "Die letzte Welt", Gerechtigkeit widerfahren:

---

[1] Dazu richtig Epple: "Die deutliche Abweichung von Ovid bei gleichzeitig erkennbar bleibender Herkunft der Metamorphose ist grundlegend für Ransmayr. Er demonstriert sie in dem angehängten "Ovidischen Repertoire, das einerseits dem Nicht-Ovid-Kenner aufschlußreiche Vorhinweise gibt, das andererseits dem Ovid-Kenner den problemlosen Vergleich ermöglicht - und ihm dennoch Freiraum für eigene Entschlüsselungen läßt. Denn das Inventar deckt nicht alle angedeuteten Metamorphosen auf, Cottas Traum in Trachila zum Beispiel oder die knapp zusammengefaßten Berichte Echos werden nicht aufgelistet" (Unterrichtshilfen, S. 90).
[2] Gottwald, Mythos und Mythisches, S. 19.
[3] Epple: "Zudem läßt sich in diesem Bild eine Metapher auf das Verhältnis der *Letzten Welt* zu den *Metamorphosen* erkennen" (Unterrichtshilfen, S. 70).
[4] Christoph Ransmayr: Die letzte Welt. Mit einem Ovidischen Repertoire. Nördlingen 1988 (Die Andere Bibliothek 44), S. 271. Nach dieser Ausgabe wird desweiteren fortlaufend mit einfacher Seitenangabe in Klammern zitiert.
[5] Blumenberg, Mythos, S. 28.

> Die Antithese von schöpferischer Ursprünglichkeit und hermeneutischer Nachläufigkeit ist unbrauchbar: selbst wenn es das Ursprüngliche als Faßbares gäbe, wäre es in dieser Qualität zwar von stupendem, aber nicht artikulierbarem Interesse. Der Reiz des Neuen geht in den Genuß des Verstehens dadurch über, daß es als Kühnheit gegenüber dem Alten und als beziehbar auf dieses verstanden wird.[1]

Ein Mythos ist zur Rezeption gut geeignet. Einige Elemente sind, um ihn wiederzuerkennen, unerläßlich, aber "Mythos ist kein Kontext, sondern ein Rahmen, innerhalb dessen interpoliert werden kann"[2]. Neue Elemente könnten in Geschichten verwoben und alte ausgelassen werden, erklärt Blumenberg mit Bezug auf Brechts "Berichtigungen alter Mythen" (1933), der sich nach seiner Lektüre von Odysseus' Sirenenabenteuer fragt: "Das ganze Altertum glaubte dem Schlauling seine List. Sollte ich der erste sein, dem Bedenken aufsteigen?"[3]

Mythenrezeption hat es in der Literatur immer gegeben. Seit den Achtzigerjahren rücken in Europa antike Themen verstärkt in den Vordergrund. Christa Wolfs Romane "Kassandra" und "Medea" vergegenwärtigen griechische Stoffe. In Peter Handkes "Der Chinese des Schmerzes" tötet ein Vergil zitierender Lateinlehrer einen Neonationalsozialisten; in Cees Nootebooms "Het volgende verhaal" begibt sich ein niederländischer Altphilologe auf Reisen. Der Belgier Henry Bauchau erzählt "Oedipus unterwegs". Die Liste ließe sich lange fortsetzen.[4]

Besonderer Beliebtheit erfreut sich seit dem Zweiten Weltkrieg Ovid.[5]

1959 erschien Vintila Horias Ovidroman "Dieu est né en exil" (dt. 1961: "Gott ist im Exil geboren"), in dem die Verbannung des römischen Dichters auf unsichtbaren Befehl Gottes erfolgt, damit Ovid im Exil die Wahrheit über den christlichen Gott erkenne.

1963 gab Ernst Fischer fiktive "Elegien aus dem Nachlaß des Ovid" heraus. "Nazo poeta" (1969, dt. 1975: "Der Täter heißt Ovid") nannte der Pole Jacek Bocheński einen Krimi. Aus Helmut Langes Feder stammt ein Drama: "Staschek oder das Leben des Ovid" (1973). Schließlich widmete Volker Ebersbach 1984 eine seiner historischen Erzählungen dem lateinischen Dichter: "Der Verbannte von Tomi".

1987, ein Jahr vor Christoph Ransmayrs Roman "Die letzte Welt", war bereits im selben Verlag[6] ein Ovidroman erschienen: David Malouf: Das Wolfs-

---

[1] Ebd.
[2] Ebd. S. 51.
[3] Ebd. S. 50.
[4] Vgl. z.B. Seidensticker, Exempla, S. 7-42.
[5] Die Titel bis 1988 wurden zusammengestellt von Marion Giebel (Ovid, S. 156).
[6] Auch kürzlich wurde vom Eichbornverlag erneut ein antiker Klassiker im neuen Gewand herausgebracht - eine humorvolle "Odyssee" - Nacherzählung (Martin, Homer).

kind (engl. 1978: "An imaginary life"). Dieses Werk beschreibt die allmähliche Verwandlung des Kulturmenschen Ovid in einen kindlichen Naturmenschen.[1]

Sechs Jahre nach Ransmayrs Ovidroman stellten kürzlich zeitgenössische britische Dichter ihre Ovidvariationen einzelner "Metamorphosen"-Erzählungen vor: "After Ovid. New metamorphoses"[2].

Die größte Wertschätzung aller Ovidadaptationen hat bislang Christoph Ransmayrs Roman "Die letzte Welt" von Seiten der Kritiker erfahren. Zu Beginn der vorliegenden Arbeit wird der Werdegang des österreichischen Autors dargestellt. Ganz am Anfang soll jedoch mit Blick auf eine interdisziplinäre Leserschaft ein Einblick in Ovids Biographie nicht fehlen.

---

[1] Jorißen, der Maloufs Roman für das originellere Buch hält, stellt manch verblüffende Ähnlichkeit mit "Die letzte Welt" fest. Malouf zählt 100 Hütten in Tomi, Ransmayr 90 Häuser, Maloufs Ovid wohnt bei einem Netzflicker, Cotta bei einem Seiler. Beide Romane seien düster, bei beiden sei Verwandlung und zwar diejenige in ein kindliches Stadium bedeutsam (Jorißen, Der Autor ist tot, S. 1246-1248). Auf die beiden Romanen gemeinsame entlegene Topographie machen aufmerksam: Barbara Naumann, Topos-Romane, S. 95-105, und Kurt Bartsch (der seine Vorgängerin ignoriert), Mythos, S. 15-22.

[2] After Ovid.

I. WERDEGANG OVIDS UND RANSMAYRS

"Sulmo mihi patria est"[1] - "Sulmo ist meine Heimat" - so beginnt Ovids 132 Verse umfassende Autobiographie, die erste Dichter-Autobiographie, die aus der Antike überliefert ist[2].

In Sulmo, heute Sulmona (einer ca. 180 km von Rom entfernten Landstadt in den Abruzzen), wird Ovid am 20. März 43 v. Chr. geboren.

Er entstammt einem ererbten Ritterstand, nicht einem verliehenen, wie er betont.[3] Sein Vater schickt ihn mit seinem genau ein Jahr älteren Bruder[4] zum Unterricht nach Rom, damit dieser dort später den "cursus honorum", die übliche Ämterlaufbahn, durchlaufen könne.[5] Im Gegensatz zu seinem als Redner begabten Bruder, fühlt Ovid sich seit seiner Kindheit zum Dichtertum hingezogen.[6] Ovid bemüht sich, nur Prosa zu schreiben, aber alles gerät ihm zu Versen:

> sponte sua carmen numeros veniebat ad aptos,
> et quod temptabam scribere versus erat.[7]

> Von selbst erhielt das Gedicht passende Versfüße, und was
> ich zu schreiben versuchte, wurde zum Vers.

In ihrem sechzehnten Lebensjahr legen die Brüder die "toga virilis", das Männergewand an, das mit einem Purpurstreifen versehen und freigeborenen Knaben vorbehalten war. Ovids Bruder stirbt mit 20 Jahren, während Ovid selbst zu politischen Würden gelangt. Er bekleidet drei juristische Ämter. Als einer der "centumviri" arbeitet er an einem Gerichtshof, wo Zivilprozesse ausgetragen werden, als Mitglied der "tresviri capitales" beaufsichtigt er Gefängnisse und Strafvollzug, als Einzelrichter entscheidet er außerdem über Privatklagen. Doch um einen Platz im Senat will Ovid sich nicht bewerben, sondern bewegt sich lieber in Dichterkreisen. Er rühmt sich, Macer, Properz, Ponticus, Bassus und

---

[1] trist. 4, 10, 3. Sofern die Übersetzungen dieser Arbeit nicht anders gekennzeichnet sind, stammen sie von der Verfasserin.
[2] Vgl. Misch, Autobiographie, S. 308. Die Selbstvorstellung des Poeten wurzle im Hellenismus, in dem sich von der Inszenierung eines subjektiven Werkes ausgehend das Augenmerk allmählich auf die Person des Dichters gerichtet habe.
[3] trist. 4, 10, 7-8.
[4] trist 4, 10, 9-14.
[5] trist. 4, 10, 15-16.
[6] trist. 4, 10, 17-20.
[7] trist. 4, 10, 25-26.

Horaz näher gekannt zu haben - Vergil ("Virgilium vidi tantum"[1]) und Tibull nur vom Sehen.

Etwa 18-jährig veröffentlicht Ovid seine Liebeselegien "Amores", die sofort ein 'Bestseller' werden, und deren zweite Auflage noch zu Ovids Lebzeiten im Jahr 1 v. Chr. erscheint.

Ovid heiratet dreimal, erst die letzte Verbindung erweist sich als dauerhaft.

Etwa 4 v. Chr.[2] entstehen Ovids heute verlorene Tragödie "Medea" und die "Heroides"[3], Liebesbriefe berühmter Frauen an ihre fernen Geliebten. 1 oder 2 n. Chr. verfaßt Ovid seine "Ars Amatoria" (Liebeskunst) und "Remedia amoris" (Heilmittel gegen die Liebe). Bis 8 n. Chr. entstehen die Bücher eins bis sechs der "Fasten" (eines römischen Festtagskalenders) und Ovids "Metamorphosen". Dann sterben Ovids Eltern, denen so das Wissen um seine Verbannung erspart bleibt: im Jahr 8 n. Chr. wird der erfolgreiche und berühmte Dichter aus bis heute ungeklärten Gründen von Augustus nach Tomi ans Schwarze Meer relegiert.[4] Ovid selbst deutet im zweiten Tristienbuch "carmen et error"[5] ("Gedicht und Irrtum") als Gründe an. Gegen den Vorwurf, wegen seiner "Ars amatoria" ein "obsceni doctor adulterii"[6] ("Lehrer schändlichen Ehebruchs") zu sein, verteidigt Ovid sich, über seinen "error" schweigt er sich aus. Weil die "Liebeskunst" schon acht Jahre zuvor unbeanstandet erschienen war[7], sieht man in Ovids unbekanntem "error" das eigentliche Verbannungsmotiv. Als eine der wahrscheinlicheren Vermutungen gilt, Ovid sei wissentlich oder unwissentlich in eine Verschwörung Julias verwickelt gewesen, die die Position der Julier stärken wollte, indem sie ihren verbannten Bruder nach Rom zurückzuholen versuchte.[8]

Bei der milderen Verbannungsform einer Relegatio darf der Verbannte sein Vermögen und sein römisches Bürgerrecht behalten. Ovid kann weiter publizieren, und er, der 51 Jahre in der Sicherheit des wirtschaftlichen und kulturellen Aufschwungs der "Pax Augusta" als Dichter leben kann, bleibt trotz erschwerter Bedingungen auch im Exil seiner Muse treu. Nach 8 n. Chr. entstehen in fünf Büchern die "Tristia" (Klagelieder) und in vier Büchern die "Epistulae ex Ponto" (Briefe vom Schwarzen Meer). Ohne von Augustus oder dessen Nachfolger

---

[1] trist. 4, 10, 51.
[2] Zur Datierung der Schriften vgl. Syme, History in Ovid, S. 1-47.
[3] Die Echtheit einiger Briefe ist umstritten. "Despite occasional protests, however, Ovidian authorship of Her. 1-14 is assumed by most modern scholars", meint Knox im Vorwort seiner "Heroides"-Ausgabe (S. 7-8).
[4] Das Verhältnis zwischen Dichter und Kaiser beleuchtet Syme (History in Ovid, S. 169-229).
[5] trist. 2, 207.
[6] trist. 2, 212.
[7] Giebel, Ovid, S. 102.
[8] So Norwood (The riddle, S. 150-163) und Meise (Geschichte der Julisch-Claudischen Dynastie. S. 223-235: Die Verbannung Ovids). Die Geschichte der zwischen 1437 und 1963 vorgetragenem Hypothesen untersucht Thibault. Er kommt zu dem Schluß, daß keine These historisch zu beweisen ist (Thibault, The mystery).

Tiberius begnadigt zu werden, stirbt Ovid nach dem Zeugnis des Kirchenvaters Hieronymus etwa sechzigjährig 17 n. Chr. in Tomi, dem Ort seines Exils.

Lange hat man Ovids Bescheidenheitstopos ernstgenommen und sich mit seiner Exilliteratur als Werken 'geringerer' literarischer Qualität nur wenig auseinandergesetzt. Erst die Werke und das Schicksal der Schriftsteller, die von den Nationalsozialisten in die Emigration getrieben wurden, führten zu mehr Verständnis und größerer Bewunderung für Ovids Verbannungsgedichte[1]. Jüngere Gedicht- und Buchanalysen haben die hohe literarische Qualität von Ovids Exilliteratur bewiesen.[2]

Ransmayr haben besonders diejenigen Exilgedichte, die sich mit dem Prozeß und den Möglichkeiten dichterischen Schaffens beschäftigen, interessiert; aber anders als bisherigen fiktionalen Darstellungen des verbannten Dichters in dieser Jahrhunderthälfte dienen Ransmayr hauptsächlich Ovids "Metamorphosen" als Vorlage, deren Figuren er an Ovids Verbannungsort auftreten läßt.

Am selben Tag wie Ovid, am 20. März, wird Ransmayr 1954 in Wels (Oberösterreich) geboren. Er wächst in Roitham bei Gmunden am Traunsee auf.

1972 besteht er die Matura am Stiftsgymnasium und studiert von 1972-1978 Ethnologie und Philosophie an der Universität Wien. Etwa 20-jährig beschäftigt er sich vor allem mit den Philosophen der Frankfurter Schule[3]. Eine Dissertation bricht Ransmayr nach zwei Jahren ab, als der Cartoonist Manfred Deix ihn 1978 als Kulturredakteur zur linksliberalen Wiener Monatszeitschrift "Extrablatt" holt[4], wo er bis 1982 bleibt. Nach dem Zivildienst lebt Ransmayr als freier Schriftsteller in Wien und schreibt für das Magazin "Trans-Atlantik", für "Geo" und "Merian".

In seinen Reportagen erkennt man ein Faible für entlegene und öde Landschaften, untergehende Gesellschaftsformen, unmoralische Ausnutzung der Technik, skurrile Einzelgänger, sein Augenmerk ist stets auf Naturzerstörung, Vergänglichkeit und Tod gerichtet.

Einige Lieblingsworte Ransmayrs sind Ableitungen von den Wörtern "Wüste" und "Untergang" und das Adjektiv "letzter". In seiner Reportage über die Staumauer von Kaprun beschreibt er die "wüsten, grauen Steinhalden"[5], die "Verwüstung der Almen"[6], "Bilder von Steinschlagverwüstungen"[7]. In seinen "Vermutungen über den letzten Tag von Konstantinopel" zitiert Ransmayr einen Propheten: "*In einer Stunde ist sie* [die Stadt] *verwüstet*"[8], in seinen "Skizzen einer untergehenden Gesellschaft" über Hallig Hooge beschreibt er eine "Eis-

---

[1] Froesch, Exul poeta, S. 23-50.
[2] So Holzberg in seiner Einleitung zu einer Ausgabe von Ovids Exildichtung (Briefe aus der Verbannung, S. 596).
[3] Michaelsen, Visionen, S. 265 B.
[4] Ebd.
[5] Ransmayr, Kaprun, S. 114.
[6] Ebd. S. 115.
[7] Ebd. S. 117.
[8] Ransmayr, Der Held der Welt, S. 93.

wüste"[1] und eine Sturmflut, die Hooge "sehr verwüstete"[2], in seinem Bericht über Österreichs Mostviertel erzählt er von einer "untergehenden Bauernwelt"[3]. Die Themen "Untergang" und "Wüste" beherrschen auch seine Romane.

In seinem jüngsten Buch "Morbus Kitahara" (1995), das mit dem Aristeion-Literaturpreis der Europäischen Union ausgezeichnet wurde, zeichnet Ransmayr düstere Szenen barbarischer Schrecken nationalsozialistischer Herrschaft sowie einer niemals endenden amerikanischen Besatzungszeit in einer abgelegenen Bergwelt.

1982 erscheint Ransmayrs erstes Buch, "Strahlender Untergang. Ein Entwässerungsprojekt oder die Entdeckung des Wesentlichen", die zynische Schilderung eines Experimentes, bei dem Menschen in einem künstlich begrenzten "Terrarium" in der heißesten afrikanischen Wüste ausgesetzt werden, verdursten und allmählich verbrennen. Die Erzählung ist von Horkheimer/Adornos Kritik an der Aufklärung beeinflußt, die u.a. besagt, daß radikale Aufklärung nur technische Mittel hervorbringt, ohne sich Rechenschaft über deren Anwendungen abzulegen. Ransmayr nennt dies die "Neue Wissenschaft". Mit dem Wüstenexperiment nehme diese, wie es ihre Aufgabe sei, die Zukunft vorweg. Die Zukunft der Erde sei Wüste und Verschwinden allen Lebens[4]. Im tödlich endenden Experiment gehe der Mensch - wenigstens einmal an seinem Lebensende sich selbst und seines Handelns bewußt - der Vernichtung entgegen. Das Buch besteht aus 14 Seiten Text. Doppelt so viele Seiten zeigen 28 Reproduktionen nach Photographien von Willy Puchner, mit dem Ransmayr beim "Extrablatt" zusammengearbeitet und unter der Rubrik "Bildessay" gemeinsame Arbeiten veröffentlicht hat, so daß "Strahlender Untergang" als Ergebnis einer allmählichen Entwicklung Ransmayrschen Schreibens vom journalistischen Stil seiner (Bilder-) Reportagen, die bereits früh weniger nüchterne Fakten als dichterische Betrachtungen enthalten, zum poetischen Stil einer Erzählung betrachtet werden kann.

In seinem 1984 erschienenen zweiten Roman "Die Schrecken des Eises und der Finsternis" über die k. u. k. Nordpolexpeditionen von 1872-1876, für den er 1986 den Literaturpreis des Bundesverbandes der Deutschen Industrie erhält, geht Ransmayr wieder von Photographien und diesmal auch Erzählungen des mit ihm befreundeten Photographen Rudi Palla aus, der in die Arktis gereist war, und von dem neben elf zeitgenössischen Bildern acht Photographien im Roman abgebildet sind. 'Vorstudien' zum Roman waren schon 1982 im "Extrablatt" in zwei Teilen unter dem Titel "Des Kaisers kalte Länder. Eine historische Reportage" veröffentlicht worden. Mehr als in den 'Vorstudien' überwiegt der Textteil den Bildteil im fertigen Roman, in dem wiederum philosophische Betrachtungen über den menschlichen Forscherdrang zu finden sind, der diesmal mit dem Verschwinden von Menschen in einer Eiswüste endet. Ransmayr

---

[1] Ransmayr, Ein Leben auf Hooge, S. 132.
[2] Ebd.
[3] Ransmayr, Die vergorene Heimat, S. 32.
[4] Ransmayr, Strahlender Untergang, 2. Kapitel (Das Buch hat keine Seitenzahlen).

fertigt eine Collage aus historischen Tagebuchaufzeichnungen einiger Expeditionsteilnehmer und seiner eigenen erfundenen Erzählung über Mazzini an, der genau hundert Jahre später auf den Spuren der historischen Expedition in die Arktis reist, so daß sich Beziehungen zwischen alten und neuen Texten, zwischen alten Abbildungen und modernen Photographien, sowie zwischen den Texten und den Photographien ergeben.

In Ransmayrs drittem Roman "Die letzte Welt" besteht noch insofern eine Verbindung zwischen Text und Bild, als die gezeichneten römischen Ziffern, die die Kapitelzahlen angeben und allein die Kapitelüberschrift bilden, von Feuer verzehrt, von Wiedehopf, Spinne, Fischleichen, Nacktschnecken bedeckt und von Pflanzen überwuchert werden, und so statt einer sprechenden Überschrift bildlich auf die Kapitelinhalte verweisen.

Waren es in "Die Schrecken des Eises und der Finsternis" die historischen Tagebücher der Expeditionsteilnehmer, auf deren Spuren Mazzini im Eis wandert, so sind es nun Ovids "Metamorphosen" und Exilliteratur, also fiktive Texte, auf deren Spuren Ransmayr Cotta auf die Suche nach Tomi schickt; wieder an einen Ort am Ende der Welt. Mazzini geht in einer Eiswüste, Cotta in einer Steinwüste verloren.

Ort wie Zeit des Romans "Die letzte Welt" tragen sowohl antike Züge als auch Züge unseres Jahrhunderts. Es handelt sich nicht mehr um eine Collagetechnik, bei der zwei Geschichten, wenn auch aufeinander bezogen, so doch parallel erzählt werden, weil Ovid nur ganz vereinzelt unverfälscht in deutlich hervorgehobenem Kursivdruck zitiert wird. Vielmehr ist "Die letzte Welt" die Reise in eine Dichtung, nämlich in die "Metamorphosen".

Ransmayr fingiert, daß Ovid das einzige Exemplar seiner "Metamorphosen" vernichtet hat, und läßt Cotta nach Tomi reisen, in der Hoffnung, den verbannten Dichter und vielleicht sogar ein doch noch erhaltenes Manuskript zu finden.

Marcus Aurelius Cotta Maximus[1] ist der Name, den der jüngere Sohn des Redners Marcus Valerius Messala Corvinus nach seiner Adoption durch Aulus Cotta, wahrscheinlich seinem Onkel, und nach dem Tod seines älteren Bruders angenommen hat. Cotta ist Dichter und Redner. Er vertritt im Jahr 29 den Standpunkt von Tiberius im Senat[2] und wird vom Kaiser im Jahr 32 gegen den Vorwurf der Majestätsbeleidigung in Schutz genommen[3]. Ovid bezeichnet ihn in einem seiner Briefe vom Schwarzen Meer an Cottas älteren Bruder als guten Freund[4] und adressiert sechs Briefe[5] an Cotta. Nicht zufällig ist "Cotta" auch der Name eines bekannten Verlegers der Goethezeit und eines heutigen Verlages, so daß Cotta als überzeitliches Beispiel für einen kritischen Literaten gesehen werden kann.

---

[1] Biographische Daten Cottas und Hinweise auf Tacitus und Plinius bei Gundel, Aurelius, 767. Vgl. auch: Syme, History in Ovid.
[2] Tac. ann. 5, 3, 2.
[3] Tac. ann. 6, 5, 1.
[4] Pont. 1, 7, 33.
[5] 1, 5. 9; 2, 3. 8; 3, 2. 5.

Cotta findet Ovid nie, sondern nur Fragmente der "Metamorphosen", die in Tomi zum Teil Wirklichkeit geworden sind; denn die Bewohner Tomis entstammen dem mythischen Personenkreis der "Metamorphosen".

Ransmayr kommt damit Ovids Aufforderung aus Tomi an einen Freund nach, der in Rom voller Sehnsucht Ovids Bild betrachtet:

> grata tua est pietas, sed carmina maior imago
>   sunt mea, quae mando qualiacumque legas,
> carmina mutatas hominum dicentia formas.[1]

> Deine Anhänglichkeit tut mir gut, aber ein besseres Bild von mir ist meine Dichtung, ich bitte dich, die Dichtung von den verwandelten Menschengestalten [= "Metamorphosen"] zu lesen, wie auch immer sie sei.

Das Ergebnis von Ransmayrs Suche nach seinem ganz persönlichen Ovid ist "Die letzte Welt", in der mit der Cottahandlung zugleich ein Lektüreprozeß dargestellt wird.

Ransmayrs schriftstellerische Entwicklung führt vom Philosophiestudium über seine journalistische Tätigkeit zu den Bildessays, die ihren poetischen Ausdruck in Ransmayrs erster Erzählung "Strahlender Untergang" finden, und über Ransmayrs zweiten Roman "Die Schrecken des Eises und der Finsternis", der bereits zwei veschiedene Texte und Zeiträume aufeinander bezieht, zwischen denen eine Hauptfigur verschwindet, und endet zunächst bei seinem Roman "Die letzte Welt". Welche Voraussetzungen darüber hinaus zur Entstehung dieses dritten Hauptwerkes geführt haben, zeigt sich im nächsten Kapitel.

---

[1] trist. 1, 7, 11-13.

II. Zur Genese des Romans "Die letzte Welt"

Während Ransmayrs Gymnasialzeit gehörte Ovid zur Pflichtlektüre, doch hat man dort Christoph Ransmayr nicht für den lateinischen Dichter interessieren können:

> In einiger Entfernung [von Roitham] gibt es ein Benediktinerkloster, und dort habe ich diese Matura gemacht [...], da hat man natürlich auch Ovid lesen müssen, und aus dieser Zeit gibt es überhaupt keine besonderen Erinnerungen an dieses Werk, da gab es einfach noch keine Öffnung in diese Geschichte, da war viel zu viel Gerümpel, eben bildungsbürgerliches Gerümpel, um die Geschichte, als daß ich ihre ungeheure Kraft hätte entdecken können. [1]

Seine Begeisterung für Ovid wird erst Jahre später geweckt. Bei "Trans-Atlantik" lernt Ransmayr Hans Magnus Enzensberger kennen und soll für den neunten Band der Anderen Bibliothek, "Wasserzeichen der Poesie oder die Kunst und das Vergnügen, Gedichte zu lesen" (1985), einen Abschnitt der "Metamorphosen" übersetzen[2].

Christoph Ransmayr erinnert sich:

> "Die Letzte Welt" ist nicht aus einem Übersetzungsauftrag entstanden, weil dazu meine Kenntnisse des Lateinischen absolut nicht mehr ausreichen würden, also ein Werk wie die Metamorphosen zu übersetzen, aber es war einfach ein Gespräch; als Enzensberger "Die Andere Bibliothek" gegründet hat (wir kannten uns ja damals und waren freundschaftlich miteinander verbunden), gab es natürlich auch viele Gespräche über das, was in einer solchen Bibliothek vorkommen könnte, was eine solche Bibliothek enthalten müßte und dazu gehörte natürlich auch, daß die "Metamorphosen" in irgendeiner Form vertreten sein sollten. Da gab es auch einmal das Projekt, das hatte mit mir zunächst gar nichts zu tun, das war nur so ein Gespräch, in dem es hieß, man sollte die "Metamorphosen" sozusagen entrümpeln, man sollte eigentlich dieses Werk noch einmal in einer Art zeitgenössischer Prosa zu erzählen oder zu übersetzen versuchen. [...]. Mir hat Enzensberger damals vorgeschlagen, ob ich nicht den Versuch machen möchte, ein Stück aus den "Metamorphosen" oder vielleicht das ganze Buch in eine Art zeitgenössische Prosa zu bringen. Und ich habe damals eben für diesen Band "Das Wasserzeichen der Poesie" diese Dädalusgeschichte erzählt, also sie in das, was ich mir unter Prosa vorgestellt habe, zu bringen versucht.[3]

---

[1] Christoph Ransmayr im Interview mit der Verfasserin am 17.10.1996 in Köln. Im folgenden zitiert als "Interview". Obwohl Ransmayr sich gelegentlich wiederholt, wird er im folgenden absichtlich ausführlich zitiert, um ein etwas lebendigeres Bild des Autors zu zeichnen.
[2] Seiler, Offensiv bescheiden, S. 63.
[3] Interview.

Enzensbergers "Räsonierendes Inhaltsverzeichnis" der von ihm herausgegebenen spielerischen Lyrikexperimente führt Ransmayrs Adaptation unter der Überschrift "Prosaisierung" mit einer Bemerkung zu Möglichkeiten, Grenzen und Einprägsamkeit gebundener und ungebundener Rede ein. Hintereinander abgedruckt sind die lateinischen Verse 155-170a des achten Metamorphosenbuches über Dädalus' Labyrinthbau für den Minotaurus, deren deutsche Übertragung in Hexameter von Hermann Breitenbach und Ransmayrs Prosafassung "Das Labyrinth".

In Ovids "Metamorphosen" steht Dädalus als genialer Erfinder im Mittelpunkt, der von Minos den Auftrag erhält, ein Labyrinth für den Minotaurus zu bauen, und dieses derart raffiniert anlegt, daß er selbst kaum wieder herausfindet.

Ransmayr erfindet eine stürmische Nachtszene, in der ein Bote Dädalus auffordert, zu Minos zu gehen. Minos wird als tobsüchtiger und hämischer Herrscher charakterisiert, dem die moralische Integrität seiner Wissenschaftler gleichgültig ist, da er Dädalus beherbergt, obwohl dieser seinen Neffen ermordet hat.

Ovid flicht diese Dädalusepisode an anderer Stelle[1] unter dem neuen Aspekt "Eifersucht" (des Dädalus auf seinen begabteren Neffen) in sein Werk ein.

Ransmayr jedoch hat sich mit dem Problem 'Ethik und Wissenschaft' in seinem Roman "Strahlender Untergang" beschäftigt. Er beschreibt Dädalus nicht wie Ovid als genialen Erfinder, sondern als verängstigten, gebeugten Untertan, der seinem Herrscher auf Gedeih und Verderb ausgeliefert ist. Die überraschende Wendung am Ende ist nicht der Hinweis auf die erstaunliche Kunstfertigkeit eines Dädalus, der sich selbst fast verirrt, sondern Dädalus' Reaktion auf Minos' Befehl, einen riesigen Kerker als einen Aufenthaltsort für Bestien zu bauen: Minos spreche von seinem eigenen Palast[2].

Ransmayrs Vorlagen beschränken sich nicht auf die zitierten Ovidverse. Er verarbeitet andere Informationen aus dem achten Metamorphosenbuch über Dädalus und den Minotaurus, vor allem bezieht er sich recht unverblümt auf die perverse Zeugung des Minotaurus.

Ransmayr kennt also Ovid sehr genau, thematisiert soziale Verhältnisse und wendet alles, was er vorfindet, ins Problematische oder Negative. Man erkennt ferner an der kurzen Übertragung der Dädalusepisode, daß sie weit über eine Übersetzung hinausgeht, weil sie eigene Handlungsdetails, psychologische und philosophische Interpretationen hinzufügt, die sich ähnlich auch in Ransmayrs Ovidroman finden[3]. Deshalb wird Ransmayrs freie Nacherzählung "Das Labyrinth" später zu Recht in der Werbebeilage des Greno-Verlages zur Vorstellung von "Die letzte Welt" abgedruckt[4].

---

[1] met. 8, 236-259.
[2] Ransmayr, Das Labyrinth, S. 13.
[3] Epple, Unterrichtshilfen, S. 84.
[4] Werbebeilage des Greno-Verlages III/1988.

Von 164 poetischen Spielarten in "Das Wasserzeichen der Poesie" ist es Ransmayrs Nacherzählung "Das Labyrinth", die Einfluß auf die Einbandgestaltung nimmt. Anita Albus, die auch die Ziffernzeichnungen für "Die letzte Welt" angefertigt hat, entwirft ein Labyrinth mit Minotaurus, außerdem andere Tier-Mensch-Gestalten und Circe, die die Gefährten des Odysseus verwandelt, was auf andere Metamorphosengeschichten, vielleicht schon auf Ransmayrs nächsten Auftrag hindeutet. Enzensberger ist mit Ransmayrs Nacherzählung so zufrieden, daß er diesen anregt, die gesamten "Metamorphosen" in zeitgemäße Prosa zu übertragen[1]. Christoph Ransmayr blickt zurück:

> aber das [die Übertragung der Dädalusepisode] war schon der Anfang und das Ende des ganzen Versuches, weil ich mir gesagt habe, also so mit den "Metamorphosen" insgesamt zu verfahren, dafür bin ich nicht der richtige Mann, da fehlt mir die Begeisterung für den Versuch selber, für den großen Versuch, ich kann hier oder da eine Episode versuchen, aber ich kann nicht dieses; aber was ich tun könnte - und so entstand die Idee, die Idee zu einer Art Roman - [...] das Verfahren Ovids selber anzuwenden, nämlich diese Tradition, die Gestalten der griechisch-römischen Mythologie zu nehmen, und zu einer Art Rohmaterial für meine eigene Geschichte [zu machen], den Versuch zu unternehmen, sich diese Gestalten anzuverwandeln in einem romanhaften, erzählerischen Zusammenhang, das könnte ich tun, und das habe ich auch versucht.[2]

Abermals läßt Ransmayr es nicht bei einer bloßen Übersetzung. Nachdem er Ovids "Metamorphosen" immer wieder gelesen habe, sei es ihm folgendermaßen ergangen:

> Plötzlich habe ich in den antiken Figuren Menschen aus meiner Umgebung mit all ihrer Liebe, Trauer und Wut wiedererkannt.[3]

Das Magazin "Der Spiegel" will es genauer wissen: Ovids Arachne habe Ransmayr im österreichischen Mostviertel auf einer Hochzeit getroffen, Battus sei ihm als epileptischer Junge in einem griechischen Dorf begegnet[4]. Ransmayr beginnt keine neue Prosaübersetzung, sondern einen Roman.
Vor dessen endgültigem Erscheinen veröffentlicht Ransmayr einen zweiseitigen "Entwurf zu einem Roman", in dem als Romanthema "das Verschwinden und die Rekonstruktion von Literatur"[5] und als Romanstoff Ovids "Metamorphosen" angegeben werden. Die Hauptfigur, die noch Posides[6] heißt, begibt sich nach Tomi, um nach Ovids verschollenen "Metamorphosen" zu suchen. Diese Suche gestaltet sich ganz realistisch. Posides führt Zeugenbefragungen durch, ordnet die Erinnerungen der Zeugen an Erzählungen Ovids und schreibt eine

---

1 Seiler, Offensiv bescheiden, S. 63.
2 Interview.
3 Michaelsen, Visionen, S. 265 C.
4 Wieser, Flaschenpost aus der Antike, S. 233.
5 Ransmayr, Entwurf, S. 196.
6 Der Name "Posides" erinnert an 'positivistische' Wissenschaft.

Erzählung nach der anderen nieder. Der sortierende Posides gelangt so von der (als Ordnung verstandenen) Aufklärung zum (als Erzählung verstandenen) Mythos.[1] Noch sind die Zeugen gewöhnliche Einwohner Tomis und keine "Metamorphosen"-Figuren. Erst in "Die letzte Welt" verwischt sich die Grenze zwischen Realität und Imagination.[2]

---

[1] Ransmayr, Entwurf, S. 197.
[2] Epple, Unterrichtshilfen, S. 84.

III. Ovids "Metamorphoses" in "Die letzte Welt"

Ovids in Hexametern abgefaßte "Metamorphosen" stellen eine einzigartige Dichtung dar, weshalb eine wirklich treffende Gattungszuordnung schwer fällt[1] und man sich mit weitläufigeren Beschreibungen behelfen muß, um das Charakteristische der "Metamorphosen" zu erfassen[2].

Zu Ovids Zeit besteht erzählende Literatur meist aus metrischen Dichtungen in Hexametern oder elegischen Distichen. Vor Ovid werden zwei Literaturgattungen häufig gepflegt: das homerische Großepos, das Vergil in seiner "Aeneis" wiederbelebt, und die Kleinformen Epyllion und Kollektivgedicht. Ovid verschmilzt Groß- und Kleinform zu einer neuartigen Gattung. Einerseits reiht Ovid wie im Kollektivgedicht kürzere Einzelsagen unter einem gemeinsamen Gesichtspunkt aneinander, so daß zum Teil Epyllien, Kleinepen aus ca. 400 Versen entstehen. Andererseits überbietet Ovid das Großepos Vergils, indem er nicht nur die in Troja wurzelnde römische Geschichte, sondern auch die Geschichte vom Anfang der Welt bis in seine Zeit darstellt. Vergils "Aeneis" umfaßt zwölf Bücher, Ovids "Metamorphosen" sind in 15 Bücher eingeteilt.

In fünfzehn (an Ovids Buchzahl angelehnten[3]) Kapiteln schildert Ransmayrs Prosaroman "Die letzte Welt" nur den Zeitraum eines Dreivierteljahres von einem "Aprilmorgen" (8) bis "Anfang Jänner" (271).

Scheinbar folgen Ereignisse wie in Ovids "Metamorphosen" chronologisch aufeinander, aber Rückblenden und das subjektive Zeitempfinden Cottas (wenige Stunden Zurückliegendes erscheint ihm als "damals" (83)) verwirren den Leser. Hinzu kommt, daß sich die Epoche, in der "Die letzte Welt" spielt, nicht genau festlegen läßt: dem Gerücht von Ovids Tod zufolge, müßte der Roman um das Jahr 18 n. Chr. spielen, aber in Ransmayrs Roman gibt es technisches Inventar aus den Dreißiger und Vierziger Jahren unseres Jahrhunderts. Daß das Inventar nicht zeitgenössisch, sondern seinerseits schon etwas veraltet ist, macht Ransmayrs Kulisse um so glaubwürdiger[4] und läßt sie nicht trivial erscheinen. Es gibt Dampfschiffe, Episkope, Mikrophone und Busse, aber keine Computer und U-Bahnen, zwar Lichtspiele, aber kein 3-D-Kino. Die erzielte Ahistorizität

---

[1] Man spricht von "Kataloggedicht", "Kollektivgedicht" oder "catalogue poem based on epyllion construction". Vgl. Herter, Ovids Kunstprinzip, S. 113.

[2] Der Versuch einer Gattungsanalyse im nächsten Absatz folgt Marion Lausbergs treffender Zusammenfassung (Ovid, S. 40-41).

[3] De Groot, Es lebe Ovid, S. 256.

[4] Wieser, Flaschenpost aus der Antike, S. 233. Vgl. auch Märtin: "Nicht die gesicherten Details beglaubigen die erfundene Geschichte, sondern gerade der Verzicht auf geschichtliche Stimmigkeit, der Einbruch der Moderne in Sprache und Fakt, macht den Roman plausibel, ja historisch glaubhaft" (Ransmayrs Rom, S. 117-118).

ermöglicht es Ransmayr, sich mit zeitlos gültigen Fragestellungen zu beschäftigen.[1]

Wenn auch weitaus seltener als Ransmayr, so überträgt doch bereits Ovid römische Realität seiner Zeit auf die mythische Vorzeit[2]: Ovid nennt den Versammlungsort der Götter "Palatin" des Himmels[3] und wie in Rom wohnt das einfache Volk woanders[4]. Ovid vergleicht die Empörung der Götter über Lycaons Anschlag auf Jupiter mit der Empörung über Cäsars Ermordung. Er vergleicht Augustus mit Jupiter: beide freuen sich über die Anhänglichkeit der Ihren.[5]

Ransmayrs Ovidadaptation geschieht auf unterschiedliche Weise: es gibt direkte und unveränderte Zitate, bloße Namensübernahmen, Gestalten, die mit Ovids Figuren ein Gemeinsames haben, und recht ähnliche Verwandlungsepisoden.[6]

Der Österreicher stellt einige Metamorphosenerzählungen in verschiedenen Fiktionen innerhalb seiner Fiktion dar[7]: Echo erzählt Ovids Geschichten, Cyparis zeigt Verfilmungen, Cotta erinnert sich an Erzählungen oder träumt sie, die Tomiten tragen Faschingsverkleidungen, die "Metamorphosen"-Figuren darstellen, auf Cyparis' Planwagen ist Actaeons Tod gemalt und Arachnes Teppichen sind Vogelmetamorphosen eingewebt.

Ransmayrs Ovid, der in "Die letzte Welt" stets "Naso"[8] heißt, wird auch im folgenden zur Unterscheidung vom historischen Dichter "Naso" genannt.

1. Metamorphose als Thema

Ovids "Metamorphosen" und Ransmayrs Roman "Die letzte Welt" befassen sich mit dem Phänomen der Metamorphose.

Wie der Titel "Metamorphoses" (griech.: Verwandlungen) erwarten läßt, kündigt Ovids kunstvolles Prooöm "Verwandlung" als Thema an:

In nova fert animus mutatas dicere formas
corpora: di, coeptis (nam vos mutastis et illas)

---

[1] Epple, Unterrichtshilfen, S. 12.
[2] Von Albrecht, Mythos und römische Realität, S. 2328-2342.
[3] met. 1, 175-176: "hic locus est, quem, si verbis audacia detur/haud timeam magni dixisse Palatia caeli" ("Wenn man mir den kühnen Ausdruck gestattet, scheue ich mich nicht, diesen Ort Palatin des großen Himmels zu nennen").
[4] met. 1, 173: "plebs habitat diversa locis".
[5] met. 1, 204-206.
[6] Epple, Unterrichtshilfen, S. 86.
[7] Ebd S. 86.
[8] Ovid nennt sich selbst in seiner Exilliteratur so (z.B. Pont. 4, 14, 14).

adspirate meis primaque ab origine mundi
ad mea perpetuum deducite tempora carmen.[1]

Mein Inneres treibt mich, von Gestalten zu künden, die in neue Körper verwandelt wurden: ihr Götter (denn ihr habt ja auch jene Verwandlungen bewirkt), fördert mein Vorhaben und laßt meine Dichtung ununterbrochen vom Ursprung der Welt bis zu unserer Zeit sich entwickeln.

Zunächst hört das Publikum nur "In nova fert animus" - "Zu Neuem treibt mich mein Sinn" und ist gespannt, welche literarische Neuerung Ovid vorstellt. Das erste Wort im zweiten Vers verdeutlicht es: Ovid ist es ein innerer Zwang ("fert animus"), über Gestalten zu dichten, die in neue Körper verwandelt wurden: "nova" gehört syntaktisch zu "corpora". Die Themaworte "nova corpora" werden sprachlich durch ein weites Hyperbaton hervorgehoben, der Verwandlungsvorgang "mutare" polyptotisch mit "mutatas formas" und "mutastis".
Auch in Ransmayrs erstem Satz[2] wird das Metamorphosenthema deutlich[3]:

Ein Orkan, das war ein Vogelschwarm hoch oben in der Nacht; ein weißer Schwarm, der rauschend näher kam und plötzlich nur noch die Krone einer ungeheuren Welle war, die auf das Schiff zusprang. (7)

Ein weißer Vogelschwarm verwandelt sich ohne erkennbare Ursache "plötzlich" in die Schaumkrone einer riesigen Welle. Bereits der Romanbeginn läßt erkennen, daß Ransmayr Ovid adaptiert und 'verwandelt'. Denn "die Krone einer ungeheuren Welle [...], die auf das Schiff zusprang" (7) erinnert daran, wie Ovid in seinen "Tristien" die Seestürme beschreibt, denen sein Schiff auf der Überfahrt nach Tomi ausgesetzt war:

Monte nec inferior prorae puppique recurvae
    insilit et pictos verberat unda deos.[4]

---

[1] met. 1, 1-4.
[2] Fontane bezeichnet in einem Brief an Karpeles den Anfang eines Romans als entscheidend: "Das erste Kapitel ist immer die Hauptsache und in dem ersten Kapitel die erste Seite, beinah die erste Zeile [...] bei richtigem Aufbau muß in der ersten Seite der Keim des Ganzen stecken" (Briefe, S. 26). Auch für Ransmayr ist der Romanbeginn von entscheidender Bedeutung: "Die ersten Sätze. Mit den ersten Sätzen hat sich der Erzähler von der unendlichen Zahl aller Möglichkeiten einer Geschichte gelöst und sich für eine einzige, für *seine* [sic] Möglichkeit entschieden und hat unter allen möglichen Schauplätzen, Zeiten und Personen seinen Platz, seine Zeit, seine Gestalt gefunden. Jetzt, endlich, quält es ihn nicht mehr, daß der ungeheure Rest der Welt unausgesprochen, *unerzählt* [sic] an ihm vorübertreibt. Denn er hat seine Geschichte begonnen, seine einzige, unverwechselbare Geschichte, und entdeckt in ihr nach und nach alles, was er von der Welt weiß, was er in ihr erlebt, erfahren und vielleicht erlitten hat. Und während er zu schreiben beginnt, wird ihm die Welt zu einem vollkommen stillen Raum" (Die Erfindung der Welt, S. 200).
[3] Epple bemerkt: "Die Bilder der Verwandlung der Wirklichkeit und ihrer Wahrnehmung durchziehen das Buch vom ersten Satz an" (Unterrichtshilfen, S. 73-74).

> Nicht kleiner als ein Berg springt die Welle auf gekrümmten Bug und gekrümmtes Heck und schlägt an die aufgemalten Gottheiten.

Wie Ovid personifiziert Ransmayr das Wasser, das auf das Schiff zuspringt. Ovid versetzt sich in den "Tristien" selbst in eine dramatische Situation, um Mitleid von seinen Lesern und Augustus zu erheischen. Barsby meint, Ovids Sturmbeschreibungen in den "Tristien" seien "literary and often symbolic"[1]. Der Sturm in trist. 1, 2 weise Ähnlichkeiten mit dem in met. 11 erwähnten Sturm auf und stehe für den Schiffbruch, den Ovid im übertragenen Sinne erlitten habe (met. 1, 5, 36).

In Ransmayrs erstem Satz klingt ebenfalls Ovids Schilderung aus dem 11. Buch der "Metamorphosen" an. Ceyx, mit dem sich auch Ransmayr später noch ausführlich auseinandersetzt, gerät auf seiner Überfahrt nach Klaros in einen schrecklichen Sturm:

> Dat quoque iam saltus intra cava texta carinae
> fluctus[2]

> Es springt auch schon die Flut in das hohle Gefüge des Schiffes.

Damit aber zeigt sich schon zu Beginn von "Die letzte Welt" die auffälligste Technik von Ransmayrs Roman: die Vermischung von Fiktion und Realität. Diese Technik ist bei Ovid angelegt. Ovid beschreibt in seinen "Metamorphosen" einen Seesturm, erleidet durch seine Verbannung im übertragenen Sinne Schiffbruch und wird zu einer wirklichen Reise über das Meer gezwungen. Die Stürme dieser Überfahrt schildert er in seinen "Tristien" und zitiert zu diesem Zweck aus einem vorangegangenen Werk. Ransmayr fügt der ersten literarischen Situation "Ceyx im Seesturm" und der zweiten "Ovid im Seesturm" die dritte Ebene "Cotta im Seesturm" hinzu. Dadurch verbindet Ransmayr Ovids "Metamorphosen" und Exildichtung, so daß Cotta auf Ovids literarischen Spuren und zwar der "Metamorphosen", aber auch der Exilliteratur, die Suche nach Ovid aufnimmt.

Je genauer die Ovidkenntnis, desto schneller vermutet der Leser, Cotta befinde sich in der Welt der "Metamorphosen". Am Anfang des Romans heißt es von Cotta, er sei erst (!) in der zweiten Woche auf Erinnerungen gestoßen, die er wiedererkannte (12): auf Tereus, Fama und Arachne, also auf Figuren aus den "Metamorphosen". Der brutale Thrakerkönig Tereus wird in "Die letzte Welt" zum Schlachter, Fama, die Göttin des Gerüchts, zur Kolonialwarenhändlerin, und Arachne ist wie in den "Metamorphosen" eine Weberin. Doch nicht alle Ransmayrschen Figuren entstammen so offensichtlich aus Ovids mythischer Welt.

---

[4] trist. 1, 4, 7-8.
[1] Barsby, Ovid, S. 45.
[2] met. 11, 524-525.

2. Metamorphose als Fiktion innerhalb einer Fiktion

Ransmayrs Erzählungen sind Ovids Metamorphosenerzählungen dann am ähnlichsten, wenn er seine Erzählungen ausdrücklich als Nasos Erzählungen kennzeichnet.[1] So erinnert sich Cotta an Nasos Rede über die Pest von Aegina. Erst indem Cotta das Schiff "Trivia" besteigt, dessen Name ein Epitheton der Zaubergöttin Hekate ist, und Tomi erreicht, verwischt sich für Cotta allmählich die Grenze zwischen Realität und Fiktion. Bevor dieser Prozeß anhand von acht Metamorphosen 'realer' Bewohner Tomis erklärt wird, sollen zunächst die Midasgeschichte und die Erzählung über die Pest von Aegina, die noch vor Cottas Zeit in Tomi liegen und für Cotta eindeutig fiktiv sind, mit den entsprechenden Abschnitten der "Metamorphosen" verglichen werden.

2. 1. "Midas": eine Komödie Nasos

In Ovids "Metamorphosen" gehört die Midasepisode zu den Geschichten, die sich um den Gott Bacchus ranken. König Midas hat dessen Erzieher Silen gerettet und dafür bei Bacchus einen Wunsch frei.[2] Bacchus erfüllt dem König dessen Wunsch, daß alles, was Midas' Körper berühre, zu Gold werde.[3] Als sich dadurch aber auch Wasser und Brot in Gold verwandeln und Midas dem Tod nahe ist, erkennt er, wie töricht sein Wunsch war, und Bacchus macht auf die Bitte des Königs hin sein Geschenk rückgängig.[4] König Midas muß sich dazu im Fluß Paktolos waschen, der seitdem Gold führt.[5]

Ovids Erzählung liegen ein Aition zu dem in der Antike tatsächlich goldführenden Fluß[6] und ein altes Märchenmotiv von der Gier nach Gold zugrunde. Bei Ovid steht die Torheit des Midas im Vordergrund, die noch einmal in der anschließenden Geschichte vom musischen Wettstreit zwischen Phoebus und Pan thematisiert wird, in der Midas nicht den klaren Sieg Apolls über Pan anerkennt,[7] und der Lichtgott Midas' "aures [...] <u>stolidas</u>"[8], die "<u>törichten</u> Ohren", in Eselsohren verwandelt.

In Ransmayrs Roman wird die lose Szenenfolge einer Komödie namens "Midas" nach Auszügen aus einem noch im Entstehen begriffenen unbekannten Werk Nasos (gemeint sind die "Metamorphoses") aufgeführt. Statt eines Königs

---

[1] Epple, Unterrichtshilfen, S. 88.
[2] met. 11, 85-101.
[3] met. 11, 102-103.
[4] met. 11, 127-135.
[5] met. 11, 136-145.
[6] Bömer zu met. 11, 87 (S. 263): Der Goldgehalt dieses Flusses war zu Ovids Zeit sprichwörtlich.
[7] met. 11, 146-193.
[8] met. 11, 174-175.

läßt ein musikbegeisterter Reeder aus Genua alles zu Gold werden, nicht dank einem Gottes, sondern aus einer ihm selbst innewohnenden "rasenden Geldgier" (55). Einige Gegenstände, die Midas verwandelt, übernimmt Ransmayr von Ovid: Kiesel, Strohgarbe, Früchte und Wasser. Ransmayr verzichtet auf Ovids mythologische Anspielungen: auf die Ähren als Gaben der Ceres[1] und auf die Äpfel der Hesperiden[2]. Die Verwandlungswut des Ransmayrschen Midas macht auch vor Lebewesen nicht halt. Er verwandelt Jagdhunde und Menschen, die er "liebkoste, festhielt oder schlug" (55), so daß Ransmayrs' Midas mehr gewalttätige als törichte Züge trägt. Der reiche Reeder erkennt sein falsches Verhalten, als er zum schmutzigen Skelett abgemagert einsam in einer goldenen Wüste (55-56) sitzt. Die Vorstellung vom schmutzigen Skelett erinnert an Ovids Personifikation des Hungers.[3]

Die goldene Wüste erscheint als Variante von Ransmayrs Vorstellung von einer zu erwartenden Wüstenwelt aus seiner Erzählung "Strahlender Untergang". Nicht nur Umweltzerstörung, sondern auch Geldgier führt zu einer Wüste, in der Menschen vereinsamen und schließlich umzukommen drohen. Ransmayrs Midas wird von seinem Fluch im Austausch gegen Eselsohren erlöst. Weil er in seinem Schlußmonolog das Geld verflucht, Geldgier verspottet und dabei Namen bekannter Persönlichkeiten nennt, verhindert ein Senator, der sich in Midas karikiert sieht, weitere Aufführungen. In Auseinandersetzungen mit dem von der Komödie begeisterten Volk kommt es zu Verletzten und Toten.

Ransmayrs gewalttätiger Midas, der in den "Metamorphosen" nur als Beispiel für Torheit dient, ist eine negativere Figur als bei Ovid. Ransmayr fügt mit Midas als schmutzigem Skelett eine neue negative Szene hinzu. Deutlicher als "Das Labyrinth" läßt sich Ransmayrs Midas-Version auf unsere Zeit übertragen, indem er Midas den Beruf eines Reeders gibt, moderne Ortsbezeichnungen wie "Ligurien" (56) "Genua" (56) und "Trapani" (56) verwendet und den Reeder ein "großes, privates Walzerorchester" (56) unterhalten läßt. Das Walzerorchester könnte sogar auf Österreich deuten. Auch erzählt Ransmayr in "Das Labyrinth" noch keine Metamorphose, was in seiner Midasgeschichte erstmals geschieht. Ransmayrs Metamorphosen (Goldverwandlung und Verwandlung in Eselsohren) werden nicht wie bei Ovid von Göttern verursacht, sondern vollziehen sich automatisch. Die Bühnenform für seine Midasvariation könnte Ransmayr in Erinnerung an Ovids Tragödie "Medea" gewählt haben.

Ransmayr ist sich bewußt, wie weit er sich vom Original der "Metamorphosen" entfernt hat, und spielt mit diesem Bewußtsein, indem er seinen Naso mit Berufung auf die "Metamorphosen" sich von der "Komödie" distanzieren läßt:

seine [Nasos] Gestalt des Midas sei [...] bis zur Unkenntlichkeit entstellt worden, keinem Reeder und keiner lebenden Person habe er seine Szenenfolge gewidmet, sondern allein einem griechischen König, dem Urbild der Gier und des törichten Reich-

---

[1] met. 11, 112.
[2] met. 11, 114.
[3] met. 8, 799-808. Freundlicher Hinweis von Robert Cramer.

tums, ja er habe noch niemals das platte Gleichnis der römischen Wirklichkeit zu gestalten versucht (57-58).

Naso widerspricht sich jedoch wenig später mit der Deutung seiner Rede über die Pest auf Aegina.

2. 2. "Die Pest auf Aegina": eine Rede Nasos

In Ovids "Metamorphosen" kommt der Athener Cephalus nach Aegina, um von König Aeacus Hilfe im Krieg gegen König Minos zu erbitten.[1] Cephalus fällt auf, daß einige Bekannte aus der Zeit seines letzten Besuches fehlen.[2] Daraufhin erzählt Aeacus ihm von der Pest auf Aegina und der Entstehung der Myrmidonen.[3]

Ransmayr läßt Naso im Stadion "Zu den Sieben Zuflüchten" vor Augustus und seinen Römern die Geschichte der Pest auf Aegina als Gleichnis erzählen und betont Nasos Autorschaft, indem er immer wieder "sagte Naso" (viermal auf S. 62) einflicht. Die sprachlichen und inhaltlichen Ähnlichkeiten zwischen Ovid und Ransmayr sind dementsprechend zunächst besonders groß.

In Ovids "Metamorphosen" wird es auf der Insel Aegina sehr heiß, viele tausend Schlangen kriechen auf den Feldern umher und vergiften die Flüsse[4]. In derselben Reihenfolge schreibt Ransmayr, die Hyperbel Ovids noch überbietend:

> [Naso] erzählte von der Dürre eines Sommers, in dem als erstes Zeichen des Unheils Millionen von Schlangen durch den Staub der Felder gekrochen seien und vom Gifthauch, der dem Zug der Vipern gefolgt war (61).

Zuerst sterben in den "Metamorphosen" die Tiere:

> concidere infelix validos <u>miratur</u> arator
> inter opus tauros medioque recumbere sulco[5]
>
> Der unglückliche Pflüger <u>wundert sich</u>, daß kräftige Stiere während der Arbeit zusammenbrechen und mitten auf der Furche zusammensinken.

Auch bei Ransmayr sterben zuerst die Tiere und brechen während der Arbeit zusammen; er betont jedoch nicht das Erstaunliche ("miratur") des Vorgangs, sondern das Schreckliche:

---

[1] met. 7, 501-504.
[2] met. 7, 512-516.
[3] met. 7, 517-660.
[4] met. 7, 535.
[5] met. 7, 538-539.

[Naso erzählte] von Ochsen und Pferden, die im Geschirr und vor dem Pflug plötzlich niederkrachten und verendeten, noch bevor ein Knecht sie aus dem Joch nehmen konnte (61).

Dann sterben bei Ovid die Menschen, die vergeblich versuchen, ihr Fieber zu kühlen. Die Wortpaare "corpus humo" und "humus de corpore" sind chiastisch angeordnet, um die erstaunliche Tatsache hervorzuheben, daß die menschlichen Körper derart fiebrig heiß sind, daß sie den Boden erwärmen:

> dura sed in terra ponunt praecordia, nec fit
> corpus humo gelidum, sed humus de corpore fervet.[1]

> Sie legen ihre Brust auf die harte Erde, aber ihr Körper kühlt sich nicht am Boden ab, sondern der Boden erhitzt sich von ihrem Körper.

Ransmayr verwendet keinen Chiasmus, sondern sein häufig gebrauchtes Stilmittel der Accumulatio, indem er drei verschiedene Versuche der Menschen nennt, ihre Körper zu kühlen:

> vergeblich versuchten die Bewohner Aeginas, ihre glühende Haut an den Felsen zu kühlen, preßten ihre Stirn gegen die Schollen und umarmten die Steine. (62)

In den "Metamorphosen" können die Menschen ihr Fieber auch nicht mit Wasser löschen:

> fontibus et fluviis puteisque capacibus haerent
> nec sitis est extincta prius quam vita bibendo[2]

> Sie hängen an Quellen und Flüssen und großen Brunnen, aber auch wenn sie trinken, findet ihr Durst erst im Sterben ein Ende.

Inhaltlich ähnlich, aber statt der Wasserquellen, das Verhalten der Menschen polysyndetisch verbindend, formuliert Ransmayr:

> [sie] krochen den Vipern an die Ufer der Flüsse, der Seen und Quellen nach und lagen im seichten Wasser und tranken umsonst. (62)

Ransmayr drückt Ovids Zeugma, dessen wörtliche Übersetzung im Deutschen nicht möglich ist, so aus:

> Der Durst der Pest war nur mit dem Tod zu löschen. (62)

Ovid beschreibt, wie manche Menschen Selbstmord begehen:

---

[1] met. 7, 559-560.
[2] met. 7, 568-569.

ante ipsas, quo mors foret invidiosior, aras
pars animam laqueo claudunt mortisque timorem
morte fugant ultroque vocant venientia fata[1]

Vor den Altären, so daß ihr Tod umso widerwärtiger wird, schnürt sich ein Teil der Menschen mit einem Strick den Atem ab, sie vertreiben mit dem Tod die Angst vor dem Tod und rufen von sich aus das Todesgeschick, das sowieso kommt.

In "Die letzte Welt" töten die Menschen sowohl sich selbst als auch einander:

Wem bis zu dieser Stunde noch die Kraft dazu geblieben war, sagte Naso, der tötete seinen Nachbarn aus Mitleid und legte dann Hand an sich, stach zu, stürzte in eine Schlinge oder die Kalkklippen hinab oder fraß als letzte Arznei Kristallscherben und Glas. (62)

Um die unterschiedlichen Schrecken der Pest darzustellen, verwendet Ransmayr wieder eine Accumulatio. Klimaktisch werden die verschiedenen Selbstmordmethoden aufgezählt: zunächst die beschönigende Formulierung "Hand an sich legen", dann das Zustechen, Tod durch Erhängen, dann Tod durch Zerschmettern des Körpers, schließlich Tod durch innere Verletzungen, die grausamste Variante, die nicht nur durch ihre Schlußstellung, sondern auch mit einem Paradoxon hervorgehoben wird: die todbringenden Gegenstände werden als "Arznei" eingenommen.
  Sowohl in den "Metamorphosen"[2] als auch in "Die letzte Welt" (62) gibt es bald keinen Raum mehr, um die Toten zu bestatten.
  Allerdings gibt es auch Unterschiede. Ransmayr läßt die Menschen sich wie Tiere benehmen: die Kranken kriechen "wie zuvor die Schlangen aus den Rissen und Löchern der Erde" (62) und erleiden dasselbe Schicksal wie die Tiere:

Die Menschen begannen in Massen unter plötzlichen Schlägen des Fiebers zu taumeln und sanken dann neben ihr Vieh hin, das schon einen Panzer aus Fliegen trug (61-62).

Der Mensch ist zum Tier geworden, er "fraß als letzte Arznei Kristallscherben und Glas." (62)
  Im zweiten Teil seiner Pestschilderung in den "Metamorphosen" beschreibt Ovid die Reaktion des Königs Aeacus auf den Tod der meisten seiner Untertanen, und wie Jupiter ihm neue Untertanen, aus einzelnen Ameisen einzelne Menschen entstehen läßt[3], während sich bei Ransmayr unzählige Ameisen sammeln, um einen Menschen zu bilden.

---

[1] met. 7, 603-605.
[2] met. 7, 613.
[3] met. 7, 636-642.

In den "Metamorphosen" steht König Aeacus' Leid im Mittelpunkt, der dringend neue Untertanen als Bauern und Krieger benötigt und froh über die neuen Menschen ist, die er Cephalus zur Verfügung stellen möchte:

Myrmidonasque voco nec origine nomina fraudo.
corpora vidisti: mores, quos ante gerebant,
nunc quoque habent; <u>parcum genus est patiensque laborum</u>
quaesitique tenax et quod quaesita reservet.
hi te ad bella pares annis animisque sequentur[1]

Myrmidonen[2] nenne ich sie und bringe damit in ihrem Namen ihren Ursprung zum Ausdruck. Du hast ihre Körper gesehen: wie sie sich vorher benahmen, benehmen sie sich auch jetzt, <u>sie sind sparsam, ertragen Mühen</u>, halten am Erworbenen fest und bewahren es. In deinem Alter und gleich mutig wie du werden sie dir in den Krieg folgen.

Ransmayrs Massenverwandlung dagegen weist auf den größten Unterschied zu Ovid, auf die unterschiedliche Bewertung der Pestgeschichte.

Naso nennt zwar Ovids Myrmidoneneigenschaften: die Aussage "es war ein genügsames starkes Volk" (62) entspricht[3] "parcum genus patiensque laborum", er kritisiert jedoch dieses Massenvolk, das sich nur in Massen fortbewegt, "willig und ohne Fragen" ist und "beherrschbar wie kein anderes Geschlecht" (64), ein Arbeiterheer. Darüber hinaus setzt er öffentlich das römische Volk mit dem Ameisenvolk gleich. Es sei genauso "wandelbar und zäh wie das neue Geschlecht von Aegina, so unbesiegbar." (64) Die Eiche, die in den "Metamorphosen" Jupiters Baum ist, kann man in "Die letzte Welt" zusätzlich mit der germanischen Eiche als heiligem Baum Donars in Verbindung bringen[4] und folgenden Satz, der bei Ovid fehlt, auf die Opfer des Nationalsozialismus beziehen: "Die meisten Toten lagen im Schatten einer Eiche" (63). Auf diese Erklärung deutet ebenfalls die Anspielung auf ein Herrenvolk[5]: das Ameisenvolk werde im Sieg zu Herren (64). So wird aus Ovids Erzählung ein sozialkritisches Gleichnis[6], in dem als Gegenstück zu "Midas" kein Herrscher, sondern die duldsamen Volksmassen kritisiert werden.

Ransmayrs Ovidvariationen "Midas" und "Die Pest auf Aegina" sind diejenigen, die aufgrund ihrer zeitbezogenen sozialkritischen Elemente Ovids "Metamorphosen" am deutlichsten in gegenwärtige Bilder verwandeln. Subtiler verändert sind Ransmayrs "Metamorphosen"-Variationen in der Tomihandlung.

---

[1] met. 7, 654-658.
[2] Griech. múrmec = Ameise.
[3] Töchterle, Spiel und Ernst, S. 103.
[4] Bornemann und Kiedaisch, Geschichtsbild, S. 15. Die antike Konnotation bleibt: Ransmayr erwähnt den Berg Oros (62), den Ovid selbst nicht erwähnt. Oros ist der höchste Gipfel der Insel Aegina, auf dem sich seit geometrischer Zeit ein Heiligtum Jupiters befand (Meyer, Oros, 349).
[5] Bornemann und Kiedaisch, Geschichtsbild, S. 15.
[6] Töchterle (Spiel und Ernst, S. 100) spricht fälschlich von Parabel.

3. Die Verwandlung der fiktiven "Metamorphosen" in Realität innerhalb einer Fiktion

An der chronologischen Abfolge von acht Metamorphosendarstellungen in "Die letzte Welt" läßt sich eine Entwicklung zeigen, die von Traummetamorphosen bis zu für Cottas Wahrnehmung realen Metamorphosen einiger Bewohner Tomis reicht[1]. Dabei ist die apokalyptische Flutvision Echos in der Romanmitte von zentraler Bedeutung. Vor Echos Vision vollziehen sich Metamorphosen in Träumen oder auf der Kinoleinwand. Sie vermischen sich zwar schon mit der Realität, aber erst nach Echos Vision verwandeln sich 'reale' Bewohner Tomis, wobei die Hinweise auf die Verwirklichung des Ovidischen Textes allmählich an Deutlichkeit gewinnen:

1. Cyparis: Traummetamorphose, die psychologisch gedeutet werden kann.
2. Ceyx und Alcyone: Filmmetamorphose, doch kann das Publikum die Filmhandlung beeinflussen und umgekehrt.
3. Argus, Io und Merkur: Metamorphose, die erst im Nachhinein als Traum erklärt wird. In Cottas Wahrnehmungen beginnen sich Traum und Realität zu vermischen.
4. Orpheus, Hector, Hercules: Filmmetamorphosen, aber eine Filmfigur erscheint in Tomi und beendet die Vorführung.

Flutvision

5. Echo verschwindet spurlos, doch verweist die Ähnlichkeit zwischen dem Aussehen ihrer Haut und der Felsoberfläche auf eine Metamorphose.
6. Lycaon verschwindet, aber man findet einen Wolfskadaver.
7. Battus verwandelt sich in eine Steinskulptur, noch wird der Metamorphosenvorgang allerdings nicht beschrieben.
8. Tereus, Procne und Philomela: Cotta wird Augenzeuge ihrer Metamorphosen.

---

[1] Epple erwähnt, daß die Realität der Verwandlungen "nur behutsam" eingeführt wird, sie zunächst in Träumen stattfinden, die Verwandlung Lycaons "vage" bleibe, und erst Battus' Versteinerung "die Durchbrechung der Naturgesetze und die Absage an die Realität unübersehbar" mache, entwickelt seinen Gedanken aber nicht weiter (Unterrichtshilfen, S. 16).

3. 1. Cyparis

Von der Zypresse weiß Ovid zu berichten, daß sie einst ein Knabe war, der seinen innig geliebten, zahmen und heiligen Hirsch unwissentlich tötet.[1] Cyparissus möchte deswegen für immer trauern und wird von Apoll in den Toten- und Gräberbaum Zypresse verwandelt.[2]

Ovids Cyparis behandelt seinen Hirsch sehr liebevoll. Bei Ransmayr spricht der Filmvorführer Cyparis zwar zärtlich mit seinem Hirsch, aber dieser muß an einem langen Strick hinter Cyparis' Planwagen einhertrotten und sieht müde und abgezehrt aus. Das Zaumzeug des Hirsches ist wie das des antiken kostbar, aber Cyparis prahlt damit, wie er das Zaumzeug gegen drei Filmvorführungen eingetauscht habe. Er stellt seinen Hirsch zur Schau, der "zu klirrender Marschmusik auf der Hinterhand tänzeln" (22) muß. Damit lockt Cyparis sein Filmpublikum an und schlägt weiteren Profit aus seinem Hirsch, indem er jedes Jahr dessen abgeworfenes Geweih an den meistbietenden Trophäensammler verkauft. Als Cyparis Tomi verläßt, wehrt sich sein Hirsch so heftig gegen den Strick, daß er überwältigt werden muß und sich dabei seinen Schädel an einem Stein blutig schlägt. So wird aus dem heiligen Hirsch der antiken Dichtung ein gefangenes, ausgebeutetes und mißhandeltes Tier.

Filmvorführer Cyparis ist kein schöner Liebling Apolls, sondern ein krummbeiniger Liliputaner, der mit seinen Lichtspielen ruhelos durch die Lande zieht. Er wünscht sich in seinen Träumen das Gegenteil von dem zu sein, was er ist. Er sehnt sich nach einer größeren Gestalt und einen Ruhepunkt in seinem Leben. In seinem Unterbewußtsein verwandelt er sich deshalb in einen Baum:

> [Cyparis] träumte, daß er Moos auf seiner harten rissigen Haut trug. Dann sprangen ihm an den Füßen die Nägel auf, und aus seinen krummen Beinen krochen Wurzeln, die rasch stark wurden und zäh und ihn tiefer und tiefer mit seinem Ort zu verbinden begannen. Schützend lebten[3] sich die Ringe seiner Jahre um sein Herz. Er wuchs. (25)

Ransmayrs erzählt, wie sich Cyparis' Füße in Wurzeln verwandeln, die den Baum fest in der Erde verankern, während Ovid hervorhebt, daß Cyparissus' Haare zu Zweigen werden und eine Zypresse gen Himmel wächst:

> iamque per immensos egesto sanguine fletus
> in viridem verti coeperunt membra colorem
> et, modo qui nivea pendebant fronte capilli,
> horrida caesaries fieri sumptoque rigore
> sidereum gracili spectare cacumine caelum.[4]

---

[1] met. 10, 106-131a.
[2] met. 10, 131b-142.
[3] Im "Ovidischen Repertoire" s.v. "Cyparis" heißt es "legten", wohl ein Druckfehler im Haupttext.
[4] met. 10, 136-140.

Und schon war sein Blut durch maßloses Weinen aufgebraucht worden, als seine Glieder begannen, grüne Farbe anzunehmen und die Haare, die eben noch um die schneeweiße Stirn hingen, in starrende Mähne und mit angenommener Starrheit mit schlankem Wipfel in den gestirnten Himmel zu blicken.

Eine Gemeinsamkeit beider Cyparisfiguren besteht darin, daß sie Trost spenden. Jener Cyparis steht als Gräberbaum Trauernden bei[1], dieser spendet mit seinen Filmvorführungen Trost (113).

Ransmayr wendet Ovids "Metamorphosen" wie in "Das Labyrinth", der Midasepisode und der Rede über die Pest auf Aegina abermals ins Negative, denn aus einem heiligen Tier wird ein mißhandeltes, aus einem hübschen, selbstlosen Jungen ein häßlicher, profitgieriger Zwerg.

Kein Gott veranlaßt die Metamorphose, sie ist vielmehr ein psychologisch erklärbares Traumbild. Das Übergangsstadium zwischen Traum und Realität wird als angenehm empfunden:

In diesen wirren Augenblicken des Erwachens, in denen er [Cyparis] an seinen Füßen noch den Trost und die Kühle der Erde empfand und mit seinen Händen doch schon nach Spulen, Flügelmuttern und Lichtern griff, war Cyparis, der Liliputaner, glücklich. (25)

Noch stärker verschwimmt die Grenze zwischen Realität und Fiktion in Ransmayrs Ceyx-Alcyone-Erzählung.

3. 2. Ceyx und Alcyone

Ovid erzählt, wie Ceyx übers Meer zum Orakel von Klaros aufbricht und in einem Seesturm ums Leben kommt.[2] Seine Leiche treibt an den Heimatstrand, wo sie von Ceyx' Frau Alcyone gefunden wird.[3] Alcyone stürzt sich von einer Mole auf seine im flachen Wasser treibende Leiche, und beide werden von den sich erbarmenden Göttern in Eisvögel verwandelt.[4]

In dieser Geschichte glänzt Ovid mit drei rhetorischen Kunststücken. Der römische Poet schildert Ceyx' Aufbruch von seiner Frau als elegische Abschiedsszene[5], den Seesturm als "episches Unwetter"[6] und als ruhiges Gegenstück eine Ekphrasis des Somnus und seiner Behausung[7].

Ransmayr macht daraus einen unglücklich endenden Liebesfilm, den der durchreisende Cyparis den Bewohnern Tomis zeigt. Der österreichische Dichter

---

1 Ebd.
2 met. 11, 410-572.
3 met. 11, 710-728a.
4 met. 11, 728b-748.
5 met. 11, 415-473.
6 met. 11, 474-572.
7 met. 11, 592-632.

faßt Ovids elegischen Abschiedsdialog zwischen Ceyx und Alcyone knapp zusammen, indem er Ceyx "Ich gehe" (27) und Alcyone "bleib" (27) sagen läßt. Die Gründe für ihre Trennung sind unwichtig. Ransmayrs Ceyx spricht

> "wohl von seiner großen Verwirrung und seiner Hoffnung auf den Trost des Orakels, [...] von einer Pilgerfahrt nach Delphi ... oder war es ein Feldzug, ein Krieg?" (28)

Ceyx' Verwirrung erwähnt bereits Ovid:

> Interea fratrisque sui fratremque secutis
> anxia prodigiis <u>turbatus</u> pectora Ceyx,
> consulat ut sacras, hominum oblectamina, sortes,
> ad Clarium parat ire deum; nam templa profanus
> invia cum Phlegyis faciebat Delphica Phorbas.[1]

> Inzwischen war Ceyx durch die schlimmen Vorzeichen an seinem Bruder und durch die darauffolgenden in seinem besorgten Innersten so <u>verwirrt</u>, daß er Vorbereitungen traf, zum Gott von Klaros zu reisen, um das heilige Orakel, Trost der Menschen, zu befragen; denn der schändliche Phorbas machte mit seinen Phlegyern den delphischen Tempel unzugänglich.

Weil das delphische Orakel unzugänglich ist, wird Ceyx' Reise übers Meer zwingend. Entscheidend für Ransmayr ist dagegen nicht der Grund der Reise, sondern die Tatsache, daß Abschied genommen werden muß: "Er ging fort. Alles andere war ohne Bedeutung." (28)

Ovids Ceyx schwört Alcyone, er werde vor dem zweiten Vollmond zurück sein: "ante reversurum, quam luna bis inpleat orbem"[2]. Zeitumschreibungen waren in der Antike üblich, so daß Quintilian (inst. 1, 4, 4) bemerkt, zum Verständnis der Dichter seien astronomische Kenntnisse erforderlich, während Seneca übertriebene Periphrasen verspottet (epist.122, 11ff.).

Ransmayr modernisiert die Ausdrucksweise: sein Ceyx will in "Sechs, sieben Wochen vielleicht" (29) zuhause sein.

Ovid schildert zuerst den Seesturm, den Ceyx erlebt[3] und läßt dann Alcyone den Seetod Ceyx' im Traum nacherleben[4]. Ransmayr verfährt umgekehrt: Alcyone hat einen schrecklichen Alptraum, der Wirklichkeit wird[5]. Denn eine Göttin Juno, die ihre Botin Iris zu Somnus schickt, der seinerseits Morpheus zu Alcyone sendet, würde in einem modernen Kinofilm seltsam anmuten. Außer-

---

[1] met. 11, 410-414.
[2] met. 11, 453. Zeitumschreibungen waren in der Antike üblich, so daß Quintilian (inst. 1, 4, 4) bemerkt, zum Verständnis der Dichter seien astronomische Kenntnisse erforderlich, während Seneca übertriebene Periphrasen verspottet (epist.122, 11ff.). Verweis auf Quintilian und Seneca von Curtius (Europäische Literatur, S. 279).
[3] met. 11, 474-572.
[4] met. 11, 650-709.
[5] "Von nun an geschah alles, wie es geträumt war, nur in dunkleren, leuchtenderen Farben" (33).

dem steht so die Frau, Alcyone, deren Ahnung sich als richtig erweist, stärker im Vordergrund der Erzählung Ransmayrs.

Längster Abschnitt von Ovids Ceyx-Alcyone-Erzählung ist die Beschreibung des Seesturmes. Seit Homers berühmter Darstellung des Sturms, der Odysseus an die Küste der Phäaken verschlägt[1], gehört eine Seesturmschilderung zum epischen Inventar und bildete bestimmte Topoi aus, die später Unterrichtsgegenstand in Rhetorenschulen wurden[2]. Diese Topoi finden sich in Historiographie, Roman, Satire und im Drama in der auch von Ovid beachteten Reihenfolge. Nacheinander werden friedliche Ausfahrt, Wellen, Schiff, Nacht, Mannschaft und Katastrophe beschrieben.[3] Antike Sturmschilderungen, besonders die römischen[4], scheinen übertrieben. Jedes nur erdenkliche Unglück tritt ein: der Sturm erhebt sich mitten auf dem Meer, Winde wehen aus allen Richtungen, das Meer reicht bis zum Himmel, selbst der Steuermann weiß sich nicht mehr zu helfen, das Unwetter ereignet sich nachts, gleichzeitig gewittert es, Steuerruder und Mast brechen. Schon Iuvenal[5] spottet über seine eigene Beschreibung eines in Seenot geratenen Freundes:

[...] omnia fiunt
talia, tam graviter, si quando poetica surgit tempestas

dies alles geschieht, in derartig schlimmer Weise, wenn sich einmal ein poetisches Unwetter erhebt.

Es geht eben nicht um Realität, womöglich um persönliche Erlebnisse, sondern um rhetorische Kunstfertigkeit. Form und Inhalt von Ovids epischem Seesturm stimmen gekonnt überein. Man kann nach Peters[6] zwei Hauptteile unterscheiden, von denen der erste (10, 474-515) sich bei Licht, der zweite (10, 516-57) sich bei Nacht abspielt. Die beiden Hauptteile gliedern sich je in drei Teile. Nach Vergleich der sechs Teile erkennt man, daß die dem Geschehen gewidmete Verszahl mit der Sturmstärke zu- und mit dem Nachlassen des Sturmes abnimmt.[7]

Auf die wilde Sturmszene läßt Ovid als Meister der wechselnden Stimmung eine ruhige, ja heitere (der Gott des Schlafes kämpft mit dem Schlaf) Beschrei-

---

1 Od. ε 291 ff.
2 Bömer zu 11, 410 ff. (S. 345).
3 Bömer zu 22, 410 ff. (S. 346).
4 Friedrich (Episches Unwetter, S. 87) spricht von "Produkte[n] einer recht bedenklichen Inzucht" und von "Überstürmen". Er nennt im Gegensatz zu Homers eher natürlich wirkenden Schilderungen die der Römer "artifiziell" (ebd.).
5 Iuv. 12, 22-24.
6 Peters, Symbola, S. 25.
7 Ebd.: "Ex versuum numero comparato 7.10.23//32.20.3 apparet partes cum crescente tempestate crescere, postea eodem modo minui". Dabei hat Peters sich nur etwas verzählt, richtig müssen die Verszahlen heißen: 8.10.24//35.19.3.

bung von Somnus' Höhle[1] folgen, darauf wieder eine schreckliche Szene, den Wahrtraum Alcyones[2]. Bei Ransmayr, der eine aufrührerische Reaktion Ceyx' Bediensteter (28-29) und eine finstere Hafenszene (29) hinzuerfindet, herrscht hingegen durchgängig eine düstere Atmosphäre.

In den Details ähnelt Ransmayr Ovid und verwendet so (wissentlich oder unwissentlich) einige Topoi der "poetica tempestas", des epischen Unwetters. Die Katastrophe ereignet sich nachts: "Alcyone sah ein nächtliches Meer" (31) wie bei Ovid: "caecaque nox"[3]. Man vergleiche weiter: "Lautlos brach ein Mast" (31) mit "frangitur incursu nimbosi turbinis arbor"[4]. Ceyx denkt vor seinem Tod nur an Alcyone. Er

> hustete und keuchte ihren Namen und alle Hoffnung aus sich heraus. Dann glaubte er zu erkennen, daß aller Trost allein in Alcyones Armen und nicht in Delphi und keinem Heiligtum lag. (34)

Schon in den lateinischen "Metamorphosen" denkt Ceyx nur an Alcyone:

> Alcyone Ceyca movet, Ceycis in ore
> nulla nisi Alcyone est et, cum desideret unam,
> gaudet abesse tamen.[5]

> Alcyone bewegt Ceyx' Herz, nur Alcyone ist auf Ceyx' Lippen, und obwohl er einzig sie herbeisehnt, ist er doch froh, daß sie nicht da ist.

Seiner Geliebten im Tod zu gedenken, entspricht dem Ideal römischer Liebeselegie, während sich die epischen Helden Odysseus und Aeneas, als sie zu ertrinken drohen, an ihre früheren Kämpfe erinnern und sich wünschen, auf dem Schlachtfeld gefallen zu sein[6].

Ovids Ceyx stirbt allerdings immer noch heldenhafter als Ransmayrs Ceyx. Denn ersterer bereut seine Reise nicht und ist im Tod noch froh, daß wenigstens Alcyone verschont geblieben ist. Für letzteren dagegen wäre es vernünftiger gewesen, bei Alcyone geblieben zu sein.

Ransmayr läßt überhaupt keine tragische oder heldenhafte Stimmung aufkommen, sondern schildert grausame Details der Realität:

> eine Bö schleuderte einen Albatros hoch über den Untergang hinaus, brach ihm irgendwo oben die Schwingen und warf einen Klumpen Fleisch und Federn ins Wasser zurück. (31)

---

[1] met. 11, 592-632. Vgl. Peters: "Observa etiam duarum partium contrarium: dum in prima parte tempestas furiosa acriter describitur, in posteriore parte quieta et placida Somnii descriptio sequitur." (Symbola, S. 27).
[2] met. 11, 633-709.
[3] met. 11, 521.
[4] met. 11, 551.
[5] met. 11, 545-546.
[6] Lausberg, Ovid, S. 45.

Beinahe schmerzhaft realistisch wirkt die Ankunft entstellter Schiffbrüchiger:

> Die Gesichter der Schiffbrüchigen waren von der Sonne und vom Salz verwüstet, ihre Lippen weiß und die Schultern so wund, daß sie nicht gekleidet, sondern nur in breite, helle Leinenbahnen gehüllt waren, auf denen sich langsam die nässenden Flecken ihrer Verätzungen abzeichneten. (35)

Der österreichische Dichter bereitet Alcyones Metamorphose allmählich vor. Ceyx' Frau geht wochenlang täglich vergeblich zum Strand und zieht in eine Höhle in den Meeresklippen. Vor ihrer endgültigen Verwandlung lebt Alcyone bereits wie ein Eisvogel in einer Höhle, "deren Eingang zwischen turmhohen, von Möwen und Pelikanen gefiederten Klippen lag." (36) Als sie schließlich Ceyx' Leichnam findet, läuft sie zum Meer:

> Wie ohne Besinnung erhob sie sich nun und begann auf die Klippen hinaus zu <u>laufen</u>, endlich hatte ihr Rasen ein Ziel, sie <u>sprang</u>, sie <u>hüpfte</u>, sie <u>schnellte</u> von Stein zu Stein und über Felsspalten hinweg, sie <u>flog</u> über die Küstenfelsen dahin. (38)

Alcyones Fortbewegung ändert sich vom Lauf einer Frau zum Fliegen eines Vogels. "Fliegen" bleibt zunächst zweideutig, weil man von sehr schnell laufenden Menschen sagen kann, sie flögen. Einen allmählichen Verwandlungsvorgang eines Menschen in einen Vogel schildert E. T. A. Hoffmann in seinem Kunstmärchen "Der goldene Topf", in dem der Student Anselmus Archivar Lindhorsts Verwandlung in einen Geier beobachtet, wobei die Dämmerung Anselmus' Sicht beeinträchtigt[1]. Ebenso schildert Ransmayr den Augenblick der Metamorphose nicht, weil just während der zu erwartenden Verwandlung eine Nebelbank die Sicht trübt (38), wodurch die Spannung gesteigert wird. Die Zuschauer sehen nur noch einen Eisvogel, der sich über Ceyx' grausam entstellter Leiche befindet, die sich ebenfalls in einen Eisvogel verwandelt. Wie es zu den Verwandlungen kommt, erklärt der Österreicher nicht. Bei Ovid erbarmen sich die Götter Alcyones und Ceyx' und verwandeln sie in Vögel.

Ransmayr hat die bereits von Ovid dramatisch ausgeführte Ceyx-Alcyone-Geschichte in ein modernes Kinodrama umgearbeitet, bei dem es sich um eine degenerierte Form antiker Dramen zu handeln scheint. Wie die antiken Dramen endet der Film bei Sonnenuntergang. Die Zuschauer warten "auf den Beginn des

---

[1] "und nun schritt er [Archivar Lindhorst] rasch von dannen, so, daß er in der tiefen Dämmerung, die unterdessen eingebrochen, mehr in das Tal hinabzuschweben als zu gehen schien. Schon war er in der Nähe des Koselschen Gartens, da setzte sich der Wind in den weiten Überrock und trieb die Schöße auseinander, daß sie wie ein Paar große Flügel in den Lüften flatterten, und es dem Studenten Anselmus, der verwunderungsvoll dem Archivarius nachsah, vorkam, als breite ein großer Vogel die Fittige aus zum raschen Fluge.- Wie der Student nun so in die Dämmerung hineinstarrte, da erhob sich mit krächzendem Geschrei ein weißgrauer Geier hoch in die Lüfte" (S. 257). Nach dem in Hoffmanns Text vorhandenen Pausenstrich sieht Anselmus nur das Endergebnis. Ovids Einfluß auf E. T. A. Hoffmann legt von Albrecht dar (Natur und Mythos, S. 147-176).

ersten jener <u>Dramen</u>, die Cyparis ihnen angekündigt hatte." (26) Sie vermuten: "Die <u>Traurigen</u> auf Tereus' Mauer, das mußten <u>hohe Menschen</u> sein." (27) "Die Traurigen" deutet auf antike Tragödien, "hohe Menschen" auf hochgestellte Persönlichkeiten berühmter Herrscherhäuser, die im antiken Drama dargestellt wurden. Die Formulierung der Zuschauer "der Herr dort oben" (27) macht ihre Distanz zu den dramatischen Personen deutlich. Die Handlung verstehen sie nicht (27), aber Tomiten können sich intuitiv mit dem Leid der Personen identifizieren. Sie

> begriffen nur, daß der Schmerz in dieser von Goblins gedämpften Kammer groß war. Dann wußten sie sich eins mit Alcyone, wenn sie ratlos waren, daß einer fortgehen konnte, wo er liebte. (28)

Im Verlaufe des Abends reagiert das Publikum auf Illusionsstörungen unentschieden. Tereus' kommentierende Zoten rufen zwar keine Lacher hervor, werden allerdings auch nicht beanstandet. Bald funktioniert die Katharsis überhaupt nicht mehr, weil die Zuschauer die Tricks moderner Kinotechnik durchschauen, wo die ihnen bekannte Wirklichkeit dargestellt wird. Stöhnt der tumbe Battus anfangs ergriffen (27), hat sogar er am Ende die schlechte Inszenierung des Seesturms durchschaut:

> selbst der blöde Battus konnte sehen, daß an diesen Sturmbildern nichts Glaubhaftes war. Spielzeugmasten waren geborsten, Spielzeugsegel zerrissen, und auch der Orkan rührte wohl nur von einem Windrad her, ähnlich dem Ventilator, mit dem der Liliputaner die gleißenden Lampen seines Apparates kühlte. (32)

Ähnlich dem epischen Theater Brechts inszeniert Ransmayr Illusionsbrüche, indem er sehr geschickt Kinoszenen und Publikumsreaktionen montiert, so daß Kino als Kino deutlich wird und zugleich die Grenze zwischen Fiktion und Realität verschwimmt:

(Normaldruck: Film, *Kursivdruck: Publikum*)

26,30-27,16a:	Kameraschwenk über Landschaft in Ceyx' Palast
27,16b-27,19a:	*Battus stöhnt*
27,19b-27,20:	Palastgarten
27,21-27,27a:	*Geruch vor Tereus Mauer, Fama*
27,27b-27,30:	Ceyx und Alcyone
27,31-28,2a:	*Murren der verständnislosen Zuschauer*
28,2b-28,9:	Filmszenen aus Sicht der Zuschauer
28,10-29,22:	Ceyx' Dienstboten begehren auf, Ceyx verspricht Alcyone, bald zurückzukommen
29,23-30,32:	*Tereus und Procne*
31,1-32,8a:	Alcyone träumt Seesturm
32,8b-33,7:	*Zuschauer vermuten Filmtricks*
33,8-34,17:	Seesturm und Tod des Ceyx
34,18-34,30:	*Zuschauer äußern sich über mögliche Filmenden*

34,31-35,6:	Alcyone denkt an Ceyx' Rückkehr
35,7-35,10:	*Battus*
35,11-37,16:	Alcyone zieht mit ihrer Magd ans Meer
37,17-38,19:	*Thies und Proserpina*
38,20-38,32:	Alcyone läuft auf Ceyx' Leichnam zu
39,1-39,3a:	*Zuschauer sehen Eisvogel*
39,3b-39,23a:	Verwandlung von Alcyone und Ceyx
39,23b-39,31:	*Zuschauerreaktionen, Filmnachspann, Spulenklappern*

Dem idealen Filmliebespaar Ceyx und Alcyone werden die unglücklichen Ehepaare Tereus-Procne und Proserpina-Thies gegenübergestellt, so daß für den Leser eine hohe Handlung mit Filmpersonen und eine niedere Handlung mit Figuren aus Tomi entsteht. Ransmayrs "Metamorphosen"-Figuren betrachten, als Ovids und Ransmayrsche Figuren doppelt fiktiv, andere "Metamorphosen"-Figuren (somit dreifach fiktive Figuren). Nicht nur wird das Filmpaar Alcyone-Ceyx zu zwei Paaren im Publikum in Beziehung gesetzt, sondern die Filmhandlung kann die Zuschauerhandlung beeinflussen und umgekehrt.

Zunächst zeigt sich eine intensive Wirkung der Filmvorführung auf das Zeitempfinden der Zuschauer. In Tomi ist April. An der Schnittstelle zwischen Realitäts- und Filmbeschreibung heißt es jedoch bekräftigend: "Es *war* [sic!] also August" (26).

Dann bildet die idyllische Szenerie der Filmhandlung einen krassen Gegensatz zu dem Gestank in Tomi:

> In den Gärten des Palastes waren die Zikaden laut und Zitronenbäume schwer von Früchten. <u>Aber</u> die Hitze der Glutbecken, die man hinter das Schlachthaus getragen hatte, nahm allmählich den Geruch von Blut und Jauche an. (27)

Ceyx' entsetzlicher Seetod scheint Tomis Wetter zu verschlechtern, denn in Tomi wird es "<u>doch</u> kalt" (34). Im Film wird es Winter, und in Tomi erheben sich einige Zuschauer "aus Ungeduld oder der rasch aufgezogenen Kälte wegen" (37).

Schließlich scheint es, als lenke die Zuschauerin Proserpina die Aufmerksamkeit der Filmfigur Alcyone auf die Filmleiche Ceyx: Alcyone hebt am Strand ihren Kopf, "<u>als ob</u> Proserpinas Entsetzensschrei sie aufgeschreckt hätte" (38) und "sah den Toten <u>nun auch.</u>" (38)

Also interagieren erst als ältester menschlicher Sinn der Geruchssinn, dann das Temperaturempfinden, der Gehörsinn und am Ende das Sehvermögen der Film- und Zuschauerfiguren. Bemerkenswert ist, daß das Auge, das als rationalstes Erkenntnisorgan gilt, die irrationale Metamorphose nicht wahrnehmen und überprüfen kann, weil eine Nebelbank die Sicht trübt (38).[1]

Metamorphose geschieht hier als Fiktion auf einer Kinoleinwand, aber verschiedene Fiktionsebenen und die Realität beginnen sich zu vermischen. Umge-

---

[1] Zur Bedeutung und Phylogenese der menschlichen Sinne: Der große Brockhaus. Wiesbaden 1956. Bd. 10. S.v. Sinn.

kehrt scheint Argus' Metamorphose am Anfang real und wird erst im Nachhinein als Traumerlebnis erklärt.

3. 3. Argus, Io und Merkur

Ovid erzählt die Geschichte der Nymphe Io, die von Jupiter in eine weiße Kuh verwandelt wird, um sie vor seiner eifersüchtigen Ehefrau Juno zu verstecken. Juno ahnt, wer sich in der Kuh verbirgt und läßt sie vom hundertäugigen Argus bewachen. Lange kann Jupiter Ios Leiden nicht mit ansehen und schickt Merkur, um Argus zu töten. Nachdem Jupiter den stygischen Eid geschworen hat, Io als Geliebte aufzugeben, willigt Juno in die Rückverwandlung Ios ein.[1]

Während in Ovids "Metamorphosen" der hundertäugige Argus unter Göttern, Nymphen und Zentauren lediglich eine weitere bemerkenswerte Erscheinung unter vielen ist, wird er in Ransmayrs Roman als "Mißgeburt" (78) empfunden.

Ovids Aufmerksamkeit gilt nicht in erster Linie Argus' Aussehen, sondern der erstaunlichen Tatsache, daß Argus stets Io vor Augen hat, auch des Nachts, da seine 100 Augen im Wechsel wachen und schlafen, und selbst wenn er ihr den Rücken zudreht, weil sich seine 100 Augen um den ganzen Kopf herum verteilen:

> constiterat quocumque modo, spectabat ad Io:
> ante oculos Io, quamvis aversus, habebat.[2]

> Wie er sich auch immer hingestellt hatte, er blickte auf Io: vor Augen hatte er Io, obwohl er sich abgewandt hatte.

Der römische Dichter lenkt den Blick des Lesers auf die bedauernswerte Io, nicht auf Argus, dessen Kopf Ransmayr ausführlich als abstoßenden "Klumpen" (78) charakterisiert.

In Cottas Traum zerrt Argus nachts eine Kuh an einem Strick zu Pythagoras' Hütte. Zwar schließt auch Ovids Argus Io nachts ein:

> luce sinit pasci; cum sol tellure sub alta est,
> claudit et indigno circumdat vincula collo.[3]

> Bei Tageslicht läßt er sie weiden; wenn die Sonne tief unter der Erde verschwunden ist, schließt er sie ein und legt einen Strick um ihren Hals, der diese Strafe nicht verdient.

Den Zusatz "der diese Strafe nicht verdient" (Übersetzung von "indigno collo") muß Ransmayr allerdings fortlassen, weil er nur im Kontext der "Metamorpho-

---

[1] met. 1, 568-688 und met. 1, 713-746.
[2] met. 1, 628-629.
[3] met. 1, 630-631.

sen" verständlich ist, in denen Io an ihrer Verwandlung unschuldig ist. In "Die letzte Welt" gibt es keine Götterhandlung. Statt Merkur beim Namen zu nennen, spricht Ransmayr nur von einem "Schatten" (81), der die Hütte betritt. Die Bodenbretter von Pythagoras' Hütte verwandeln sich in Vogelfedern und Argus' Augen bleiben von selbst auf einer Pfauenschleppe haften. Bei Ovid werden sie von Juno dort befestigt.[1]

Ransmayr beschreibt so ausführlich (80), wie Argus langsam einschläft, daß der Leser sich zunächst entspannt. Nicht ganz abwegig erscheint Töchterles Vermutung[2], diese Passage könnte von Ovids ermüdender Folge von Perfektinfinitiven, in denen er Merkur dem Argus von Pan und Syrinx erzählen zu lassen im Begriff ist, angeregt worden sein. Der antike Dichter vermeidet es, Geschichten zu erzählen, die einander zu sehr gleichen. Täte jemand es dennoch, hätte es eine einschläfernde Wirkung, wie Ovid witzig mit Merkurs Pan-Syrinx-Erzählung zeigt:[3] die Pan-Syrinx-Erzählung[4] gleicht in Personenkonstellation und Ablauf der kurz vorher erzählten Geschichte von Apoll und Daphne, und bevor Merkur zu Ende erzählt hat, ist Argus auch schon eingeschlafen.[5]

Während Ovid die Enthauptung des schlafenden Argus ganz kurz beschreibt[6]:

nec mora, falcato nutantem vulnerat ense,
qua collo est confine caput, saxoque cruentem
deicit et maculat praeruptam sanguine rupem[7]

Sofort verwundet er den Einnickenden mit einem Sichelschwert dort, wo der Kopf an den Hals grenzt, wirft den Blutenden vom Felsen und befleckt die steil abfallende Felsklippe mit Blut,

malt Ransmayr grausige Details aus:

Unter der Wucht des Beilhiebes fielen die Hirtenaugen ab wie Schuppen, stoben über die Bodenbretter in die Winkel davon, Quecksilbertropfen, der Sternenschädel barst. Aus einer klaffenden Wunde kochte das Blut hervor und wusch Auge um Auge ab, schwemmte Netzhäute, Tränensäcke und Wimpern fort. (81)

---

[1] met. 1, 722-723.
[2] Töchterle, Spiel und Ernst, S. 101.
[3] Lausberg, Ovid , S. 42.
[4] Fränkel, Ovid, S. 93. Fränkel findet ein weiteres Beispiel für Ovids subtilen Humor. Vers 709 wiederholt fast wörtlich Vers 678. Wie Argus von Merkurs Flötenspiel wird Pan vom Klang der Syrinx verzaubert. Doch eigentlich meint Ovid am Ende seiner Pan-Syrinx-Ausgestaltung seinen Zuhörer, der "arte nova vocisque [...] dulcedine captu[s]" ist.
[5] Lausberg, Ovid, S. 42.
[6] Merkur enthauptet blitzschnell den schlafenden Argus. Dieser "pötzliche [...] Übergang von einlullenden Echos zu grausamer Tat ergibt eine gute dramatische Wirkung." (Fränkel, Ovid, S. 93)
[7] met. 1, 717-119.

Ransmayrs Argusszene wird im Gegensatz zu Cyparis' Metamorphose erst im Nachhinein als Traum erklärt (81). Realität und Traum vermischen sich, weil Geräusche aus Cottas Umgebung in seinen Traum eingehen und umgekehrt. Cotta hält Merkurs Flötenspiel zunächst für das "Orgeln des Windes" (79) und nach der Pfauenverwandlung "[kreischten] [d]ie eisernen Angeln des Fensterladens mit Pfauenstimmen" (82). Cottas Traum wirkt derart realistisch, daß Cotta noch nachts aus Pythagoras Hütte "vor den Drohungen des Schlafes" (82) flieht, bevor ein weiterer Traum ihn "überwältigt" (82).

In einem seiner Briefe vom Pontus beschreibt auch Ovid eine Erscheinung, von der er nicht sagen kann, ob sie real oder nur ein Traum gewesen sei. Er schildert dem Fabius Maximus, er habe Amor gesehen, "seu corporis umbra // seu veri species seu fuit ille sopor"[1] (sei es, daß es der Schatten seines Körpers, sei es, daß es seine wahre Gestalt, sei es, daß es ein Traum war):

> nox erat et bifores intrabat luna fenestras,
> > mense fere medio quanta nitere solet.
> publica me requies curarum somnus habebat,
> > fusaque erant toto languida membra toro,
> **cum subito** pinnis agitatus inhorruit aer,
> > et gemuit parvo mota fenestra sono.
> territus in cubitum relevo mea membra sinistrum,
> > pulsus et in trepido pectore somnus abit.
> stabat Amor[2]

Es war Nacht und der Mond schien durch die doppelflügeligen Fenster, fast so voll, wie er zur Monatsmitte zu strahlen pflegt. Die allgemeine Ruhe von Sorgen, der Schlaf, umfing mich, und ich lag über das ganze Bett ausgestreckt, **als plötzlich** die Luft von Schwingen bewegt erzitterte und das Fenster, von ihr bewegt, leise ächzte. Erschrocken richte ich mich auf meinen linken Ellenbogen auf, und der Schlaf flieht vertrieben aus zitternder Brust. Amor stand da.

Die Begleitumstände zu Cottas Arguserscheinung ähneln der von Ovid beschriebenen Amorerscheinung. In "Die letzte Welt" ist es ebenfalls Nacht, der Mond scheint hell (79) und zwar durchs Fenster (77), der Schläfer liegt ausgestreckt auf dem Lager (78), die Luft bewegt sich[3], der Schläfer schreckt auf[4], und die Fenster knirschen in ihren Angeln (82). Ransmayr empfindet sogar die typisch lateinische Satzkonstruktion "iam - cum subitum" nach, um Argus' blutiges Ende einzuleiten:

> <u>Schon</u> träumte der Viehhirt seine Kuh bloß und der Römer träumte den Hirten und waren Mond und Gebirge nur ein Gespinst, <u>als</u> die Musik <u>plötzlich</u> abbrach und ein

---

[1] Pont. 3, 3, 3-4.
[2] Pont. 3, 3, 5-13.
[3] "Ein Sturzbach frostiger Luft schäumte an das Lager heran" (78).
[4] "und ließ den Schläfer hochfahren" (78).

Schatten vor Nasos Tür erschien, über die Schwelle glitt, nach der am Boden liegenden Axt griff und die schlafende Mißgeburt ansprang. (80-81)

Ransmayr wählt mit Argus' Ermordung die brutalste Szene aus Ovids Io-Erzählung aus und verdüstert dessen abwechselnd spannende und heitere Verse zu einem gespenstischen Alptraum, indem er Argus als häßliche Mißgeburt einführt und ausführlich Argus' Ermordung schildert. Anders als bei Cyparis' Traummetamorphose wird Cottas Traum erst im Nachhinein als Traum erklärt. Traum und Realität sind nicht ganz deutlich zu trennen, wozu Ransmayr in dieser Szene vielleicht inhaltlich und sprachlich von einer epistula ex Ponto Ovids angeregt wurde.

3. 4. Hector, Hercules und Orpheus

Bei den Großen oder Städtischen Dionysien, die in Athen zu Ehren des Dionysos gefeiert wurden, wurde vom 11.-13. Elaphebolion (März/April) an jedem Tag eine Tetralogie aufgeführt. Bei Aischylos setzte sich die Tetralogie aus drei meist inhaltlich verbundenen Tragödien (einer Trilogie) und einem Satyrspiel zusammen.[1]

In "Die letzte Welt" zeigt Filmvorführer Cyparis zum Abschluß seines Aufenthaltes in Tomi eine Trilogie "Hector", "Hercules" und "Orpheus" - ein komisches Satyrspiel fehlt.

In "Hector" wird der Untergang Trojas gezeigt. Ransmayr nennt von den gefallenen Trojanern nur Hector, genau wie Ovid:

[...] ecquid, ne quid persequar omnes,
Hectoris umbra subit circum sua Pergama tracti[2]

Vor dir steigt doch wohl (um nicht alle aufzuzählen) der Schatten Hectors, der um sein Troja geschleift wurde, auf,

fragt Poseidon seinen Neffen Apoll. Ovids Leser und Zuhörer waren mit Homers Werk vertraut, und der römische Poet will sie nicht mit Geschichten langweilen, die sie schon kennen.

Ransmayr wählt die unschöne Szene aus und erfindet grausige Einzelheiten hinzu, um wie bei Ceyx' Tod Heldenstimmung zu vermeiden, und spricht von der

Verstümmelung des Trojaners Hector, der so lange um die Mauern seiner eigenen Festung geschleift worden war, bis sein furchtbarer Tod an einer langgezogenen Meute von Hunden sichtbar wurde, die sich um die weithin verstreuten Fetzen seines Fleisches balgten. (107)

---

[1] Lesky, Tragödie, 913.
[2] met. 12, 590-591.

Im zweiten Film seiner Trilogie zeigt Cyparis das Leben des Hercules. Ransmayr erzählt wie Ovid nur Hercules' Lebensende ausführlich .

In den "Metamorphosen" wird beschrieben, wie Hercules sich das vergiftete Hemd vom Leib zu reißen versucht:

nec mora, letiferam conatur scindere vestem;
qua trahitur, trahit illa cutem, foedumque relatu,
aut haeret membris frustra temptata revelli
aut laceros artus et grandia detegit ossa.[1]

Er versucht sofort, das tödliche Kleidungsstück zu zerreißen; wo es gezogen wird, zieht es die Haut mit ab -und scheußlich zu sagen - entweder klebt es an den Gliedern - vergeblich war der Versuch gewesen, es abzuziehen - oder es legt die zerfleischten Gelenke und großen Knochen frei.

Mit seiner Parenthese "scheußlich zu sagen" schafft Ovid Distanz zwischen Leser und Text und betont auf diese Weise den fiktiven Charakter seiner Erzählung, so daß der schreckliche Eindruck verringert wird, und der Leser eher Ovids erzählerische Kunst würdigt.[2]

Bei Ovid siedet Hercules' Blut vom brennenden Gift, seine Sehnen knistern versengt, Ransmayrs Schilderung übertrifft diejenige Ovids allerdings noch an Grausamkeit, ohne seine Leser psychagogisch vom Text zu distanzieren. Vielmehr läßt Ransmayr sie das Grauen möglichst hautnah empfinden:

Stöhnend, brüllend, schließlich rasend vor Schmerz riß sich dieser unbesiegbare Mensch mit dem Hemd Haut und Fleisch von den Knochen und legte seine tropfenden Sehnen bloß, die Schulterblätter, den Brustkorb, einen roten Käfig, in dem seine Lungen verglühten, sein Herz. (108)

Ovids Beschreibung des qualvoll sterbenden Hercules wird von anderen Beschreibungen unterbrochen, die das Entsetzen des Lesers mildern und ihm Bewunderung für einen noch im Tod starken Hercules einflößen. Ovids Held vermag noch eine lange empörte Rede an Iuno zu richten, den unschuldigen Überbringer der vergifteten Kleidung, Lichas, zu töten, seine Waffen zu vererben und für sich selbst einen Scheiterhaufen zu errichten, auf dem er todesverachtend und heldenmütig stirbt. Jupiter versetzt Hercules unter die Sterne.

In "Die letzte Welt" werden die Überreste dagegen von selbst zu Sternen (108). Cotta erinnert sich an eine Dichterlesung Nasos in seinem Internat, wo Naso "doch nur Verse und Worte wiedergibt, mit denen sie in den Schulstunden gequält wurden" (109). Es handelt sich um eine stark verkürzte und freie Zusammenfassung der originalen Ovidverse met. 9, 229-272, die der Österreicher abändert, so daß aus Hercules' Überresten ein roter Stern entsteht (109):

---

1 met. 9, 166- 169.
2 Zur Wirkung der Parenthese in den "Metamorphosen" vgl. von Albrecht, Parenthese.

> Auf Stroh fand der Römer
> Die Gabe des traumlosen Schlafs
> Und als er erwachte und sich
> Aus der Spreu zu den Sternen erhob
> Flackerte über dem Erdenkreis
> Ein rotes Gestirn
> Schimmerten purpurn vom Blut
> Die Narben des Monds.

Die blutrote Farbe und die "Narben" erinnern noch bei Hercules' Sternbild an dessen furchtbaren Tod, während es in den "Metamorphosen" in erhabener Würde am Himmel strahlt.

Als dritten und letzten Film will Filmvorführer Cyparis "Orpheus" zeigen:

> Und schließlich, an diesem Karfreitag, hatte Cyparis auch den Martertod eines Dichters namens *Orpheus* angekündigt, der von in *Pantherfelle* und *Rehdecken* gehüllten *Frauen gesteinigt* werden sollte, *gehäutet und mit Beilen und Sicheln zerstückelt*, und hatte eben die ersten Bilder des durch einen *Wald* Steineichen *flüchtenden Opfers* gezeigt, als der Missionar aus der Kirche hervorgestürzt kam...(108).

In diesem Satz verwebt Ransmayr Ovids Erzählung von Orpheus, der von Bacchantinnen getötet wird[1] (kursiv), mit christlichen Assoziationen (unterstrichen). Verknüpfendes Element ist die Steinigung (in der Satzmitte, kursiv und unterstrichen), die auch dem Orpheus des Ovid von einer der Bacchantinnen widerfährt[2], die man aber andererseits als "die in Israel häufigste, sakrale Hinrichtungsart"[3] v.a. auch aus dem Neuen Testament[4] kennt.

Mit den Worten "Karfreitag" und "Martertod" bringt Ransmayr den Tod des Orpheus, dessen Gestalt an sich schon ein altes Christussymbol ist[5], deutlich mit der Passionsgeschichte Jesu in Verbindung.

Der Missionar, der in Tomi Cyparis' Filmvorführung beendet, ist Lichas. Dieser gehört in Ovids "Metamorphosen" als unschuldiger Überbringer der vergifteten Kleidung zur Herculesgeschichte, so daß Fiktion (Film) und Realität (Tomihandlung) innerhalb der Fiktion "Die letzte Welt" ineinanderfließen.

Ransmayr verwendet in seinen Hector-, Hercules- und Orpheusvariationen unterschiedliche Fiktionsformen. Er führt die "Metamorphosen" als Film, als Unterrichtsstoff und als Dichterlesung vor, wobei sich die Zeiten vermischen: Cottas Jugend und Cotta in Tomi, die Antike (Orpheus) und Christentum (Jesus); antike Erzählstoffe werden mithilfe moderner Filmtechnik präsentiert. Die "Metamorphosen" kommen sowohl in der Antike als auch in der Neuzeit als Unterrichtsstoff vor, auch Dichterlesungen gibt es in beiden Epochen. Ransmayr

---

[1] met. 11, 1-66.
[2] met. 11, 10: "alterius telum lapis est" (das Wurfgeschoß der zweiten ist ein Stein).
[3] Schmoldt, Steinigung, S. 479.
[4] Ebd. Schmoldt verweist auf: Joh. 8-11 (Ehebrecherin); 59 (Jesus); Apg. 7, 56-58 (Stephanus); 14, 5 (Apostel); 2 Kor 11, 25 (Paulus).
[5] Ikonographie, s.v. Christusbild, S. 79.

verbindet in seiner Orpheusversion zwei Texte aus unterschiedlichen Zeiten, Ovids "Metamorphosen" und die Bibel, zu seinem neuen Text "Die letzte Welt".

Obwohl bereits eine langsame Vermischung von Fiktion und Realität innerhalb der Fiktion "Die letzte Welt" zu beobachten ist, stellt Ransmayr seine Ovidvariationen in der ersten Hälfte seines Romans vor Echos Sintflutvision als Träume (Cyparis und Argus) oder in verschiedenen Fiktionsformen dar: zunächst als Fiktionen Nasos die Komödie (Midas) und das Gleichnis (Pest auf Aegina), dann, ohne Naso als Autor zu nennen, in Filmen (Ceyx und Alcyone; Orpheus, Hector und Hercules). Erst in der zweiten Romanhälfte verwandeln sich 'reale' Bewohner Tomis.

3. 5. Echo

Im dritten Buch seiner "Metamorphosen" schildert Ovid das Schicksal der Nymphe Echo, die als Strafe dafür, daß sie einst Iuno ablenkte, als deren Gatte sich wieder einmal bei den Nymphen vergnügte, nunmehr lediglich Echos wiedergeben kann. Die Nymphe verliebt sich in Narziß, der sie grob zurückweist, so daß Echo aus Liebeskummer abmagert, bis einzig ihre versteinerten Knochen und ihre Stimme übrigbleiben. Der Römer veranschaulicht das Echo der Nymphe meisterhaft. Häufig steht ihr Name "Echo" klingend am Schluß eines Verses[1]:

    V. 358: nec prius ipsa loqui didicit, resonabilis Echo.
    V. 380: dixerat "ecquis adest?", et "adest" responderat Echo.
    V. 501: verba locus, dictoque vale "vale" inquit et Echo.
    V. 507: planxerunt dryades: plangentibus adsonat Echo.

Ovid wählt seine Echoworte so, daß sie sowohl zu Narzissus' als auch zu Echos Aussagen passen:

    dixerat "ecquis adest?", et "adest" responderat Echo.[2]

Er hatte gesagt: "ist jemand hier?" und Echo hatte geantwortet: "Es ist jemand hier."

Auch das betonte, lautere "vale" des Narzissus und das unbetonte, leisere "vale" Echos geben einen Echoeffekt wieder[3]:

    [...] dictoque vale "vale" inquit et Echo.[4]

dem gesagten Lebewohl gibt Echo ein "Lebewohl" zurück.

---

[1] Bömer zu 3, 358 (S. 543).
[2] met. 3, 380.
[3] Bömer zu 3, 501 (S. 567-568).
[4] met. 3, 501.

In einem anderen Fall ahmt der Römer Narzissus' Äußerung bis zur Hephthemimeres mit langen schweren Silben und nach der Hephthemimeres Echos Antwort mit kurzen schnellen Silben nach, wobei auch die Traductio "vocat ... vocantem" (letzteres greift auf "voce ... magna clamat" zurück) abbildet, um was für ein 'Gespräch' es sich handelt:

>   voce "veni" magna clamat: vocat illa vocantem.[1]
>   Er ruft mit lauter Stimme "Komm": so ruft jene den Rufenden.

Ransmayr verwendet eine Epanodos, um den Widerhall darzustellen. Sagt Cotta: "ich habe im Gebirge Wölfe gesehen" (99), flüstert Echo in umgekehrter Reihenfolge zurück: "*Wölfe, im Gebirge?*" (100) Besonders wirkungsvoll ist die Epanodos in Verbindung mit einer Anadiplosis. Cotta fragt Lycaon: "Arbeitet sie für dich?" (100), zeigt zu Echo gewandt auf sich und sagt: "Cotta." (100) Echo antwortet: "*Cotta, arbeitet sie für dich?*" (100) Sie versteht die Bedeutung der Wörter nicht, sondern gibt sie nur schematisch wieder.

Echo beschreibt Tomi in den Worten Cottas, wobei unklar bleibt, ob er nicht laut zu ihr gesprochen hat:

>   Auch glichen Echos Antworten stets dem, was Cotta schon wußte, mehr noch, Echo erzählte ihm in seinen eigenen Worten von der eisernen Stadt. Und dennoch empfand Cotta durch alle Wiederholungen und Belanglosigkeiten einen osmotischen Austausch wirrer Gefühle, ein sprachloses, rätselhaftes Einverständnis. (115)

Sie ist in "Die letzte Welt" ein inneres Echo Cottas. Außerdem fungiert sie, die Ransmayr zur Putzhilfe Lycaons und Stadthure macht, als Echo Ovids, indem sie Cotta dessen Geschichten überliefert.

Die "Metamorphosen" erklären, warum die Nymphe nur ein Echo wiedergeben kann: Iuno hat Echo bestraft, weil sie von ihr absichtlich in lange Gespräche verwickelt worden war, damit die anderen Nymphen entwischen konnten, mit denen sich Liebesabenteurer Jupiter vergnügte. Für das Sprachdefizit von Lycaons Putzhilfe erfährt der Leser keinen Grund. Echo gilt einfach als "Schwachsinnige" (101), so wie Argus in einer mythenlosen Welt als Mißgeburt erscheinen muß. Anders als Ovids Echo ändert Ransmayrs Echo ihr Sprachverhalten. Die Erwähnung von Nasos Namen (116) bewirkt, daß sie plötzlich fließend sprechen kann. Nachdem Cotta sie in ihrer Höhle vergewaltigt hat, verfällt sie in Sprachlosigkeit (152-153), beginnt dann aber wieder "stockend und einsilbig" (153) zu sprechen, dann zu "erzählen." (153) Nach Echos Sintfluterzählung scheint es,

>   als habe sie mit der Überlieferung der Apokalypse ihre Bestimmung bis zum letzten Wort erfüllt und sinke nun in die Sprachlosigkeit zurück. (171)

---

[1] met. 3, 382.

Sie hat das letzte Echo von sich gegeben. Cotta und Echo trennen sich nur mit einer "flüchtigen, achtlosen Geste" (171).

Der Körper von Ovids Echo verwandelt sich in Felsgestein, weil schrecklicher Liebeskummer wegen Narzissus' schroffer Zurückweisung sie so sehr abmagern läßt, bis nur noch Stimme und Knochen übrig sind, die sich in Stein verwandeln[1].

Ransmayr leitet die erste Metamorphose einer Bewohnerin von Tomi ganz allmählich mit verstreuten Andeutungen ein. Über Echos Körper wandert ein Schuppenfleck, und sie sieht aus, "als hätte sie ihr Gesicht, ihre Hände in Kalk getaucht" (99). Als Cotta ihren Schuppenfleck berührt, spürt er "ein ausgedehntes, verwüstetes Stück Haut, so dürr und kalt, daß ihn der Gedanke an eine Echse durchfuhr." (151) Immer mehr erinnert Echos Haut an eine Felsenoberfläche. Cotta sieht

> ihre Hand wie aus Glimmerschiefer oder grauem Felsspat, aus Kalk und grobkörnigem Sand, eine zierliche Skulptur aus einem Konglomerat brüchiger Steine. (170)

Sieht Echos Haut zuerst nur aus, als wäre sie in Kalk getaucht, scheint sie nun tatsächlich Kalk zu sein. Ähnlich wie bei Alcyone weist Echos Wohnort auf ihre zukünftige Verwandlung hin. Lycaons Putzhilfe flüchtet nämlich im Winter in eine Felsenhöhle, in

> den innersten Raum einer Ruine, die im Schatten eines Felsenüberhanges lag, in einen dunklen, unzerstörbaren Raum, der zur Hälfte aus dem Urgestein geschlagen war, mehr Höhle als Zimmer. (101-102)

Bereits bei Ovid scheint Echos Stimme aus Blattwerk oder einer Höhle zu kommen[2], denn Echo zieht sich nach ihrer Zurückweisung durch Narziß in Wälder und Höhlen zurück:

> spreta latet silvis pudibundaque frondibus ora
> protegit et solis ex illo vivit in antris.[3]

> Verschmäht verbirgt sie sich in Wäldern und bedeckt verschämt ihr Gesicht mit
> Laub und lebt seitdem in einsamen Höhlen.

Mühelos bewegt sich Echo über die steilsten Felsen und erscheint Cotta manchmal als "ein körperloses Trugbild" (155). Nach einem Unwetter sucht Cotta Echo überall vergeblich. Zuletzt wandert er ins Gebirge: "das ganze Gebirge [...] stellte überall Kulissen und Möglichkeiten des Verschwindens zur Schau" (176).

---

[1] met. 3, 397-401.
[2] Fränkel verweist auf das Echo, das "aus dem Blattwerk von Büschen und Bäumen am fernen Ende einer Wiese oder aus der Tiefe einer Höhle zu kommen scheint" (Ovid, S. 95). Nicht ohne Grund siedelt Ransmayr die Ruine "im Schatten eines Felsenüberhangs" an.
[3] met. 3, 393-394.

Die Blumen im Gebirge leuchten "wie das Farbenspiel der Scherben in Echos Höhle." (177)
Cotta ruft ihren Namen:

> Aber so oft er ihren Namen auch rief - von den Abstürzen, den Überhängen und lotrechten Wänden, in deren Kristallen und Schuppen aus Glimmerschiefer sich schon das Mondlicht brach, schlug nur der Widerhall seiner eigenen Stimme zurück. (177)

Die Felsen sehen aus wie Echos Haut oder umgekehrt: sie ist wie Glimmerschiefer, und die Felsen bestehen aus Schuppen von Glimmerschiefer.
Echo scheint sich in ein Felsenecho verwandelt zu haben. Darauf deutet auch der Hinweis auf den "Widerhall" von Cottas Stimme. In Ovids "Metamorphosen" wird die Nymphe ja gleichfalls zu einem Felsenecho. Echo selbst litt zuvor an einem "Schmerz, der vielleicht nur ein Widerhall des Lärms in ihrem Kopf war" (102).
Ferner sammelte Echo

> zarteste Vasen, Kelche aus Murano, bemalte Karaffen und mit Quarzstaub bestreute Kugeln,
> Sammelstücke ihrer Liebe zum Filigranen und zur Glasbläserkunst (175),

die sie in einer Vitrine ihrer Höhle aufbewahrte. "Echo war verschwunden" (176), heißt es dann, und nach einem Bergsturz in Trachila sieht Felsgeröll Echos Sammelstücken ähnlich:

> ermattet von der Oxidation, an anderen Stellen aber so hell und strahlend wie die Silberkaraffen,
> Bestecke und Vasen in den Vitrinen an der Piazza del Moro (237).

Einen 'Beleg' für Echos Verwandlung hat Cotta noch nicht, erst sein Vermieter Lycaon liefert ihm das 'Beweisstück' einer Metamorphose.

3. 6. Lycaon

Nach der ersten Metamorphose vom Chaos zum Kosmos, der Entstehung des Menschen, den vier Weltaltern und den Giganten, schildert Ovid in homerischer und vergilischer Tradition eine Götterversammlung, in der er Jupiter von Lycaons Verwandlung erzählen läßt, um zu betonen, daß es tatsächlich die Götter sind, die die Metamorphosen bewirken, wie Ovid im Proöm ankündigt: "nam vos mutastis et illas"[1]. Jupiter hatte sich persönlich von der Verderbtheit des eisernen Menschengeschlechtes überzeugen wollen und war in menschlicher Gestalt bei Lycaon eingekehrt. Lycaon aber hatte nicht an einen allwissenden, göttlichen Besucher geglaubt und seinen Gast auf die Probe gestellt. Er hatte

---

[1] met. 1, 2.

vergeblich versucht, Jupiter im Schlaf zu töten, und ihm schließlich eine getötete Geisel zum Essen vorgesetzt. Wegen seiner Grausamkeit wird Lycaon, der "Wölfling" (griech. λύκος = Wolf), in die seinem Wesen gemäße Gestalt eines Wolfes verwandelt:

>territus ipse fugit nactusque silentia ruris
>exululat frustraque loqui conatur; ab ipso
>colligit os rabiem solitaeque cupidine caedis
>utitur in pecudes et nunc quoque sanguine gaudet.
>in villos abeunt vestes, in crura lacerti:
>fit lupus et veteris servat vestigia formae;
>canities eadem est, eadem violentia vultus,
>idem oculi lucent, eadem feritatis imago est.[1]

Erschrocken flieht er selbst und erreicht die ländlichen Stille und heult und versucht vergeblich zu sprechen; aus ihm selbst sammelt sein Maul rasende Wut und die Gier nach gewohntem Blutbad richtet er gegen das Vieh und freut sich auch jetzt am Blut. Seine Kleidung wird zu Fell, die Arme werden zu Schenkeln: er wird zum Wolf und bewahrt dabei Spuren seiner früheren Gestalt; dieselbe Grauhaarigkeit bleibt und derselbe gewalttätige Gesichtsausdruck, dieselben Augen leuchten, es bleibt dasselbe Bild der Wildheit.

Lycaons Verwandlung ist in Ovids Werk die erste Metamorphose eines Menschen und weist viel für Ovids übrige Metamorphosenbeschreibungen Typisches auf: den vergeblichen Versuch zu sprechen, die Kleidung, die sich in Fell verwandelt, die Tatsache, daß gewisse äußerliche und charakterliche Merkmale erhalten bleiben (Grauhaarigkeit, gewalttätiges Gesicht, leuchtende Augen, kurz: das Bild der Wildheit).

In "Die letzte Welt" ist Lycaon der Seiler Tomis, und der einzige, der Cotta ein Zimmer vermietet, sich also im Gegensatz zu Ovids Lycaon, der das Gastrecht verletzt, gastfreundlich verhält. Nachts dagegen scheint sich der Seiler in einen Wolf zu verwandeln. Für die Wolfsexistenz des Seilers hat Ransmayr einige Wolfsmerkmale von Ovid übernommen. Der Seiler Lycaon scheint nachts zu heulen (84). "Heulen" ist vergleichbar mit dem ebenfalls lautmalerischen lateinischen Wort "exululat"[2]. Lycaon läuft "wie in einer ungeheuren Wut" (84). Wut oder Raserei, lat. "rabies"[3], ist ein Merkmal des Ovidischen Lycaon. Das Fell, in das sich Lycaons Kleidung in den "Metamorphosen" verwandelt, liegt bei Ransmayr als vermeintliche Jagdtrophäe im Panzerschrank (85). Der Ovidische Lycaon behält nach seiner Verwandlung die grauen Haare des arkadischen Herrschers ("<u>Canities</u> eadem est"[4]), und noch bei Ransmayr erscheint Seiler Lycaon als "gebeugter, <u>grauhaariger</u> Mann" (221). Außerdem hat der Seiler graue Füße und geht auch an kalten Tagen barfuß (9). Die Aussage: "Wer in den

---

[1] met. 1, 232-239.
[2] met. 1, 233.
[3] met. 1, 234.
[4] met. 1, 238.

Nächten wachlag, glaubte manchmal <u>Wölfe</u> zu hören" (10), ist eine Anspielung auf Lycaon, bevor dieser namentlich erwähnt wird (13).

Als Cotta in einer Vollmondnacht durch das Gebirge wandert, scheint er Lycaons Metamorphose zu beobachten. Cotta hört das Geräusch nackter Füße und sieht gleichzeitig den Seiler Lycaon von Felsen zu Felsen springen. Lycaon läuft für einen Menschen seltsam schnell und atmet keuchend- "es klang wie Geheul" (84); Cotta "glaubte, den Speichel zu sehen" (84) und Lycaon "schien der Länge nach hinzuschlagen." (84) Zunächst hat es nur den Anschein, als sei der Seiler ein Wolf, denn es heißt: "wie", "glaubte", "schien". Dann wird der Verdacht bekräftigt: Lycaon läuft auf allen Vieren in die Nacht. Doch jetzt erinnert Cotta sich, daß jener in seinem Panzerschrank ein altes Wolfsfell aufbewahre, in dem er ihn gerade hat über die Felsen laufen sehen, welches den Verdacht entkräftet. Vielleicht ist Lycaon nur verkleidet, weil in Tomi Fastnacht gefeiert wird (86-96)[1]. Cotta wischt sich den Schweiß ab, "<u>als ob</u> ihn eben ein Raubtier mit warmem Geifer besudelt hätte" (86). Dann benutzt Ransmayr zum erstenmal das Wort "Wolf": Cottas Fluchtweg war der "Wolfsweg." (86) Es wird nicht eindeutig, daß Lycaon ein Wolf ist. Nachdem Cotta von seiner Krankheit genesen ist, glaubt er nicht an Lycaons wölfische Existenz (99), aber Verdachtsmomente bleiben. Tereus z.B. hetzt Hunde auf eine Wolfsfährte (187). Cotta hört, wie Lycaon nachts das Haus verläßt, sieht ihn am nächsten Morgen erschöpft und zerschunden zurückkommen (219) und ist erleichtert, wenn er an Lycaon keine Wolfsmerkmale sieht, sondern dieser nur ein "gebeugter, grauhaariger Mann" (221) ist. Trotzdem wagt Cotta nicht, nachts in der Werkstatt des Seilers nachzusehen, ob der Seiler auch wirklich dort sei (222). Bei Mondlicht hört man Geheul (232). Eines Tages findet Cotta im Gebirge einen Wolfskadaver (234) und bei seiner Rückkehr nach Tomi ist Lycaons Haus verlassen. Von da ab tritt Lycaon nicht mehr im Roman auf, was nahelegt, daß er sein Ende als Wolfskadaver gefunden hat.

Ovid zeigt am Beispiel Lycaons, wie Jupiter einen grausamen Mensch in die ihm gemäße Gestalt eines Wolfes verwandelt, bzw. wie der nach met. 1, 83-86 vor den übrigen Lebewesen ausgezeichnete und auf die Götter ausgerichtete Mensch zum Tier entarten kann. Ransmayr läßt keinen Grund für die werwolfähnlichen Verwandlungen des Seilers erkennen, die zudem noch nicht vollständig 'bewiesen' sind: man findet zwar einen Wolfskadaver, aber die Identität von Lycaon und dem toten Tier läßt sich nur erahnen.

3. 7. Battus

In den "Metamorphosen" ist Battus ein alter Mann, der Merkurs Rinderdiebstahl beobachtet. Der Gott schenkt Battus eine Kuh, damit dieser ihn nicht verrät. Merkur stellt ihn auf die Probe, indem er in verwandelter Gestalt erscheint und

---

[1] Cotta läuft einer "mit Fellen und Ochsenhörnern kostümierten Horde von Betrunkenen in die Arme" (89).

Battus zwei Kühe bietet, wenn der Alte ihm den Namen des Diebes verrate. Battus geht darauf ein, und zur Strafe verwandelt ihn Merkur in einen Stein, der seitdem "index"[1] = "Anzeiger, Verräter" heißt.

Ransmayr führt Battus als halbwüchsigen, fallsüchtigen Sohn Famas ein. Battus hat sich eine Stein- und Mineraliensammlung angelegt (187), die auf seine eigene, spätere Versteinerung hindeutet, so wie Lycaons Wolfsfell, das dieser im Panzerschrank versteckt hält, ein Hinweis auf seine Werwolfexistenz ist.

Wie bei Ovid läßt Battus sich bestechen, denn er nimmt von den Leuten Süßigkeiten an, damit er ein Lichtbild des im Hinterzimmer von Famas Laden aufgestellten Episkops länger an der Wand läßt. Langsam leitet Ransmayr die Metamorphose ein. Battus verbringt sein Leben zunehmend unbeweglich vor dem Episkop, dessen Bediener und Wächter er ist: "Er war durch nichts zu bewegen, sich von der Maschine zu trennen" (212) und "harrte ungerührt aus" (212). Eines Nachts sieht Fama ihren Sohn "reglos wie immer" (213) vor dem Episkop sitzen:

> Auf Battus Antlitz und auf seinen Händen schien noch ein graues Licht nachzuglimmen, ein Widerschein verschwundener Bilder, kaum stärker als der helle Fleck eines Felsens in der Finsternis. (214)

Der "helle F̲leck eines F̲elsens in der F̲insternis", hervorgehoben durch eine doppelte Alliteration, ist eine Anspielung auf Ovids Erzählung, in der Merkur Battus in einen Stein verwandelt. In "Die letzte Welt" bleibt die Verwandlung letztlich ungeklärt.

Fama jedenfalls wirft das Episkop als Grund für den Tod ihres Sohnes ins Meer. Ausgerechnet Lycaon, der sich wahrscheinlich selbst häufig in einen Werwolf verwandelt, gibt eine rationale Erklärung. Battus soll an einem unheilbaren Starrkrampf gestorben sein, den er sich nach Lycaons Vermutung vom Gesindel der Argo oder beim Wühlen im Strandgut geholt hat (221).

Battus' Versteinerung ist die erste 'bewiesene' Metamorphose eines Bewohners von Tomi, denn seine Statue steht für jedermann sichtbar in Famas Laden. Sie ist für Cotta "eine Drohung, daß die Grenze zwischen Wirklichkeit und Traum vielleicht für immer verloren war." (221)

3. 8. Tereus, Procne und Philomela

Ovids Erzählung von Tereus, Procne und Philomela ist eine der grausamsten Metamorphosengeschichten. Nachdem der Thrakerkönig Tereus Athen siegreich Waffenhilfe geleistet hat, gibt Pandion dem berühmten Herrscher eine seiner beiden Töchter, Procne, zur Frau. Tereus entführt deren Schwester Philomela in eine Waldhütte und vergewaltigt sie. Er schneidet Philomela die Zunge ab,

---

[1] met. 2, 706.

damit sie sein Verbrechen nicht verraten kann und mißbraucht sie noch mehrmals, bis die stumme Philomela nach einem Jahr eine Botschaft webt, die eine Magd ihrer Schwester Procne überbringt. Procne ist entsetzt, befreit, als Bacchantin getarnt, ihre Schwester und rächt sich an Tereus, indem sie den gemeinsamen Sohn Itys tötet und ihrem Mann zum Essen vorsetzt. Als Philomela Itys' blutigen Kopf auf die Tafel wirft, erkennt Tereus, daß er seinen Sohn stückchenweise gegessen hat, und verfolgt die Schwestern mit seinem Schwert, bevor sich alle drei in Vögel verwandeln.

Diese Metamorphose Ovids ist die letzte, die Ransmayr in seinem Roman verarbeitet. Er verteilt in seinem Roman mehrere Anspielungen auf Ovid und Vorausdeutungen auf Tereus' Verbrechen, der in "Die letzte Welt" der Schlachter Tomis ist und sich nicht weniger brutal als der Thrakerkönig benimmt, zunächst allerdings nur gegen Tiere:

> Tereus war jähzornig und ertrug keinen Widerspruch. Man hatte ihn an diesem Tag, es war *Sch*lachttag gewesen, *st*undenlang im blutigen *Sch*aum des Baches arbeiten sehen. Im seichten *Sch*wemmwasser *sch*lug er *St*ieren den *Sch*ädel ein. Wenn sein Beil dem gefesselten Vieh krachend zwischen die Augen fuhr, wurde jedes andere Geräusch so nebensächlich, daß selbst das Rauschen des Baches für einen Augenblick auszusetzen und sich in Stille zu verwandeln schien. (29-30)

Die "sch"- und "st"- Laute stimmen klanglich zur wasser- und blutschäumenden Szenerie.

Der Thrakerkönig brüllt in Ovids "Metamorphosen" vor Schmerz über Procnes Untat wie ein Stier auf[1], welches vielleicht Ransmayr veranlaßt hat, Tereus Stiere schlachten zu lassen. Das Beil deutet auf das Romanende voraus, an dem Tereus mit einer Axt auf Procne und Philomela losgeht. Der Schlachter fesselt seine Opfer wie Ovids Tereus Philomela, der ihre Zunge mit einer Zange packt und mit seinem Schwert abschneidet:

> quo fuit accinctus, vagina liberat ensem
> adreptamque coma flexis post terga lacertis
> vincla pati cogit[2]

> Er zieht das Schwert, mit dem er umgürtet ist, aus der Scheide, faßt sie am Haar, verdreht ihr die Arme hinter dem Rücken und zwingt sie in Fesseln.

Wie in den "Metamorphosen" sitzt bei der Hochzeit von Tereus und Philomela ein Uhu als Unglücksvogel auf dem Dach des Ehepaares. Ovid erwähnt außerdem, daß statt Juno, der Beschützerin der Ehe, statt des Hochzeitgottes und der Grazien Furien anwesend gewesen seien:

---

[1] "wie ein Stier" fügt von Albrecht in seiner Übersetzung (Metamorphosen, S. 144) hinzu. Bei Ovid, met. 6, 661, heißt es lediglich: "Thracius ingenti mensas clamore repellit" = "Der Thraker stößt unter großem Schreien die Tische um." Ransmayr scheint sich also an von Albrechts Übersetzung orientiert zu haben, die er auch als Zitiervorlage für sein "Ovidisches Repertoire" angibt (291).
[2] met. 6, 551-553.

> [...] non pronuba Iuno,
> non Hymenaeus adest, non illi Gratia lecto:
> Eumenides tenuere faces de funere raptas,
> Eumenides stravere torum, tectoque profanus
> incubuit bubo thalamique in culmine sedit.[1]

> Ehestifterin Iuno fehlte, Hymaeneus und die Grazien fehlten bei diesem Beilager: Furien hielten von einem Leichenbegängnis geraubte Fackeln, Furien bereiteten das Bett, und auf dem Dach hockte der unheilige Uhu und saß auf dem Giebel des Brautgemachs.

Der Österreicher läßt wie stets die antike Götterwelt beiseite und fügt die für einen heutigen Leser erforderliche Erklärung hinzu, es handle sich bei einem Uhu um ein schlechtes Vorzeichen für eine Ehe:

> Auf dem First ihres Hauses saß damals groß, unbeweglich und ohne Scheu ein Uhu, der Unglücksvogel, der allen Brautleuten eine finstere Zukunft verhieß. (30)

In der Antike dagegen ist dieses malum omen geläufig. Ovid erwähnt noch an anderen Stellen den Unglücksvogel. Drei warnende Schreie stößt er vor Myrrhas inzestuöser Liebesvereinigung mit ihrem Vater aus.[2] Vergil erzählt, wie Dido nach ihrer Vereinigung mit Aeneas nachts von jammervollen Uhuschreien gequält wird.[3]

Eine weitere Vorausdeutung stellt in "Die letzte Welt" das Gerücht dar, Tereus verschwinde manchmal für mehrere Tage im Gebirge und betrüge

> Procne dann mit irgendeiner namenlosen Hure, die nur ein Schäfer einmal hatte schreien hören, oben in den Bergen (30).

Die Katastrophe ereignet sich, als Philomela in Tomi erscheint. Ovids Philomela verliert nicht ihren Verstand, sondern ist in der Lage, ihrer Schwester eine Botschaft zu weben, ebenso ihre äußere Schönheit ist ihr geblieben.

Dagegen ist sie in "Die letzte Welt" physisch und psychisch völlig zerstört. Fliegen fressen an Geschwüren ihrer Wangen (273), und sie "hatte an der Stelle des Mundes nur eine nässende, schwarz vernarbte Wunde; ihre Lippen waren zerrissen, Zähne ausgebrochen, die Kiefer zerschlagen." (274) Sie kann sich

---

[1] met. 6, 428-432.
[2] met. 10, 452-453: "ter omen // funereus bubo letali carmine fecit" (= "dreimal warnt der Unheilvogel Uhu mit todverkündendem Schrei").
[3] Verg. Aen. 4, 462-463: "solaque culminibus ferali carmine bubo // saepe queri et longas in fletum ducere voces." (= [Dido glaubte zu hören], "wie oft einsam vom Dach ein Uhu mit seinem Totenlied klagte und Töne lang zu Weinen dehnte."). Vgl. Pease zu Aen. 4, 462. Pease führt die Unglücksbedeutung des Uhus auf einige Eigenschaften des Tieres zurück: "Its [the owl's] avoidance of daylight, its dark color, and its uncanny sound caused it to be associated with the underworld and the dead" (Vergil, Pease, S. 375).

nicht verständlich machen und "krümmte sich vor Angst, wenn auch nur der Schatten eines Mannes auf sie fiel." (276) Nur in einem einzigen wachen Moment ist sie in der Lage, ihren Folterer mit einer Geste in Richtung von Tereus' Schlachthausmauer zu identifizieren.

In den "Metamorphosen" liegt der Erzählschwerpunkt auf Procnes Rache, in "Die letzte Welt" auf Tereus' Reaktion angesichts der Ermordung seines Sohnes. Tereus irrt mit einer Axt durch Tomi, um seine Frau zu suchen. Er findet Procne und Philomela bei Cotta, der nun erstmals Augenzeuge einer Metamorphose wird. Ovid nennt ausnahmsweise nur das Resultat dieser Metamorphose, während Ransmayr Tereus' Metamorphose in einen Wiedehopf ausführlich beschreibt, und zwar in der Art, wie Ovid es sonst zu tun pflegt[1]: Ransmayrs Text verwandelt sich an dieser Stelle in einen von Ovids "Metamorphosen" nicht zu unterscheidenen Text. Procne und Philomela entfliegen als Schwalbe und Nachtigall,

> noch ehe aus dem krummen Stiel der Axt ein weiterer Schnabel, aus Tereus' Armen Schwingen und seine Haare zu braunen und schwarzen Federn geworden waren. (284)

Wie in Ovids "Metamorphosen" entstehen aus menschlichen Körperteilen solche von Tieren. Da Cotta Augenzeuge der Metamorphosen ist, sind sie für ihn erstmals vollständig bewiesen, "was den Einsturz von Cottas Welt zur Folge haben sollte." (272)

Beschreibt Ransmayr in der ersten Romanhälfte zunächst Metamorphosen als Fiktionen innerhalb seiner Fiktion, vermischen sich dann nach Echos Sintflutbericht die Fiktionen mit der Realität Tomis innerhalb seiner Fiktion, sind Fiktion und Realität innerhalb seiner Fiktion nun identisch: "Die Erfindung der Wirklichkeit bedurfte keiner Aufzeichnung mehr." (287)

3. 9. Verarbeitung der Mythen

Insgesamt greift der österreichische Dichter die weniger bekannten Ovidfiguren heraus, kürzt, wo Ovid ausführlich ist, ist genauer, wo Ovid Einzelheiten verschweigt, setzt andere Schwerpunkte. Vor allem wählt Ransmayr für seinen Roman nur die negativen und grausigen Szenen aus, deren erschreckenden Charakter er darüber hinaus steigert und breit ausmalt. Er schildert äußerlich abstoßende Wesen (den verkrüppelten Zwerg Cyparis, die Mißgeburt Argus), negative Charaktereigenschaften (die Profitgier des Midas), übel beleumdete Berufe (Schlachter Midas, Hure Echo) und sehr realistisch Grausamkeiten, sei es, daß sie von Naturgewalten ausgehen wie die vom Meer oder von Menschen, wie die Mißhandlung des Hirsches, die Vergewaltigung Echos, die Verstümmelung Philomelas.

---

[1] Vgl. z.B. Lycaons und Cyparis' Metamorphosen.

Es gibt wenige Ausnahmen: am positivsten stellt Ransmayr seine Frauenfiguren dar, die sich noch am humansten verhalten. Zumindest sind sie nicht Täter, sondern Opfer, und zwar männlicher Gewalt, was der Autor bestätigt:

> ja das entspricht durchaus den historischen Erfahrungen, oder? und jeder, der einen einigermaßen verständigen Blick auf die Welt wirft, würde wahrscheinlich imstande sein, in diesem Ton gefärbte Frauengestalten sich auszudenken oder von denen zu berichten. Also, das ist ja keine großartige Erfindung von mir, sondern das ist ja nur eine Art Widerhall dessen, was in der Realität, in der gegenwärtigen, wie in der vergangenen, zu finden ist und zu finden war.[1]

Die Auswahl der oben vorgestellten Oviderzählungen hat sich aus dem Vergleich mit "Die letzte Welt" ergeben, so daß oberflächlich der Eindruck entstehen könnte, bereits der römische Poet habe vornehmlich schreckliche Szenen verfaßt. Betrachtet man jedoch die "Metamorphosen" insgesamt, wird deutlich, daß wie bei Ovids Vorgängern von Catull bis Vergil nach antikem Verfahren helle Szenen mit den dunklen abwechseln[2], und die wenigen vorwiegend dunklen Bücher strahlend hell enden[3]. Überhaupt ist die Variatio ein auffälliges rhetorisches Mittel: unbekannte Geschichten folgen auf bekannte, bewegte auf ruhige, kurze auf lange, es begegnen unterschiedliche Stilarten, verschiedene Darstellungen des Verwandlungsvorgangs und Elemente verschiedener Gattungen[4].

"Mit Ovid beginnt die große Zeit des Grausigen in der römischen Dichtung"[5], stellt Fuhrmann zwar fest, aber erstens nähmen die Greuel nur einen geringen Teil von Ovids Gesamtwerk ein, zweitens sei ihnen ein "Hauch von Esprit und eine gewisse Leichtigkeit"[6] eigen, und drittens verfolge Ovid mit ihnen nur technisch-künstlerische Zwecke. Diese "gewisse Leichtigkeit" zeigt sich u.a. darin, daß Ovid das Kuriose eines schrecklichen Vorfalls betont, den Leser mit eingestreuten Parenthesen Abstand zu seinem Werk gewinnen läßt, damit dieser es besser als Kunstwerk würdigen kann, oder indem Ovids grausiger Realismus zur Groteske wird und zwischen Schrecken und Lachen schwebende Reaktionen bewirkt[7]. Von Albrecht sieht eine "perpetua festivitas", die er als gütigen Humor versteht, als heitere Grundstimmung des Menschen, der es seiner Ansicht nach jedoch nicht an nötigem Lebensernst fehlt, als einheitsstiftendes Moment der "Metamorphosen"[8]. Ovid beschreibt den Menschen in seiner Totalität, seine guten und schlechten Eigenschaften, seinen ideellen und seinen physischen Teil.

---

[1] Interview.
[2] Pöschl, Erzählkunst, S. 271.
[3] Von Albrecht, Ovids Humor, S. 432.
[4] Schmidt, Übergangstechnik, S. 96.
[5] Fuhrmann, Funktion grausiger und ekelhafter Motive, S. 41.
[6] Ebd.
[7] Pöschl, Erzählkunst, S. 274.
[8] Von Albrecht, Ovids Humor.

Theoretisch steht auch für den österreichischen Autor der einzelne Mensch in seinem Roman stellvertretend für die menschliche Gattung:

> Mythos - ich weiß nicht genau, was das bedeuten soll. <u>Ich</u> habe die Erfahrung gemacht, beim Erzählen, daß auch im Mythos, und auch die Mythologie berichtet ja von Figuren, ja nicht von irgendwelchen archetypisch-abstrakten Archetypen, sondern von Gestalten mit Namen und einer Art Anschrift, und meine Erfahrung mit dem was Mythologie ist, war, je konkreter diese Gestalten vor mir aufgestanden sind, desto eher waren sie auch geeignet, eine Art Beispiel für alle anderen, für Menschen oder für das, was Menschsein überhaupt ist, zu sein, und ich hatte immer das Gefühl, daß je konkreter, je plausibler, je lebendiger <u>ein einziges</u> Schicksal erzählt wird, je besser das gelingt, je besser, je größer ist auch die Chance, daß dann <u>dieser eine</u> Mensch, dieser <u>einzige</u> Mensch ein <u>Beispiel</u>, ja manchmal eine Art Gleichnis für das ist, was Menschsein überhaupt bedeuten kann, in seinem tragischen wie in seinem glücklichen Aspekt. Und da gibt es eben schon einen Satz, der mir da gelegentlich einfällt, und der mir auch aus diesen Philosophiestudiumsjahren geblieben ist, eben dieser eine Satz von Kierkegaard, der von Adam, vom ersten Menschen gesagt hat: Adam ist zugleich er selbst <u>und</u> das ganze Geschlecht. Und das war schon etwas, was ich mir gedacht habe, <u>genau das</u> geschieht auch in einer Erzählung. Der <u>Eine</u>, das unverwechselbare Individuum wird, wenn es in einem erzählerischen Zusammenhange erscheint, auch zum Beispiel für seine ganze Gattung oder Geschlecht, oder was immer Sie wollen und <u>das</u> ist vielleicht etwas, das auch in der Mythologie geschieht, soweit die erzählende Mythologie gemeint ist.[1]

Tatsächlich bevorzugt es Christoph Ransmayr jedoch, sich insbesondere mit den dunklen Seiten des Menschen auseinanderzusetzen, wie die Auswahl seiner für ihn beispielhaften Figuren zeigt:

> daß da uns Gestalten entgegen kommen, die zwar <u>ganz</u> konkret sind, diese <u>furchtbare</u> Medea - oder dieser Ödipus, oder auch dieser <u>Mörder</u> Dädalus, dieser Mörder und Erfinder Dädalus. Das sind Leute, die unverwechselbare Individuen sind, die aber gleichzeitig etwas darüber aussagen, was uns Menschen insgesamt möglich ist, was uns bedroht, und was uns bevorsteht.[2]

Ob Kunst nach 1945 noch heiter sein könne, fragt Adorno in einem kurzen Aufsatz[3] und beantwortet seine Frage mit 'Nein':

> Kunst, die anders als reflektiert gar nicht mehr möglich ist, muß von sich aus auf Heiterkeit verzichten. Dazu nötigt sie vor allem anderen, was jüngst geschah. Der Satz, nach Auschwitz lasse kein Gedicht mehr sich schreiben, gilt nicht blank, gewiß aber, daß danach, weil es möglich war und bis ins Unabsehbare möglich bleibt, keine heitere Kunst mehr vorgestellt werden kann.[4]

---

[1] Interview.
[2] Ebd.
[3] Adorno, Ist die Kunst heiter?, S. 599-606.
[4] Ebd. S. 603.

In diesem Sinne schildert Ransmayr anders als Ovid in plastischer Eindringlichkeit vorwiegend das Schlechte des Menschen, seine bösen, dunklen und tierischen Seiten. Daraus schließt er auf die Gesamtheitheit der Menschen, u.a. auf ihre Gesellschaftsstrukturen. Ein Ergebnis der individuellen Inhumanitas sind totalitäre Systeme.

Ransmayr webt Fiktionsformen ineinander und vermischt sie mit der Realität, bis am Ende Fiktion und Realität innerhalb seines Romans zur Deckung gebracht werden.

Dies führt zu Verwirrung von Raum und Zeit, von Fiktion und Realität. Die literarische Thematisierung ihres Spannungsverhältnisses ist ein Reflex außerliterarischer Phänomene. Zunehmende Ununterscheidbarkeit von Realität und Fiktion ist ein Merkmal, das unserer 'Informationsgesellschaft' eignet, in der Wirklichkeit durch Information erzeugt wird[1], und in der Schein und Sein mittels Cyberspace-Technologie identisch werden.

Raum und Zeit sind Kategorien, die auch in der modernen Naturwissenschaft neu definiert worden sind[2]. Die Naturwissenschaft kennt seit Katastrophentheorie, Chaosforschung, Theorie der Fraktale und dem Konzept dissipativer Strukturen keine eindeutigen Beschreibungsmodelle der Realität mehr[3].

Ransmayrs unbegründete Metamorphosen wirken archaischer[4] als Ovids Erklärungsversuche, weil gerade rationale Erklärungen versagen. Sie werden Abbild für die Unbegreifbarkeit und Unbeherrschbarkeit der Welt und lassen den Weg der menschlichen Gesellschaft zurück in archaische und barbarische Zeitalter erahnen, der dem Leser als möglichst wahrscheinlich und realistisch suggeriert werden soll.

4. Flutbericht

"Κατακλυσμοί", Berichte über alte Wasserfluten, gibt es bei allen Völkern der Erde. Die zwei wichtigsten Fluten, die den Griechen bekannt waren, sind die ältere Flut des Ogygos aus thebanischer Urzeit und die sprichwörtlichen "Deucalionis aquae", auf die Ovid sich bezieht. Für ihn steht dabei nicht wie für seine Vorgänger die Einordnung Deucalions in eine Genealogie im Vordergrund, sondern die Flutschilderung[5].

---

[1] Welsch, Perspektiven, S. 209.
[2] Vgl. z.B. Hawking, A brief history of time.
[3] Welsch, Perspektiven, S. 213.
[4] Pachale, Metamorphose als Prinzip, S. 7. Archaischer wirken sie, weil ihre Ursache nicht reflektiert wird, weil sie noch nicht nach einem ersten 'Staunen' der Griechen mit Verstand betrachtet, sondern selbstverständlich hingenommen werden. Das erste 'Staunen' ist ja für Aristoteles der Anfang aller Philosophie, auch der Naturphilosophie (vgl. Arist. metaph. 1, 2, 8; 11).
[5] Bömer zu 1, 253 ff. (S. 100f.).

Die zentrale Stellung von Ransmayrs Flutbericht in der Mitte des siebten Kapitels läßt auf seine wichtige Bedeutung für die Gesamtinterpretation schließen.

Es ist Echo, die, sozusagen als Echo Nasos, die Katastrophe wiedergibt. Ihre Erzählung ist allerdings ein verändertes Echo der Ovidischen Schilderung.

Im ersten Metamorphosenbuch überflutet Jupiter die Erde, um, nachdem Lycaons Frevel den letzten Beweis für die Schlechtigkeit der Menschen geliefert hat, das gesamte frevelhafte Geschlecht des eisernen Zeitalters auszutilgen. Notus, der Südwind, und Iris, der Regenbogen, verursachen starke Regenfälle, und Poseidon fordert die Flußgötter auf, ihr Bett zu verlassen:

..."non est hortamine longo
nunc" ait "utendum: vires effundite vestras;
sic opus est. aperite domos ac mole remota
fluminibus vestris totas immittite habenas."[1]

"Jetzt ist keine lange Ermahnung am Platze", sagt er, "Laßt eure Kräfte ausströmen. So muß es sein. Öffnet eure Behausung, entfernt eure   Dämme und laßt euren Strömen ganz die Zügel schießen!"

Sofort gehorchen die Flußgötter:

iusserat. hi redeunt ac fontibus ora relaxant
et defrenato volvuntur in aequora cursu.[2]

Er hatte es befohlen. Diese kehren nach Hause, öffnen die Quellriegel und wälzen sich in zügellosem Lauf Richtung Meer.

Ransmayr behält die von Ovid beschriebene Reihenfolge: starke Regenfälle, Anschwellen der Flüsse und des Meeres, Untergang von Mensch und Tier bei, läßt die Katastrophe jedoch ohne Mitwirkung der Götter hereinbrechen.

Von selbst setzt der Regen ein, treten die Flüsse über ihre Ufer, brechen die Dämme, und die Fluten strömen zum Meer (163). Entsprechungen finden sich zum Ovidischen "mole remota" und "in aequora":

Dämme barsten oder verloren über der Höhe der Wassermarken jede Bedeutung, und aus den Gebirgen und Tälern sprangen Sturzbäche in die Ebenen hinaus auf den Ozean zu, der unter einer unzerreißbaren Wolkendecke lag. (163)

Im Gegensatz zu Ovid handelt es sich nicht um eine kurze, wenn auch vernichtende Katastrophe, die ebenso plötzlich endet, wie sie beginnt, sondern um einen langsamen, unaufhaltbaren Prozeß. Die endlose Eintönigkeit der Wasserbedrohung macht sich in Zeitadverbien wie "Schon im ersten Jahr des Regens" (163), "längst" (163), "immer noch" (163), "Allmählich" (163), "Mit den Jahren

---

[1] met. 1, 277-280.
[2] met. 1, 281-282.

und Jahrzehnten" (163) bemerkbar, ihre Ausweglosigkeit in Attributen wie "<u>un</u>zerreißbaren" (163) und "<u>un</u>ersättlich" (163).

Ovids himmlisches Unwetter ist eine Strafe für die frevelhafte Menschheit, die Jupiter herbeiführt. In "Die letzte Welt" wird zwar explizit kein Grund für den Untergang der Erde genannt, aber es gibt mehrere Anzeichen dafür, daß die Menschen sich aufgrund fataler Eingriffe in die Natur die Schuld für die Katastrophe selbst zuzuschreiben haben: das Wetter hält sich nicht an die Jahreszeiten, der Winter ist zu lang und zu kalt, das Frühjahr zu heiß, so daß die Bewohner Tomis "alle Phänomene der Erwärmung als die Zeichen einer neuen, unheilvollen Zeit" (120) deuten. Dabei denkt man natürlich an in jüngster Zeit diskutierte Auswirkungen eines möglichen Treibhauseffektes, der z.B. die Polkappen zum Schmelzen bringen könnte.

Ovid faßt das Ergebnis der Katastrophe mit einem Wortspiel "erant, deerant" wirkungsvoll zusammen:

omnia pontus <u>erant</u>, <u>deerant</u> quoque litora ponto.[1]

Alles war Meer, es fehlten dem Meer sogar Küsten.

Er läßt auch auf dem Höhepunkt der Katastrophe keine genauere Schreckensbeschreibung folgen, sondern eine Schilderung, die die bizarren Züge einer solchen Verwandlung der Erde in Meer in den Vordergrund rückt. Er zählt einige 'mirabilia' auf: in den ersten sechs Versen aus Sicht der Landbewohner, dann in den nächsten fünf Versen aus Sicht der Meeresbewohner, wobei Ovid nach dem Gegensatz "vor der Flut - jetzt" strukturiert:

Occupat hic collem, cumba sedet alter adunca
et ducit remos illic, ubi <u>nuper</u> ararat;
ille supra segetes aut mersae culmina villae
navigat, hic summa piscem deprendit in ulmo;
figitur in viridi, si fors tulit, ancora prato,
aut subiecta terunt curvae vineta carinae[2]

Einer besetzt einen Hügel, ein anderer sitzt im krummschnäbeligen Kahn und rudert dort, wo er <u>neulich</u> pflügte; jener segelt über Saaten oder Giebel eines versunkenen Landhauses, dieser fängt in einem Ulmenwipfel einen Fisch; wenn der Zufall es will, bleibt ein Anker in einer grünen Wiese hängen, oder Schiffskiele schürfen unter ihnen liegende Weingärten.

Stellvertretend für die Meeresbewohner nennt Ovid die drei typischsten[3]: "phocae" (gr. "φώκαι" = "Robben"), "delphines" und die Nereiden:

---

[1] met. 1, 292.
[2] met. 1, 293-298.
[3] Bömer (S. 111) zu 1, 300.

> et, <u>modo</u> qua graciles gramen carpsere capellae,
> <u>nunc</u> ibi deformes ponunt sua corpora phocae.
> <u>mirantur</u> sub aqua lucos <u>urbes</u>que domosque
> Nereides, <u>silvas</u>que tenent delphines et altis
> incursant ramis agitataque robora pulsant.[1]

und wo <u>eben noch</u> magere Ziegen grasten, dort lassen sich <u>jetzt</u> ungestalte Robben nieder. Unter Wasser <u>bewundern</u> Nereiden Haine, <u>Städte</u> und Häuser, Delphine bewohnen <u>Wälder</u>, schwimmen gegen hohe Zweige und stoßen an Baumstämme, so daß sie sich bewegen ["agitata" proleptisch].

Dieser Teil von Ovids Darstellung hat nichts Beängstigendes, er wirkt vielmehr wunderbar und friedlich.

Dagegen ist Ransmayrs Beschreibung durchgängig bedrohlich. Er verwandelt Ovids beinah idyllisch anmutende Szenerie in ein düsteres Bild des Untergangs, indem er zwar dessen Vorstellung versunkener Wälder und Städte, also namentlich "silvas" und "urbes", aufgreift, aber Mensch und Tier unpersönlich zusammenfaßt und das Gewicht auf den unaufhaltsamen Wasseranstieg legt:

> <u>Was</u> sich bewegen und auf Schiffe und Flöße retten konnte, trieb auf solchen und kümmerlicheren Zufluchten längst über versunkene <u>Städte</u> und <u>Wälder</u> dahin, und immer noch hob und sammelte das Wasser so träge wie unersättlich auf, <u>was</u> nicht verwurzelt war oder schwamm und schloß sich über allem, <u>was</u> sich nicht heben ließ. (163)

Wie Ovid zeichnet Ransmayr das Bild einer verkehrten Welt:

> In den kahlen Alleen, durch Säulengänge und Arkaden glitten Delphine dahin; auf den Dachfirsten wuchsen Seeanemonen, auf Schornsteinen Korallen. Flundern tarnten sich im Staub der Straßen. (164)

Allerdings ist nicht mehr vom Menschen, nur noch von einer gespenstischen Unterwelt der Tiere und Pflanzen die Rede. Wie in Tomi wachsen nun auch unter Wasser Pflanzen über menschliche Bauwerke hinweg.

In Ovids Schilderung sind alle Tiere, die nicht Meeresbewohner sind, gleichermaßen trotz besonderer Fähigkeiten der Flut ausgeliefert:

> nat <u>lupus inter oves</u>, fulvos vehit unda <u>leones</u>,
> unda vehit tigres, nec vires fulminis apro,
> crura nec ablato prosunt velocia cervo[2]

Der <u>Wolf</u> schwimmt unter den <u>Schafen</u>, die Welle trägt gelbbraune <u>Löwen</u>, die Welle trägt Tiger, nicht nützt dem Eber die Kraft seiner blitzenden Hauer, dem fortgespülten Hirsch nützen seine schnellen Beine nicht.

---

[1] met. 1, 299-304.
[2] met. 1, 304-306.

Der Österreicher erwähnt ebenfalls Wolf, Schafe und Löwen, rückt aber statt ihrer unterschiedlichen Fähigkeiten die Tatsache in den Vordergrund, daß Raubtier und Opfer dasselbe Schicksal erleiden: Nach dem Zurückweichen der Flut liegen tote Löwen neben toten Kühen, Wölfe neben Hühnern und Schafen:

> Wie grau und tot und weit verstreut die Reste der Welt am Ort ihrer Errettung lagen Fische und Vögel gehäuft übereinander, im Geäst entrindeter Bäume waren Leichen in den Verrenkungen von Zirkuskünstlern hängengeblieben, Kühe mit Ballonbäuchen lagen neben Kadavern von Löwen und Wölfe mit aufgebrochenen Seiten unter Hühnern und Schafen. (166)

Ransmayr sagt deutlicher als Ovid aus, Raubtiere und Opfer, Herrscher und Beherrschte, seien dieser Katastrophe gleichermaßen ausgeliefert.

Er entwirft eine groteske Zirkusszenerie und verdüstert das Bild des antiken Dichters, wie gerade Abweichungen im Detail erkennen lassen, weil er zu den Löwen das Wort "Kadaver" und zu den Wölfen "mit aufgebrochener Seite" hinzufügt, so daß seine Tierleichen mehr an Tod und brutale, schonungslose Vernichtung gemahnen als Ovids lediglich von der Flut mitgerissenen Tiere. In den "Metamorphosen" handelt es sich um einen vorübergehenden Anblick, bei Ransmayr dagegen um ein ausgemaltes Bild nach der Katastrophe.

Erzählt Ovid vom Vogel, der erschöpft ins Meer stürzt:

> quaesitisque diu terris, ubi sistere possit,
> in mare lassatis volucris vaga decedit alis[1]
>
> und nachdem der umherfliegende Vogel lange nach Land gesucht hat, wo er sich ausruhen könnte, fällt er mit erschöpften Flügeln ins Meer,

betont Ransmayr bei sonstiger großer inhaltlicher Übereinstimmung die Menge der Vögel, die sterben. Die Vernichtung ist vollkommen:

> Dann fielen auch die Vögel auf der vergeblichen Suche nach einem Ort der Rast erschöpft in die Wellen und sanken in Schwärmen an die Felder und Städte des Grundes hinab. (163-164)

Das Sterben der Vögel am Meeresboden, das Ovid nicht schildert, hat bei Ransmayr etwas scheußlich Unabwendbares, aber auch faszinierend Grauenvolles:

> Wie zu einem Fest der Wiederkehr der Vögel, die Schwarm um Schwarm in die Tiefe sanken, wehten an den Häusern Fahnen aus Algen und Tang. (164)

Auf dem Höhepunkt der Katastrophe löst Ovid die Spannung. Jupiter sieht ein, daß die beiden letzten Überlebenden Deucalion und Pyrrha gottesfürchtige Men-

---

[1] met. 1, 307-308.

schen sind, die nicht schuldlos sterben dürfen. Er gebietet den Wassermächten Einhalt, und die Erde taucht recht schnell wieder aus den Fluten auf.

Bei Ransmayr nimmt die Flut kein gutes Ende, vielmehr steigert sich das Grauen noch: "Aber diese Ruhe war keine Erlösung, sondern nur das böse Ende" (164).

Deucalion und Pyrrha müssen "den Untergang *und* das Wiederauftauchen der Welt" (165) mit ansehen. Eine vollständige Vernichtung allen Lebens hat stattgefunden: "Nein, <u>nichts</u> wuchs mehr. <u>Alles</u> ragte und starrte zerbrochen in einen Himmel, der nun wolkenlos war." (166)

Ovids Deucalion und Pyrrha fühlen sich zwar entsetzlich einsam, finden jedoch Trost und Rat in einem Orakelspruch der Göttin Themis. Deucalion löst den Rätselspruch, der besagt, sie sollten die Gebeine ihrer Mutter hinter sich werfen. Die Mutter ist Mutter Erde, deren Gebeine sind Steine, und so werfen Deucalion und Pyrrha Steine hinter sich, die wie unter den Händen eines Bildhauers zu menschlichen Gestalten werden[1].

Nach Hermann Fränkel zeigt Ovid mit dieser Metamorphose, wie Menschen im liebevollen und demütigen Glauben an das Gute Härte (von Materie und im übertragenen Sinne der Götter) zu erweichen imstande sind.[2]

In "Die letzte Welt" sind Deucalion und Pyrrha nach der Flut wie gelähmt vor Entsetzen. Sie durchlaufen der Reihe nach verschiedene Verhaltensformen der Bevölkerung Tomis. Sie sind zunächst "unfähig zu einer Geste des Schmerzes, unfähig zu handeln: sprachlos" (167), dann gleichgültig, ferner Tieren ähnlich: Pyrrha hebt einen Kiesel auf und beriecht ihn "wie ein Tier seine Beute" (167), schließlich wahnsinnig: Pyrrha liegt "mit der abwesenden Miene einer Verrückten" (167) auf dem Floß. Rein zufällig entstehen aus Pyrrhas mechanischen Steinwürfen Menschen. Läßt Ovids Marmorbildervergleich an die wunderschönen, ebenmäßigen antiken Statuen denken, so entstehen in "Die letzte Welt" häßliche Monster. Deucalion sieht

> einen faustgroßen Brocken, der aber nicht tot und regungslos blieb, sondern zur Hälfte aus dem Wasser ragend, von einer unsichtbaren Kraft gestoßen, über den weichen Grund rollte, sich wälzte, *bewegte* und auf seiner verschlungenen Bahn an Umfang zunahm wie die Schneekugel auf einem Abhang; aus seiner Schlammkruste, einer Schwarte, trieben Borsten hervor, Beulen, Tentakel, die zu zappelnden Beinchen wurden, Armen, Händen, die ins Leere griffen - und wuchsen. (168)

Deucalion und Pyrrha sind nicht erfreut über die neuen Wesen, sondern wollen voller Grauen die Gespenster mit Steinwürfen vertreiben, aber noch immer findet Ransmayrs Horrorvision kein Ende: "Und dann nahm der Schrecken zu." (168) Aus den geworfenen Steinen werden weitere Monster, "aus jedem Kiesel ein Ungeheuer!" (169) schreit Echo. Das allmähliche Emporwachsen und die riesige Zahl der neuen Wesen ("Schwankend und wortlos entstand ein unüberschaubares <u>Heer</u> nackter Gestalten" (169)) erinnern daran, wie in Ovids "Meta-

---

[1] met. 1, 400-413.
[2] Fränkel, Ovid, S. 85.

morphosen" aus Cadmus' ausgesäten Drachenzähnen eine Kriegerschar entsprießt:

> inde (fide maius) glaebae coepere moveri,
> primaque de sulcis acies apparuit hastae,
> tegmina mox capitum picto nutantia cono,
> mox umeri pectusque onerataque bracchia telis
> exsistunt, crescitque seges clipeata virorum.[1]

> Kaum zu glauben - darauf begannen die Erdschollen sich zu bewegen, und zuerst erschienen aus den Furchen eine Lanzenspitze, bald darauf Kopfbedeckungen, auf denen ein bunter Helmbusch nickte, dann entstehen Schultern und Brust und Arme, die mit Geschossen beladen sind, und eine Saat schildbewehrter Männer wächst heran.

Ovid mildert den furchteinflößenden Eindruck, indem er den illusionären Charakter des Geschehens betont. Er flicht den Zweifel "fide maius"[2] ein und zieht einen Vergleich zu einem Theatervorhang, auf dem die abgebildeteten Figuren allmählich auftauchen, wenn der Vorhang langsam emporgezogen wird[3].

Bis auf fünf bringen sich die aus den Drachenzähnen entstandenen Soldaten im Bruderkrieg erbarmungslos um. Dieser Umstand mag Ransmayr zur negativen Charakterisierung seiner menschlichen Ungeheuer veranlaßt haben. Noch wahrscheinlicher war Ovids Erzähler-kommentar zur Erschaffung des Menschen aus Stein in der Deucalion-Pyrrha-Episode das Vorbild[4]:

> inde genus durum sumus experiensque laborum
> et documenta damus, qua simus origine nati.[5]

> Deshalb sind wir ein robuster Menschenschlag und in Mühen erfahren, und wir legen Zeugnis ab, woraus wir entstanden sind.

"durum" ist nicht mit "hart" im Sinne von "gefühllos" zu übersetzen, sondern im Sinne von "ausdauernd, zäh"[6], zumal in der Verbindung mit "experiensque laborum". Ransmayr faßt jedoch "durum" im Sinne von "gefühllos" auf. Seine Ungeheuer sind eine

> Brut von mineralischer Härte, das Herz aus Basalt, die Augen aus Serpentin, ohne Gefühle, ohne eine Sprache der Liebe, aber auch ohne jede Regung des Hasses, des Mitgefühls oder der Trauer, so unnachgiebig, so taub und dauerhaft wie die Felsen dieser Küste. (169-170)

---

[1] met. 3, 106-110.
[2] met. 3, 106.
[3] met. 3, 111-114.
[4] Töchterle, Spiel und Ernst, S. 103. Er verweist ferner auf einen Bezug zu Ovids Myrmidonenerzählung. Auch dieses "genus" sei "patiens laborum" (met. 7, 656).
[5] met. 1, 414-415.
[6] OLD 582 s.v. durus 3.

Ransmayrs Beschreibung dieses steinernen Geschlechts erinnert an die Art und Weise, in der Nietzsche, ebenfalls mit Bezug auf seine eigene Zeit, Hesiods ehernes Geschlecht charakterisiert[1]. Für Nietzsche ähnelt die eigene Zeit in vielem Hesiods ehernem Zeitalter: "ein Zeitalter von Erz, wie gesagt, hart, kalt, grausam, gefühl- und gewissenlos, Alles zermalmend und mit Blut übertünchend"[2]. Ransmayr darf man die Kenntnis dieser Nietzschestelle aus seinem Philosophiestudium zutrauen.

Der wichtigste Unterschied zwischen Ovid und Ransmayr besteht in Ransmayrs Fiktion, Ovids Sintfluterzählung beziehe sich nicht auf die ferne Vergangenheit wie in Ovids "Metamorphosen", sondern sei eine Vision der Zukunft. Mit den "Metamorphosen" stimmt noch überein, daß die Flut das "Ende der wölfischen Menschheit" (162) bringt, denn im ersten Metamorphosenbuch löscht Jupiter, nachdem seine Verderbtheit durch den Frevel Lycaons, des 'Wöflings', erwiesen ist, mit der Flut das Menschengeschlecht aus, und daß Echo "die künftige Flut so bestimmt wie eine Katastrophe der Vergangenheit" (163) beschreibt. Sie kündigt ihre Erzählung jedoch als "Offenbarung der Zukunft" (162) an. Dazu passend inszeniert Ransmayr Echo in der theatralischen Pose einer Prophetin. Cotta und Echo gehen vor einer dramatischen Kulisse spazieren, in einer Felsenbucht am Meer, die wie ein Theater aussieht. Denn hinter der Bucht ragt eine sehr hohe Felswand senkrecht auf, deren "Vorsprünge, Gesimse, Balkone und Balustraden aus Urgestein [...] den Rängen eines von hängenden Sträuchern und Grasbüscheln überwucherten Zuschauerraumes glichen" (159) und bei deren Anblick Cotta sich an eine Oper erinnert fühlt, die Augustus in Rom bauen ließ (159-160). Einige Tomiten lassen sich als (wenn auch gleichgültige) Zuschauer an den Felsenbrüstungen blicken. Die Bucht hat früher Arachne und Naso als Ort künstlerischer Inspiration gedient (160 und 188), an dem nun auch Echo, einer delphischen Pydna gleich, in Trance gerät:

> Echo schien in diesen Augenblicken durch eine plötzliche Begeisterung und Hingabe so verändert, daß Cotta stehenblieb und sie ratlos, zum erstenmal seit langem, ansah. (162)

Echo kündigt den Untergang der Menschheit mit einer "fast fanatischen Kraft in der Stimme" (162) an. Wiederholt fallen die Worte "prophezeien" (169, 170), "Vision" (162), "Offenbarung" (162), und "Apokalypse" (171), die Assoziationen an (christliche) Endzeiterwartungen wecken.

Ransmayr setzt unterschiedliche Modi und Tempora ein. Er betont am Anfang, in der Mitte und am Ende der Geschichte mit "schrie Echo", daß Echo erzählt, und macht andererseits durch den Konjunktiv deutlich, daß es sich um Nasos Vision handelt, wobei der österreichische Dichter am Anfang und Ende der Geschichte den Konjunktiv I mit futurischer Bedeutung benutzt: Echo kündigt Cotta einen Wolkenbruch an, "der die Erde <u>reinwaschen werde</u>" (162).

---

[1] Nietzsche, Genealogie der Moral, S. 240.
[2] Ebd. S. 290.

Nach Echos Überlieferung heißt es "Aus einem Steinhagel, schrie Echo, <u>werde nach der kommenden, allesvernichtenden Flut die neue Menschheit hervorgehen</u>" (169). In der Mitte vermeidet Ransmayr es, ein Verb zu setzen, um das Geschehen dramatisch zu vergegenwärtigen: "Aber was für eine Stille dort unten! rief Echo, was für eine unvorstellbare Lautlosigkeit" (164) und läßt Echo im Präsens der Allgemeingültigkeit die zeitlose Feststellung machen, "[d]ie Einsamkeit der Überlebenden,[...], <u>sei</u> gewiß die schlimmste aller Strafen." (166) Der Leser kann diese Nasovision leicht auf seine eigene Zeit übertragen, umso mehr als bereits im Roman Entsprechungen zwischen der Vision und der Gegenwart bestehen. Die meisten Bewohner Tomis besitzen schon die Eigenschaften des steinernen Geschlechts, so daß Pythagoras mit seiner Antwort recht hat, als Cotta ihn fragt, ob Naso jemals vom Weltuntergang und Neuschöpfung der Menschheit aus Steinen erzählt habe:

> Nein, vom Ersaufen sei keine Rede gewesen. Dort unten, am Strand, in Tomi! werde das Ende der Welt doch deutlicher sichtbar als in erträumten oder erfundenene Schreckbildern. [...] in jedem Winkel und Grunzlaut Tomis sei die Zukunft doch bereits hörbar, sichtbar, greifbar. Wozu Hirngespinste? Im nächstbesten Jauchetümpel der eisernen Stadt spiegle sich doch die Zukunft bereits, jeder Tümpel ein Fenster in die von der Zeit verwüstete Welt. (188-189)

Die Flut der "Metamorphosen" ist eine auf den Zorn Jupiters zurückgeführte, als göttliche Strafe für die Menschen gekennzeichnete, vernichtende, aber nur kurz dauernde Katastrophe der Vergangenheit, in der eine Ekphrasis der Wassergottheiten, Kuriosa einer 'verkehrten Welt' und die wundersame Erschaffung der Menschen aus Steinen kaum Schrecken, sondern eher Staunen hervorrufen.

Ransmayr beschreibt einen langen, ausweglosen Prozeß, der möglicherweise auf Klimaveränderungen beruht und der zu einer totalen Vernichtung allen Lebens führt. Es entstehen keine neuen Menschen, sondern gefühllose Ungeheuer.

Die Katastrophe der Menschheit ist nicht Vergangenheit, sondern steht unmittelbar bevor: "Apocalypse now". "Die letzte Welt" läßt sich damit in die apokalyptische Tradition unseres Jahrhunderts einordnen. Denn anders als die biblische Apokalypse (griech.: Ent-bergung, Offenbarung), die nach dem Weltende Erlösung verspricht, versteht man unter dem modernen Apokalypsebegriff nur noch Vernichtung[1]. Zwei Ursachen dieser negativen Konnotierung haben auch auf Ransmayrs Roman gewirkt: erstens die Dialektik der neuzeitlichen Aufklärung, die im Menschen, der die Natur zu beherrschen suche, Schuld-gefühle ausgelöst habe[2], und zweitens die Vorstellung, apokalyptisches Sprechen sei "radikal demokratisch"[3]: wer unten sei, imaginiere das Ende der Unterdrücker. Ransmayr hat als Kulturredakteur für das Magazin "Extrablatt" gearbeitet, das mit seinen Beiträgen die Gesellschaft verändern und Basisdemokratie fördern wollte, mittlerweile allerdings sein Erscheinen eingestellt hat.

---

[1] Kaiser, Apokalypse, S. 9.
[2] Ebd. S. 20-21.
[3] Ebd. S. 14.

Das Thema 'Endzeitlichkeit' wird in den achtziger und neunziger Jahren gerne in der Literatur behandelt, z.B. in Günther Grass' zwei Jahre vor "Die letzte Welt" erschienenen Roman "Die Rättin".
Ransmayrs pessimistische Sicht stimmt mit den beobachteten negativen und sozialkritischen Abwandlungen seiner übrigen Metamorphosenvariationen überein. Die Menschheit befindet sich nicht nur auf dem Weg ins eiserne, sondern sogar ins steinerne Zeitalter.

5. Weltalter

Der Romantitel "Die letzte Welt" ist mehrdeutig - drückt das Adjektiv eine Ortsbestimmung, eine Zeitbestimmung oder eine Qualität aus?[1]
In örtlicher Hinsicht ist "Die letzte Welt" eine letzte, weil Tomi für Cotta "am Ende der Welt" (13) liegt. Für römische Vorstellungen wurde Ovid tatsächlich an das Ende der Welt, an den nordöstlichen Rand des Reiches, in die kaiserliche Provinz "Moesia inferior" verbannt. Wiederholt beklagt sich der Römer in seinen "Tristia" und "Epistulae ex Ponto", er sei an das Ende der Welt verbannt, und nennt Tomi "orbis ultimus"[2] und "ultima terra".
Als Zeitangabe ruft der Titel nicht nur "apokalyptische Konnotationen"[3] oder Vorstellungen der stoischen Ekpyrosislehre hervor, in der die Welt vor dem Weltenbrand als die letzte bezeichnet wird, sondern läßt auch an eine Fortsetzung von Ovids Weltalterbeschreibungen denken, auf die Ransmayr nicht nur mit einem Zitat aus Ovids Beschreibung des goldenen Menschengeschlechtes in Flugschriften des römischen Widerstandes (127) deutlich anspielt.
Nach seiner Kosmogonie und dem Bericht von der Schöpfung des ersten Menschen erzählt Ovid von den vier Weltaltern.
Das goldene[4] Weltalter definiert sich durch Verneinung der Kennzeichen des eisernen Zeitalters: ohne Justiz und ohne Militär führen die Menschen freiwillig ein moralisch einwandfreies Leben. Es gibt weder Städte noch Schiffahrt noch Eroberungsdrang. Hinzu kommen die Topoi des "αὐτόματος βίος", des aus sich selbst entstehenden Lebens (die Erde ist ohne Landwirtschaft ertragreich), und des 'ver aeternum', des ewigen Frühlings.
Im silbernen Zeitalter[5] führt Jupiter Jahreszeiten ein, und die Menschen müssen in Häusern leben und Landwirtschaft betreiben. Als kurzer Übergang zum

---
[1] Vgl. Epple, Unterrichtshilfen, S. 41.
[2] Epple verweist auf trist. 1, 1, 127 (Unterrichtshilfen S. 41 mit Anm. 7).
[3] Ebd.
[4] met. 1, 89-112.
[5] met. 1, 113-124.

eisernen Zeitalter folgt das eherne Geschlecht[1], das grausamer und kriegslüsterner als das vorige veranlagt ist.

Das letzte Geschlecht ist das eiserne[2]. Die Menschen des eisernen Zeitalters sind moralisch völlig verworfen: sie werden betrügerisch, arglistig. heimtükkisch, gewalttätig und sind von "amor sceleratus habendi"[3], von "zu Verbrechen bereiter Habgier" beseelt. Gastfreunde und Familienmitglieder ermorden einander. Schiffahrt und Privateigentum werden eingeführt. Man baut Eisen und Gold ab, wodurch Kriege entstehen.

In seinem Vergleich zwischen Hesiods und Ovids Weltaltervorstellungen macht Gatz[4] drei Beobachtungen, die für einen Vergleich zwischen Ovid und Ransmayr wichtig sind.

Während bei Hesiod das bronzene Geschlecht im Zentrum stehe, sei es bei Ovid (mit seinen zweieinhalb Versen) nur Durchgangsstadium zum eisernen Geschlecht[5]. So verhält es sich ebenfalls bei Ransmayr, der kurz Tomis untergegangene Nachbarstadt Limyra erwähnt, in der einst Kupfer abgebaut wurde:

> Die Erinnerung an das Schicksal dieser Stadt war im Gedächtnis Tomis wachgeblieben und wurde immer noch weitererzählt, weil es hieß, *alle* Grubenstädte würden eines Tages so enden (228).

Zweitens stehe Hesiods Beschreibung des eisernen Geschlechts im Futur, Ovids dagegen im Präsens, was auf eine Gegenwartskritik Ovids schließen lasse. Zwar spreche niemand außer Platon so häufig wie Ovid vom goldenen Zeitalter, aber der römische Poet erwähne nie eine Rückkehr des goldenen Zeitalters (dessen Begriff eine lateinische Prägung ist[6]), was um so auffallender sei, weil man unter Augustus von einer Rückkehr desselben ausgegangen sei[7], sondern er bejahe

---

[1] met. 1, 125-127a.
[2] met. 1, 127b-150.
[3] met. 1, 131.
[4] Gatz, Weltalter.
[5] Ebd. S. 71. Ovid widmet dem eisernen Zeitalter etwa genauso viele Verse wie den übrigen drei Zeitaltern zusammen.
[6] Curtius (Europäische Literatur, S. 273, Anm. 3) verweist auf Vergil, Aen. 6, 792 ff: "Augustus Caesar, Divi genus, aurea condet / saecula".
[7] Dies läßt sich neben der Dichtung z.B. auch an der Architektur ablesen. Für Inschriften öffentlicher Gebäude verwendete man Goldbuchstaben, und es wurden große, vergoldete Bronzestatuen aufgestellt, auch an der Peripherie des Reiches. Vgl. Speidel, Goldene Lettern in Augst. Vgl auch Zanker, Augustus und die Macht der Bilder, S. 171-196. Austin zu Aen. 6, 792 verweist "for a discussion of the concept of a 'Golden Age' and the origin" (Vergil, Austin, S. 244) auf Baldry. Demnach habe Hesiod nach einer fehlenden Verbindung zwischen dem Geschlecht des Kronos und seiner eigenen Zeit gesucht und entweder die Vorstellung erfunden oder aus einer außergriechischen Quelle entnommen, daß ein goldenes und ein silbernes Geschlecht dem bronzenen (Heroenzeit) und dem gegenwärtigen eisernen Zeitalter vorausgegangen sei. Nur wenige Echos fänden sich bei griechischen Schriftstellern vor Alexander, aber römische Dichter hätten sich häufig auf Hesiods Idee bezogen: "It was Roman

lediglich den Kultur- und Lebensstandard seiner Zeit, nie die sozialen, moralischen oder politischen Verhältnisse, so daß man vorsichtig auf ein persönliches Engagement Ovids schließen dürfe. Wenn Ovid von seiner Zeit als von einer goldenen spricht, dann, weil in ihr nur Reichtum zähle.

Ransmayr jedenfalls deutet Ovids Weltalterabfolge, aus der er Auszüge auf Flugschriften des Widerstandes erscheinen läßt, in seinem Roman zeitkritisch. Schriftbild und rhythmische Prosa erinnern an Ovids gebundene Sprache:

> Das erste Menschengeschlecht
> Kannte kein Gesetz und keine Rache
> Ohne Soldaten zu brauchen
> Lebten die Völker sorglos
> Und in sanfter Ruhe dahin (127).

Ransmayr hat Anfang und Ende der ersten Hälfte der Ovidischen Goldzeitschilderung zusammengezogen:

> Aurea prima sata est aetas, quae vindice nullo,
> sponte sua, sine lege fidem rectumque colebat.[1]
>
> Als erstes Menschengeschlecht entstand das goldene, das sich ohne Rächer, freiwillig, ohne Gesetz, treu und rechtschaffen verhielt.
>
> [...]   sine militis usu
> mollia securae peragebant otia gentes.[2]

Das Ende übernimmt Ransmayr fast wörtlich aus von Albrechts Übersetzung dieser Verse:

> Ohne Soldaten zu brauchen, lebten die Völker sorglos in sanfter Ruhe dahin.

Der Österreicher zitiert erst ab der zweiten Hälfte des Verses 99, um die zeitlose Sehnsucht des Menschen nach Frieden beschwören zu können, weil Ovid vorher Gegenstände des antiken Kriegswesens aufzählt, wie Tuba, Hörner, Helme und Schwerter, die nur in die Vergangenheit passen.

Bei Ovid verursachen nicht Götter das Unheil im eisernen Zeitalter, sondern das Geschehen trägt seinen Grund in sich selbst[3]. Dies ist bemerkenswert, weil er, wie wir bisher in seinen Metamorphosenerzählungen gesehen haben, die Götter für Veränderungen verantwortlich macht. In seinem Weltaltermythos erwähnt Ovid lediglich, Saturn habe während des goldenen Zeitalters geherrscht,

---

writers who made the transition from a golden race to a golden age, and from them the concept was handed down into a more modern literature" (Baldry, Golden age, S. 92).

[1] met. 1, 89-90.
[2] met. 1, 99b-100.
[3] Gatz, Weltalter, S. 76.

und Jupiter habe im silbernen Zeitalter die Jahreszeiten eingeführt und damit die Fruchtbarkeit und den Nahrungsüberfluß eingeschränkt. Am moralischen Verfall der Menschen sind die Götter unbeteiligt.

An Ovids negatives, zeitkritisches und ausnahmsweise götterloses Konzept des eisernen Zeitalters knüpft Ransmayr an und weitet dessen 23, 5 Verse zu einem Roman aus, der, von Rückblenden nach Rom abgesehen, in Tomi handelt, das als "eiserne Stadt" (9) vorgestellt wird. Es wird "eiserne Stadt" genannt, weil seine Bewohner fast ausschließlich von Eisenerz leben, das sie abbauen und weiterverarbeiten. Eisen prägt das Stadtbild:

Aus Eisen waren die Türen, aus Eisen die Fensterläden, die Einfriedungen, die Giebelfiguren und schmalen Stege (10).

Selbst der Himmel über Tomi ist "eisengrau[...]" (254).

Dem römischen Dichter zufolge liegt das Hauptübel für Mord und Krieg im Metallbergbau:

nec tantum segetes alimentaque debita dives
poscebatur humus, sed itum est in viscera terrae,
quasque recondiderat Stygiisque admoverat umbris,
effodiuntur opes, inritamenta malorum;
iamque nocens ferrum ferroque nocentius aurum
prodierat; prodit bellum, quod pugnat utroque,
sanguineaque manu crepitantia concutit arma.[1]

Vom fruchtbaren Boden wurden nicht nur Saaten und Nahrung, die er uns schuldete, gefordert, sondern man wühlte in den Eingeweiden der Erde und förderte die Reichtümer, die sie dort bei den stygischen Schatten verborgen hatte, Anreiz zu Bösem; schon war frevelhaftes Eisen, und noch frevelhafter als Eisen das Gold zum Vorschein gekommen; da kommt der Krieg, der mit beidem kämpft, und mit blutiger Hand Waffen klirren läßt.

Ohne deshalb Gegenmaßnahmen einzuleiten, war man sich dennoch in der Antike der Umweltzerstörung bewußt[2]. Strabo erwähnt eine Erschöpfung der Bergwerke[3] und die Nutzung von Bäumen als Brennstoff, ohne daß aufgeforstet wurde[4].

Ransmayrs Tomi ist eine Bergbaustadt, die einmal das Schicksal der Nachbarstadt Limyra[5] erleiden wird. Limyra ging wegen der Ausbeutung der Bodenschätze unter:

---

[1] met. 1, 137-143.
[2] Zu diesem Aspekt: Schneider, Antike Technikgeschichte, S. 87 ff.
[3] Strabo 10, 1, 9.
[4] Strabo 14, 6, 5.
[5] Limyra wird kurz in Ovid, met. 9, 646 erwähnt. Es war eine sehr bedeutende Stadt in Lykien, deren Grabinschriften bis ins 5. und 4. Jh. v. Chr., weiter als die sonst bekannter kleinasiatischer Städte zurückreichen. Ihre Ruinen, Mauern Türme und au-

> Limyras Knappen hatten über die Jahrhunderte eine Kette von Bergen ausgehöhlt, auch die letzten Erzgänge erschöpft und die Stollen von ihrer tief im Gebirge gelegenen Stadt immer weiter gegen die Küste getrieben, bis das Gestein so taub wurde wie ein Kiesel und Limyra in den Sog des Endes geriet. Mit dem Kupfer verschwand der Wohlstand, mit dem Wohlstand der Friede. (228)

Grund für das Unheil ist zunächst im Unterschied zu Ovid nicht die Existenz von Metall, das (materiell und finanziell) als Kriegsmittel dient, sondern sein Fehlen als Grundlage des Wohlstands.[1] Es kommt nicht nur zum Krieg, sondern zur vollständigen Vernichtung, als deren Grund nun allerdings die derart massive Naturausbeutung erscheint, die so weit gegangen ist, daß sich die Natur am Menschen rächt:

> Als alle Speicher geleert und die Stalltiere geschlachtet waren, begannen sich die noch in der Stadt verbliebenen Bewohner selbst um Brot zu schlagen und fielen übereinander her, bis in einer Augustnacht eine von den Horizonten der Kupfergruben zerschnittene Bergflanke in sich zusammensank und die nahezu entvölkerte Stadt unter sich begrub. (228-229)

Parallelen zu jüngsten Erdrutschkatastrophen in den Alpen sind nicht zu übersehen.
  Auch in Tomi benehmen sich einige Bewohner, z.B. Tereus, wie die frevelnden Menschen des eisernen Zeitalters.
  Ransmayr beläßt es nicht bei einer Entwicklung der Menschheit ins eiserne Zeitalter[2]. In Tomi wird nur noch "minderes Eisen" (10) gewonnen, das langsam verrottet: "Und an allem fraß der Rost, Rost war die Farbe der Stadt." (10) Wir sehen Anzeichen für das Hereinbrechen einer steinern, steinzeitlichen Epoche[3]: die Kunst in Tomi degeneriert allmählich zu primitiven Strichzeichnungen auf einer Schlachthausmauer, die an Höhlenmalereien erinnern (201), Cotta schlägt mit einem Faustkeil eine Konservenbüchse auf (231), die griechischen Auswanderer von Iasons Schiff verwildern, "bis ihr Leben dem von Steinzeitmenschen" (205) gleicht, und die Viehhirten sind in Fellmänteln gekleidet (222). Steinlawinen und Moränen bedrohen Tomi, so daß der eisernen Stadt sogar eine Verwandlung in eine Eisstadt, eine neue Eiszeit droht.
  Ransmayr vertritt noch deutlicher eine deszendente und pessimistische Kulturtheorie als Ovid im ersten Metamorphosenbuch, zumal dessen eisernes Zeitalter Vergangenheit, Ransmayrs barbarisches Zeitalter jedoch Zukunft ist. Sie paßt zum apokalyptischen Charakter des gesamten Romans.

ßerordentlich viele Gräber kann man noch heute besichtigen (Ruge, Limyra, 710-711). Trachila dagegen scheint ein fiktiver Ort zu sein.
[1] Töchterle spricht von der "Umkehrung der Negativchiffre 'Bergbau'" (Spiel und Ernst, S. 104).
[2] De Groot, Es lebe Ovid, S. 268-269.
[3] Läßt man die aus Blut geborenen Nachfahren der Giganten (met. 1, 156-162) einmal beiseite, folgt auch bei Ovid ein steinernes Geschlecht (s.o. das Kapitel "Flutbericht"), met. 1, 411-415.

Faßt man das Adjektiv "letzte" als qualitative Bewertung auf, kann "Die letzte Welt" also im Gegensatz zu Leibniz' optimistischer Vorstellung der Welt als der "besten aller möglichen Welten" die schlechteste aller Welten sein[1].

6. Metamorphose

Die Geschichten alter Völker sind voller Verwandlungsmotive. Berühmt ist das 4000 Jahre alte Gilgamesch-Epos, das mit der Verwandlung des wilden Naturmenschen Enkidu in einen Stadt- und Kulturmenschen beginnt.

Der Begriff "Metamorphose" leitet sich aus den griechischen Bestandteilen "μετά" = "zwischen, hinterher, nach" und "μορφή" = "äußerliche (körperliche) Gestalt, Form, schöne Gestalt, Anmut"[2] ab.

Das griechische Substantiv "μεταμόρφωσις" ist erst im Spätgriechischen belegt[3] und bedeutet "Umgestaltung, Gestaltwandel". In den einzelnen wissenschaftlichen Bereichen wird das Wort "Metamorphose" unterschiedlich verwendet. In der Geologie bedeutet Gesteinsmetamorphose die Summe aller Prozesse, durch die Mineralbestand, Struktur und Textur eines vorhandenen Gesteins wesentlich verändert werden, im Neuen Testament wird mit dem Verb "μεταμορφοῦσκαι" die Verklärung Jesu beschrieben[4].

Die Übersetzung "Gestaltwandel" orientiert sich an den Metamorphosedarstellungen in der griechischen Mythologie. Besonders in hellenistischer Zeit waren Sammlungen von Verwandlungssagen beliebt, die Ovid als Vorlage für seine "Metamorphosen" dienten.[5]

6. 1. Metamorphose in Ovids "Metamorphosen"

Hegel beantwortet die Frage, ob Ovids Metamorphosen eher als Bestrafung oder Bewußtseinserweiterung aufzufassen seien, im Rahmen seiner ästhetischen Untersuchungen zugunsten des Ersteren. Ovids "Metamorphosen" bildeten den Übergang vom Symbolisch-Mythologischen der Ägypter zum eigentlich Mythologischen, indem die "Metamorphosen" zwischen Natürlichem und Geistigem unterschieden. Ihre "tiefere Bedeutung"[6] liege in einer Bestrafung (oder wenig-

---

[1] Epple, Unterrichtshilfen, S. 41.
[2] Hjalmar Frisk: Griechisches Etymologisches Wörterbuch. 2. Bd. Kr – W. Heidelberg 1970, S. 257 s.v.
[3] H. G. Liddel / R. Scott / H. S. Jones: A Greek-English-Lexicon. Oxford ⁹1940, S. 1114 s.v.
[4] Ballauff, Metamorphose, Sp. 1177-1179. Ballauff verweist auf Mk. 9,2 = Mt. 17, 2 ; 2 Kor. 3, 18 und Röm.12, 2.
[5] Kraus, Ovidius, 385.
[6] Hegel, Ästhetik, S. 436.

stens in einem Unglück) der Menschen, die von Göttern auf niedrigere Bewußtseinsstufen (von Tieren, Pflanzen und Felsen) versetzt würden. Diesen Vorgang bezeichnet Hegel als "Degradation des Geistigen"[1].

Anders als Hegel[2], aber auch mit dem Anspruch, <u>allen</u> Metamorphosen Ovids <u>ein</u> philosophisches Prinzip zugrunde zu legen, meint Dörrie unter Hinweisen auf stoische und pythagoreische Einflüsse, alle Metamorphosen Ovids glichen sich darin, daß der Wesenskern der betreffenden Gestalt erhalten bleibe, ja erst in ihrer Verwandlung richtig zum Vorschein komme[3].

Hegels und Dörries Thesen werden durch die von ihnen ausgewählten Beispiele gestützt. Gegen Hegels These könnte man einwenden, daß die belohnenden Metamorphosen, etwa Hercules' Verwandlung in ein Sternbild, nicht als strafende "Degradation des Geistes" aufgefaßt werden können. Gerade Hercules' Verwandlung aber dient als Beispiel für Dörries These, indem von Hercules' Wesen im Sternbild sein göttlicher Teil (seine göttliche Abstammung) erhalten bleibe und betont werde[4].

Nach Fränkel kann eine Metamorphose eine Wesensdiskrepanz heilen oder zum völligen Bruch führen[5]: Daphne, schön, aber unfähig zu Liebe, werde eine schöne, aber kalte Pflanze, so daß die wunderbare Verwandlung einen Fehler aufhebe, der in der natürlichen Welt nicht geheilt werden könne. Umgekehrt schaffe die darauffolgende Metamorphose Ios in eine Kuh eine gespaltene Identität.

In vielen Geschichten gehe es um ein "Wechselspiel zwischen Andersheit und Selbstheit"[6]: Narziß sei die bloße Selbstheit, Echo die bloße Andersheit.

Eggers[7] meint bei Naturgottheiten fünf verschiedene Identitätsstufen zu erkennen, die sich alle im Flußgott Achelous manifestierten. Dieser wandle sich von nüchterner Ortsangabe, über fühlende Natur zu teilweise bewußter Persönlichkeit und bis zur anthropomorphen Naturgottheit, ohne daß noch ihr Element berücksichtigt werde.

Viele andere unterschiedliche Interpretationsansätze für Ovids "Metamorphosen" gelten nur in einem bestimmten Maß und treffen lediglich auf eine bestimme Auswahl der Verwandlungsgeschichten zu: so wurden die "Metamorphosen" unterschiedlich philosophisch, besonders im Mittelalter moralisch, seit Freud und Jung psychologisch, sozial-funktional als alte Riten und strukturalistisch erklärt.

---

[1] Ebd. S. 389.
[2] Die Frage nach dem Selbstbewußtsein hält Dörrie für unwichtig: "ob es [das Selbstbewußtsein] erlischt, ist unerheblich neben dem Faktum, daß der Wesenskern in der neuen Existenz erhalten bleibt" (Dörrie, Wandlung und Dauer, S. 98).
[3] Ebd. S. 97: "In der neuen Erscheinung tritt das Eigentliche viel stärker hervor; die neue Erscheinung ist meist sinnvoller als die bisherige."
[4] Ebd. S. 109.
[5] Fränkel, Ovid, S. 85-86.
[6] Ebd. S. 90.
[7] Eggers, Naturgottheiten. Im Anhang auf S. 274 findet man eine Übersicht über Identitätsstufen in Ovids "Metamorphosen".

In verschiedener Hinsicht weist Ovids Weltgedicht eine "Einheit in der Vielfalt"[1] auf: es gebe unterschiedliche Verwandlungstypen (z.B. endgültige und umkehrbare). Ovid dehne den Metamorphosenbegriff weiter als seine Vorgänger aus und verstehe neben kosmischen Verwandlungen auch Wandel im menschlichen Schicksal, Stimmungsumschwünge und Veränderungen durch Liebe als Metamorphosen. Also liege die Einheit der "Metamorphosen" nicht wie beim Großepos in der Einheit der Handlung, sondern in einer Einheit, die in ihrer Vielfalt der des Kosmos ähnelt[2].

Welche Charakeristika der Kosmos aufweist, legt Ovid in populär naturphilosophischer Weise in seiner Kosmogonie am Anfang seiner "Metamorphosen" und am Ende in seiner Pythagorasrede dar. Kosmogonie und Pythagorasrede bilden einen kosmologischen Rahmen. Den äußersten Rahmen bilden Ovids Proöm und Epilog. In der Werkmitte erzählt Ovid vom Gastmahl beim Flußgott Achelous, mit dem er zeigt, wie ein Dichter mit rhetorischen Mitteln Metamorphose als glaubwürdiges Phänomen darstellt.

Proöm: 1, 1-4
Kosmogonie: 1, 1-88
Gastmahl: 8, 547-9, 97
Pythagorasrede: 15, 75-478
Epilog: 15, 871-879

Ovids Kosmogonie ist die erste Metamorphose: Die Welt wandelt sich vom Chaos[3] zum Kosmos[4]. Ovid definiert das Chaos als einheitlichen, noch nicht gestalteten äußeren Zustand:

unus erat toto naturae vultus in orbe
quem dixere Chaos, rudis indigestaque moles[5]

In der ganzen Welt sah die Natur einheitlich aus, was man Chaos nannte, eine rohe und ungeordnete Masse.

Dann wird das Chaos negativ definiert[6]. Es gibt keine Sonne, keinen Mond, keine Erde, kein Licht, alles vermischt sich untereinander, Kaltes mit Heißem, Feuchtes mit Trockenem, Weiches mit Hartem, Leichtes mit Schwerem, kurz:

---

[1] Lausberg, Ovid, S. 52.
[2] Ebd.
[3] griech. "χάος", von Hesiod in seiner "Theogonie" als Bezeichnung des Erstbestehenden verwandt, seit Aristoteles "unbeschränkter, weiter Luftraum"(Hjalmar Frisk: Griechisches Etymologisches Wörterbuch. 2. Bd. Kr - W. Heidelberg 1970, S. 1072 s.v.); von "χαίνω" = klaffen, sich öffnen; verwandt mit ahd. "ginen" = "gähnen" (ebd. S. 1076-1077 s.v. "χάσκω").
[4] griech. "κόσμος" = seit der Ilias: Einteilung, Ordnung, Schmuck, seit Pythagoras o. Parmenides für "Weltordnung", wahrscheinlich von "κοσμέω" = ordnen, schmücken (ebd. 1. Bd. A - Ko, S. 929 s.v. "κόσμος").
[5] met. 1, 6-7.

nulli sua forma manebat[1]

Keinem blieb seine eigene Gestalt.

Den Streit zwischen den Gegensätzen schlichten "deus et melior [...] natura" (met. 1, 21), ein Gott und eine bessere Natur, und es entstehen Himmel, Erde und Wasser, Felder, Wälder, verschiedene Klimazonen, Luft, Winde, Sterne, Tiere und Menschen. Parallelen zum biblischen Schöpfungsbericht sind auffällig, aber auch Parallelen zu antiken naturphilosophischen Erklärungen bestehen. "discors" (= zwieträchtig) beispielsweise ist ein philosophischer Begriff, der auf Heraklit und Empedokles zurückgeht[2].

Antike naturphilosophische Theorien finden sich ebenfalls in Pythagoras' Rede im 15. Buch der "Metamorphosen".

Pythagoras greift sprachlich das "nulli sua forma manebat" aus der Kosmogonie auf[3], indem er verkündet:

Nec species sua cuique manet, rerumque novatrix
ex aliis alias reparat natura figuras,
nec perit in toto quicquam, mihi credite, mundo,
sed variat faciemque novat[4]

Keinem bleibt seine eigene Gestalt, und zwar stellt die Natur als Erneuerin der Dinge eine Gestalt aus der anderen her, glaubt mir, in der ganzen Welt geht nichts zugrunde, sondern wandelt sich und erneuert seine Erscheinung.

"Keinem bleibt seine Gestalt" ist hier nicht Definition des Chaos, in dem es noch keine Pflanzen, Tiere, Sterne, Menschen usw. gibt, sondern meint, daß bestehende kosmische (d.i. geordnete) Erscheinungen ihre Gestalt ändern, daß eine aus der anderen hervorgehe.

Pythagoras bringt Metamorphose mit Metempsychose, Seelenwanderung, in Zusammenhang. Da auch die menschliche Seele ein Teil der Natur sei, sterbe sie nicht, sondern nehme nur verschiedene Gestalten an. Er wiederholt beschwörend: "Omnia mutantur, nihil interit"[5] (alles verwandelt sich, nichts geht unter) und in Anklang an Heraklits "πάντα ῥεῖ": "cuncta fluunt"[6] ("alles fließt"). Mit letzter Sicherheit lassen sich keine bestimmten philosophischen Quellen Ovids ausmachen, weil Ovid verschiedene Themen der Popularphilosophie und Mi-

---

[6] Bömer zu 1, 5 ff. (S.16).
[1] met. 1, 17.
[2] Bömer zu 1, 9 (S. 19). Bei Empedokles handelt es sich um entgegengesetzte Kräfte außerhalb der Elemente, um "φιλία" (Liebe) und "νεῖκος" (Hader); bei Heraklit um "σύμφωνον" (Zusammenklang, Übereinstimmung) in der Natur durch Ausgleich der "ἐναντία" (Gegensätze).
[3] Bömer zu 15, 252 (S. 323).
[4] met. 15, 252-255.
[5] met. 15, 165.
[6] met. 15, 178.

rabilienliteratur in poetischer Form behandelt[1]. Dies zeigt Pythagoras' aus der eigenen Erfahrung gewonnener 'Beweis'. Er könne sich daran erinnern, im Trojanischen Krieg Euphorbus gewesen zu sein, und habe erst kürzlich in einem Tempel seinen alten Schild wiedergefunden[2].

Weder Ovid noch sein Publikum glaubten allerdings an Metamorphosen in der wirklichen Welt[3], in dem Sinne, daß sich tatsächlich ein Mensch vor ihren Augen z.B. in einen Stein verwandeln könnte. Dies macht Ovid auch selbst deutlich, indem er sich immer wieder mit seinem Leser über den fiktiven Charakter seiner Verwandlungen verständigt, damit das Publikum desto mehr seine Kunstfertigkeit bewundern kann[4]. So heißt es beispielsweise in den Tristien, Augustus solle überprüfen, ob Ovid etwa nicht Augustus' Namen in jedem seiner Werke verherrliche, u.a. solle der Kaiser die "Metamorphosen" lesen:

inspice maius opus, quod adhuc sine fine tenetur,
<u>in non credendos</u> corpora versa <u>modos</u>[5]

Blick auf das größere Werk, das bis jetzt unvollendet blieb, blicke auf Gestalten, die sich <u>auf unglaubliche Weise</u> verwandelt haben.

Ovid spielt (nicht nur an dieser Stelle) mit dem Topos der Lügenhaftigkeit der Dichter[6] und will so gerade das real Unmögliche mit überzeugender Dichtkunst seinem Publikum als möglich suggerieren[7].

Im Proöm kündigt Ovid an, von Gestalten zu erzählen, die in neue Körper verwandelt wurden: "in nova [...] mutatas dicere formas // corpora"[8]. Es ist das Unterfangen eines Dichters, nicht eines Philosophen. Zwar betont Ovid, die Götter hätten die Metamorphosen bewirkt ("Nam vos mutastis et illas"[9]), aber eben dies ist schon ein rhetorischer Trick[10], um die Glaubwürdigkeit seiner

---

1 Bömer zu 15, 60-478 (S. 268-271).
2 met. 15, 160-164.
3 Fränkel (Ovid, S. 97 mit Anm. 65), der vier weitere Stellen nennt, an denen Ovid den Mythos in Frage stellt (Zweifel an Metamorphose: trist. 2, 64).
4 Von Albrecht, Dichter und Leser, S. 225. Bereits Fränkel (Ovid, S. 95) bemerkt: "In den "Metamorphosen" gibt der Dichter vor, die mythische Weltanschauung zu akzeptieren; nur hin und wieder flicht er eine leise Andeutung des Zweifels ein: "Wenn wir der Sage glauben dürfen." Um seiner Darstellung willen erkennt er Wunder an und gibt sich im Übermaß der menschlichen Interpretation der Natur hin."
5 trist. 2, 63-64.
6 Von Albrecht, Dichter und Leser, S. 226.
7 Lausberg, Ovid, S. 48.
8 met. 1, 1-2.
9 met. 1, 2.
10 Zum Proöm der "Metamorphosen" vgl. Latacz, Spiel mit der Tradition, S. 18-32. Latacz betrachtet Ovids "Metamorphosen" in Anlehnung an Hermann Hesses Roman "Das Glasperlenspiel" (1943) als "'ludus sollemnis' [...] - ein festlich-heiteres, unverkniffenes und bei allem Übermut dennoch sinnerfülltes Spiel mit der Tradition" (S. 46).

Metamorphosendarstellungen zu erhöhen, zumal, wenn Ovid Jupiter die erste Metamorphose eines Menschen erzählen läßt.

In der Mitte der "Metamorphosen", was bei Ovids auch sonst durchdachter Kompositionskunst auf zentrale Bedeutung schließen läßt, geht es während eines Gastmahls - seit Platons "Symposion" beliebte Form der literarischen Erörterung eines bestimmten Themas - beim Flußgott Achelous um die Frage, ob es Metamorphosen wirklich geben kann oder nicht. Diese Frage wird nicht philosophisch diskutiert, sondern poetisch beantwortet.

Pirithous bestreitet, daß Götter so mächtig seien, Metamorphosen bewirken zu können, aber er erscheint schon deswegen in schlechterem Licht als die übrigen Gesprächsteilnehmer, weil Ovid ihn als "Ixions Sohn"[1] einführt. Sein Vater Ixion war als Freveler gegen die Götter bekannt geworden. Er hatte versucht, Hera Gewalt anzutun, sich anschließend auch noch seines angeblichen Triumphes gebrüstet (Zeus hatte ihm ein wolkenhaftes Trugbild untergeschoben) und war zur Strafe auf ein sich ewig drehendes Rad geflochten worden.[2] Entsprechend erscheint nun auch sein Sohn als "deorum // spretor [...] mentisque ferox"[3].

Lelex dagegen, der Pirithous vom Gegenteil zu überzeugen versucht, wird als weiser Greis[4] eingeführt. Er erzählt die Geschichte von Philemon und Baucis, die Jupiter in zwei nebeneinander stehende Baumstämme verwandelte, und führt drei 'Beweise' für die Wahrheit seiner Geschichte an. Erstens habe er diese Baumstämme selbst gesehen[5], zweitens habe er Blumenkränze an den Bäumen gesehen[6], die eine Verehrung des Ortes bezeugten, und drittens habe er die Geschichte von ernsten alten Männern erfahren, die keinen Grund gehabt hätten, ihn anzulügen[7]. Es handelt sich bei Lelex' 'Beweisen' um eine rhetorische Beweisführung. Die Betonung, man habe etwas mit eigenen Augen gesehen, die "adtestatio rei visae" stammt aus der Augenzeugen- und Botensprache: "Die Szene wird lebendiger, sie gewinnt an Glaubwürdigkeit, an Unmittelbarkeit"[8]. Das "vidi praesens" (die lateinische Version des Homerischen "párwn eîdon") verwendet Ovid öfter[9], "ipse locum vidi" ist eine besonders starke Hervorhebung.[10]

Pirithous' Reaktion wird nicht gesondert erwähnt, aber es heißt, alle seien von Lelex' Geschichte beeindruckt - und von Lelex als Erzähler![11].

---

[1] met. 8, 613b.
[2] Weizsäcker, Ixion, 766-772.
[3] met. 8, 612b-613.
[4] met. 8, 617: "Lelex animo maturus et aevo".
[5] met. 8, 622: "ipse locum vidi".
[6] met. 8, 722b-723a: "equidem pendentia vidi // serta super ramos.".
[7] met. 8, 721-722a: "haec mihi non vani (neque erat, cur fallere vellent) // narravere senes.".
[8] Bömer, Kampf der Stiere, S. 505.
[9] Bömer zu 8, 622 (S. 197).
[10] Ebd.
[11] met. 8, 725: "Desierat, cunctosque et res et moverat auctor."

Es liegt also in der Macht des Dichters, Metamorphosen glaubwürdig zu überliefern. Die Poesie, und mit ihr ihr Schöpfer, widerstehen dem Wandel, dem die übrigen Erscheinungen der Welt unterliegen. Stolz und zuversichtlich verkündigt Ovid in Anlehnung an Horaz' berühmte Ode 3, 30[1] die Unsterblichkeit seiner Dichtung als des besseren Teil seines Selbst in seinem Epilog, an dessen Ende[2] als letztes Wort triumphierend "vivam" steht: "ich werde leben".

Insbesondere in seiner Exilliteratur weist Ovid immer wieder auf die Unvergänglichkeit geistiger Güter hin, z.B. in Pont. 4, 8, 51-52:

> scripta ferunt annos: scriptis Agamemnona nosti,
> et quisquis contra vel simul arma tulit.

Dichtungen ertragen die Jahre (d.h. Zeit kann Dichtung nichts anhaben): aus Dichtung kennst du Agamemnon und jeden, der mit ihm oder gegen ihn kämpfte.

Weiter heißt es, Götter entstünden (!) sogar erst in Gedichten, und Weltentstehungslehren würden von Dichtern überliefert[3]:

> di quoque carminibus, si fas est[4] dicere, fiunt,
> tantaque maiestas ore canentis eget.
> sic Chaos ex illa naturae mole prioris
> digestum partes scimus habere suas[5]

Wenn man es sagen darf (wenn die Götter es erlauben): auch Götter entstehen durch Gedichte, und ihre so bedeutende Hoheit bedarf eines Sängermundes. Nur so wissen wir, daß das Chaos, aus jener Masse seiner früheren Natur geordnet, seine Bestandteile hat.

Ovid erklärt seinem Publikum das Phänomen Metamorphose mit allgemeinverständlichen, naturphilosophischen Argumenten, macht aber an exponierten Stellen, an Anfang, Mitte und Ende seines Werkes, sowie in seiner Exilliteratur deutlich, daß er Metamorphosen v.a. dichterisch behandelt.

Es soll aber nicht der Eindruck entstehen, als handle es sich um ein völlig unverbindliches Spiel, denn die "Metamorphosen" sind "auch eine ernsthafte Auseinandersetzung mit dem Todesgedanken"[6], insofern als die meisten Metamorphosen irreversibel sind und das Ende der individuellen bewußten Existenz

---

[1] Bömer zu 15, 871 (S. 488).
[2] Bömer bemerkt zu 15, 877 (S. 490), das entscheidende Wort, das sonst auch oft am Ende einer Geschichte oder eines Buches stehe, stehe auch hier bedeutungsvoll am Schluß.
[3] Vgl. Hor. carm. 4, 8, 25 ff.
[4] "fas" ist das göttliche Recht, im Gegensatz zu "ius", dem menschlichen Recht. Wörtlich: "wenn es göttliches Recht ist".
[5] Pont. 4, 8, 55-58.
[6] Lausberg, Ovid, S. 50.

bedeuten[1]. Sieht man auf das, was verlorengeht, hat Hegel hinsichtlich einer großen Anzahl von Metamorphosen mit der "Degradation des Geistigen" recht; blickt man auf das, was vom Menschen nach seiner Metamorphose bleibt, so ist in vielen Fällen Dörrie zuzustimmen.

Für Ovid scheint Metamorphose ein Stadium zwischen Leben und Tod zu sein, und so bittet denn auch Myrrha die Götter, sie zur Strafe für ihre unkeusche Liebe zu verwandeln[2]:

> mutataeque mihi vitamque necemque negate[3]

> Und mir als Verwandelten verweigert Leben und Tod.

6. 2. Metamorphose in "Die letzte Welt"

Seit dem Zweiten Weltkrieg wird das Thema Metamorphose in der Kunst verstärkt behandelt[4]. Nach umfassenden Untersuchungen vor allem zur bildenden Kunst stellt Christa Lichtenstern fest:

> Zwischen der neuen individuellen Freiheit und dem Wunsch nach einer echten gesellschaftlichen Erneuerung, zwischen Utopie und Wiederaufbau, im Offenhalten aller Möglichkeiten griffen die Künstler nach dem Thema der Metamorphose im weiten Bedeutungsspektrum von Erniedrigung und Erhebung als zu einem umfassenden Existenzgleichnis ihrer erschütterten Epoche.[5]

In der bildenden Kunst fänden sich neben "Metamorphose" vermehrt Titel wie "Wandlung", "Verwandlung", "Genesis", "Wachstum" und "Entfaltung"[6]. Doch auch kulturpolitische Zeitschriften wie "Die Wandlung" und "Metamorphose. Zeitschrift für zeitgenössische und experimentelle Kunst und Poesie" sowie das "Lyrikbuch der Jahrhundertmitte", "Transit" und die Rezeption der Kafka-Erzählung "Die Verwandlung" bezeugten das große Interesse an der Metamorphosenthematik[7].

Es ist Christoph Ransmayrs Roman "Die letzte Welt", in dem Metamorphosen die bislang größte, literarische Rolle spielen.

Ransmayr erhielt für die Arbeit an seinem Roman von 1986 bis 1988 das Elias-Canetti-Stipendium der Stadt Wien. Zwar ist für den Erhalt des Stipendiums nur ein biographischer Bezug zur Stadt Wien und nicht zu Elias Canetti Vor-

---

1 Ebd.
2 Fränkel, Ovid, S. 108. Ob "Ovids sanfter Charakter vor einem vernichtenden Schluß zurückschreck-te", mag dahingestellt sein.
3 met. 10, 487.
4 Lichtenstern, Metamorphose, S. 297.
5 Ebd.
6 Ebd.
7 Ebd. S. 298.

aussetzung[1], nichtsdestoweniger erfüllt Ransmayr die Forderung Canettis, der Dichter solle "Hüter der Verwandlungen"[2] sein.

"Hüter der Verwandlungen" zu sein, heiße erstens, "sich das literarische Erbe der Menschheit zu eigen machen, das an Verwandlungen reich ist"[3]. Zu diesem Erbe gehörten das Gilgameschepos und die "zwei Grundbücher der Antike"[4], Ovids "Metamorphosen" und Homers "Odyssee". Zweitens sollten Dichter "die Zugänge zwischen den Menschen offenhalten. Sie sollten imstande sein, zu jedem zu werden, auch zum Kleinsten, zum Naivsten, zum Ohnmächtigsten". Tatsächlich stellt Ransmayr in seinem Roman Trinker, Epileptiker, Huren, und Verrückte, also Mitglieder sozialer Randgruppen dar. In seiner Cottahandlung setzt er den Identifikationsprozeß zwischen einem, der Literatur sei es als Autor auf-, sei es als Leser nachzeichnet, und den gezeichneten Figuren literarisch um.

Cotta verhält sich (z.B. bei seiner Vergewaltigung Echos) genauso roh wie die Erzkocher. Seine 'Beinahe'-Metamorphose erinnert an Cyparis' und Echos Verwandlungen: Er glaubt

> schon wie der Stein zu werden [...], an den er sich lehnte, grau, teilnahmslos und stumm, ausgesetzt allein den Kräften der Erosion und der Zeit. Sein Haar verwuchs mit dem Moos, die Nägel seiner Hände, seiner Füße wurden zu Schiefer, seine Augen zu Kalk. (189)

Cottas Haare verwachsen mit Moos, so wie Cyparis träumte, "daß er Moos auf seiner harten rissigen Haut trug" (25), und Schiefer und Kalk charakterisieren Echos Äußeres. Cotta identifiziert sich zunächst unbewußt mit Nasos Figuren: im Traum brüllt er wie die in eine Kuh verwandelte Io[5] (79) und übernimmt dann auf der Realitätsebene des Romans die Rollen der Figuren[6]. Er schreibt wie einst Naso Briefe an dessen Frau Cyane (198) und dessen Familie (202). Er wird Herr über Lycaons Haus (248), geht wie dieser barfuß (249) und steht an der Garnhaspel (249). Cotta hört Famas Geschichten zu und

> nahm dabei manchmal den gleichen stupiden Gesichtsausdruck an, mit dem auch Battus dem Lamento seiner Mutter gefolgt war (255).

Indem Ransmayr seine Mitmenschen zu Figuren von Ovids "Metamorphosen" macht, erfüllt er auch Canettis letzte Bedingung:

---

[1] Telefongespräch der Verfasserin am 23.10.94 mit der Kulturabteilung der Stadt Wien.
[2] Canetti, Beruf des Dichters (ohne Seitenzahlen).
[3] Ebd.
[4] Ebd.
[5] Töchterle, Spiel und Ernst, S. 101. Cotta liegt "verrenkt" (79), Argus sieht den "muhenden Gelähm-ten" (79) nicht.
[6] Vgl. De Groot, Es lebe Ovid, S. 263-264. Er zählt noch mehr Beispiele auf, z.B. schichte Cotta Steine auf den toten Wolf (222) wie Thies bei seinen Bestattungen (242).

Am Mythos, an den überlieferten Literaturen erlernt und übt er [der Dichter] die Verwandlung. Er ist nichts, wenn er sie nicht unaufhörlich an seiner Umwelt anwendet.

Ebendies wird in der Gegenwartsliteratur vermehrt verwirklicht, die in dieser Beziehung romantisch ist. So ruft ja Friedrich Schlegel in seinem "Gespräch über die Poesie" zur Belebung der (alten) Mythen auf:

> Denn das ist der Anfang aller Poesie, den Gang und die Gesetze der vernünftig denkenden Vernunft aufzuheben und uns wieder in die schöne Verwirrung der Fantasie, in das ursprüngliche Chaos der menschlichen Natur zu versetzen, für das ich kein schöneres Symbol bis jetzt kenne, als das Gewimmel der alten Götter. Warum wollt Ihr Euch nicht erheben, diese herrlichen Gestalten des großen Altertums neu zu beleben?[1]

Ransmayr bezeichnet nicht nur die eigentlichen Verwandlungsgeschichten als Metamorphosen, sondern faßt wie Ovid den Metamorphosenbegriff weiter. Ein Gerücht verwandelt sich (11), Phineus verwandelt sich vom Schausteller in einen Branntweiner (258), Landschaften, Wetter oder Klima ändern sich, die Gesellschaft und die Zeiten wandeln sich. Alle diese Verwandlungen haben im Unterschied zu Ovid (z.B. zu Ovids bereichernder Verwandlungskraft der Liebe) gemeinsam, daß sie Veränderung zum Schlechten sind: ein Künstler wird zum Trinker, eine fruchtbare Landschaft wird unfruchtbar, das neue Klima verändert das biologische Gleichgewicht, die Gesellschaft wird barbarisch, die Zeiten werden schlechter.

Das erste, das Cotta in Trachila auf den Stoffetzen entziffert, auf denen Nasos "Metamorphosen" verzeichnet sind, ist der Satz: "*Keinem bleibt seine Gestalt*" (15). Er bedeutet Verfall, was sich bereits aus den Begleiterscheinungen von Cottas' Entzifferungsprozeß ergibt. Der Steinkegel mit dem Stoffetzen zerfällt, die Steine fallen durch von Kiefernwurzeln gesprengte Stufen hinab, ein Sandrinnsal fließt den Steinen nach und symbolisiert Vergänglichkeit in der Zeit (15).

An Nasos Verbannung nimmt Cotta die "Zeichen einer alles vernichtenden, alles verwandelnden Vergänglichkeit" (145) wahr und spürt eine "pubertäre Erschütterung über die Erkenntnis, daß, was ist, nicht bleiben kann" (145). Fama spricht

> in wachsender Bitterkeit von der Welt, die sich auch mit aller Kraft nicht halten ließ. Was kam, verging. (259)

In "Die letzte Welt" ist Wandel Verfall, ist "vernichtend" und ruft "Erschütterung" und "Bitterkeit" hervor. Also wird in "Die letzte Welt" Verwandlung sowohl als abstraktes Phänomen als auch in seinen konkreten Einzelerscheinungen negativ verstanden.

---

[1] Schlegel, Rede über die Mythologie, S. 319.

Ovids Pythagoras dagegen betrachtet den Wandel der Welt gelassen: "nihil interit"[1] - nichts geht unter. Die Erscheinungsformen wechseln, aber die Summe bleibt erhalten. "Sterben" bedeutet lediglich "aufhören, dasselbe zu sein"[2], die Seele ist unsterblich und wandert in verschiedene Körper.

In "Die letzte Welt" gibt es ebenfalls einen Pythagoras. Er ist der verrückte alte Knecht Nasos und Bewahrer dessen Werks. Die Verwandlungsthematik ist Pythagoras vertraut, weil die erste Vokabel, die Cotta von ihm lernt, "luna" (47) lautet, und der Mond seit jeher Symbol alles Wechselbaren ist. Auch Ovids Pythagoras führt die Mondgöttin als Beispiel für immerwährende Veränderung an[3]:

> nec par aut eadem nocturnae forma Dianae
> esse potest umquam semperque hodierna sequente
> si crescit, minor est, maior, si contrahit orbem.[4]

Auch die Gestalt der nächtlichen Diana kann niemals gleich noch dieselbe sein, wenn sie wächst, ist sie heute immer kleiner, wenn sie ihren Kreis verkleinert, immer größer als morgen.

Seelenwanderung jedoch empfindet Ransmayrs Pythagoras nicht positiv, sondern qualvoll:

> er selbst habe schon in den Gestalten eines Salamanders, eines Kanoniers und einer Schweinehirtin gehaust, auch ein Kind ohne Augen habe er jahrelang sein müssen, bis dieser heillose kleine Körper endlich von einer Klippe gefallen und ertrunken sei. (17)

Der Knecht "hauste" in den Körpern und "mußte" ein blindes Kind sein. Das Verlassen der Inkarnationen ist eine Erlösung. Während Ovids Pythagoras sich nicht ohne Stolz daran erinnert, Kämpfer im Trojanischen Krieg gewesen zu sein, und kürzlich in einem Tempel seinen alten Schild wiedererkannt zu haben, sind für Ransmayrs Pythagoras Offiziere "schäbige[...] Inkarnationen" (252), aus denen er "durch Schüsse erlöst" (252) worden ist. Die Möglichkeit, in gute oder schöne Menschen einzugehen, existiert für ihn nicht. Die verwandelten Menschen sind "verloren" (252), sind in Hegels Worten, die Ransmayr aus seinem Philosophiestudium bekannt sein könnten, tatsächlich einer "Degradation des Geistigen" zum Opfer gefallen. Im Unterschied zu Ovid[5] setzt die "Degradation des Geistigen" sogar bereits zu Lebzeiten (vor der eigentlichen Metamorphose) ein. Denn zwischen Mensch und Tier besteht kaum ein Unterschied.

---

[1] met. 15, 165.
[2] met. 15, 255-257: " vocatur [...] morique // desinere illud idem.".
[3] Freundlicher Hinweis von Robert Cramer.
[4] met. 15, 196-198.
[5] Es gibt Ausnahmen: Lycaon und die lykischen Bauern z.B. verhalten sich bereits vor ihrer Verwandlung unmenschlich.

Pythagoras habe "die gepanzerten Körper von Echsen und Offizieren" (252) bewohnt und

> Pythagoras behauptete, in den Augen von Kühen und Schweinen den Blick verlorener, verwandelter Menschen ebenso zu erkennen wie im Gestarre eines betrunkenen Erzkochers schon das Lauern des Raubtiers (252).

Der Österreicher mag von Nietzsches Vorstellung vom "Raubthiere 'Mensch'"[1] beeinflußt worden sein.

Eine Verwandlung in anorganisches Leben, wertet Naso im Gegensatz zum langsamen Vermodern organischen Lebens jedoch positiv:

> gegen diese Widerlichkeit erscheine die Versteinerung geradezu als Erlösung, als grauer Weg ins Paradies der Halden, der Kare und Wüsten. Der meteoritenhafte Prunk des Lebens sei nichts, die Würde und die Dauer der Steine alles.... (158).

Wenn dann die Steine langsam zerfallen, werden sie zu Sand, zu Wüste, zum letzten Zustand, in den sich die Welt verwandeln wird. Jeder Tümpel Tomis sei "ein Fenster in die von der Zeit verwüstete Welt." (189) Das Rieseln des Sandes begleitet schon ganz am Anfang des Romans Cottas Lesen des Satzes "*Keinem bleibt seine Gestalt* [sic]." (15) Niemand sonst in Tomi bemerkt die drohende Ausbreitung der Wüste oder ist alarmiert. Für Lycaon muß Echo alles Mögliche, sogar Pflanzen entfernen, nur Staub stört ihn wenig:

> Und als gestaltloser Endzustand der Welt lag der Staub auch auf den Garnspulen, den Lochplatten, Kardeelen, Schnüren, Litzen und Trossen, erhob sich im geringsten Luftzug, wurde im einfallenden Sonnenlicht manchmal glänzend und kostbar und senkte sich dann in melancholischen Wirbeln und Schwaden wieder auf Lycaons Einsamkeit herab. (103-104)

Bereits in Ransmayrs erster Erzählung "Strahlender Untergang" sagt ein Wissenschaftler in seiner Rede vor einer akademischen Delegation der Welt ihr Ende als Wüste voraus:

> Geehrte Herren, [...], ich bitte Sie zu bedenken, daß die Zukunft auch der belebtesten Landschaft *Wüste* heißt; die Zukunft auch der schroffsten Erhebung *Ebene*, und die Zukunft selbst der bizarrsten Existenzen der Kohlenwasserstoffwelt, die sich jetzt noch ebenso blind wie ungestüm um Beständigkeit und Nachkommen bemühen - *Verschwinden*.[2]

Das Wort "Wüste", das bereits in Ransmayrs Reportagen häufig vorkommt (s.o. S. 8), dominiert in seinen Ableitungen in verschiedenen Kontexten ebenfalls in "Die letzte Welt". Pythagoras redet wüst (17), Cyparis' Filme öffnen Fenster in Urwälder und Wüsten (24), die Tomiten richten Verwüstungen an (87), in den

---

[1] Nietzsche, Zur Genealogie der Moral, S. 290.
[2] Ransmayr, Strahlender Untergang, ohne Seitennumerierung, (Kapitel 2).

Bergen oberhalb der Baumgrenze sind Wüsten (120), die Halbinsel Krym besteht aus Wüsten (205), Tomi ist ein wüster Ort (206), ein Unwetter richtet schlimme Verwüstungen an (226), Tomi liegt inmitten unermeßlicher Steinwüsten (232), Trachila in wüster Abgeschiedenheit (235), Trachila ist verwüstet (242). Man erkennt, daß je weiter der Roman fortschreitet, desto häufiger Ableitungen des Wortes "Wüste" gebraucht werden, so daß der Wortgebrauch die prophezeite Verwandlung der Welt in Wüste widerspiegelt.[1]

In einem "<u>gestaltlose[n]</u> Endzustand der Welt" (103), in dem jede organische Lebensform verschwunden ist, ist keine Metamorphose mehr möglich.

"Die letzte Welt" befindet sich auf dem Weg in ein Chaos, wie es Ovid definiert: "unus erat toto naturae vultus in orbe"[2], die Welt sieht überall gleich aus. Was jedoch für Ovid Vergangenheit ist, ist in "Die letzte Welt" Gegenwart, bzw. Zukunft.

Dieser Zukunft geht ein empfindungsloses menschliches Bewußtsein voraus, das in Cottas vorgestellter 'Beinahe-Metamorphose' in Felsgestein, sichtbar wird:

> Müde hielt Cotta vor dieser Wüste Rast: Hier [...] empfand er eine solche <u>Gleichgültigkeit</u> gegenüber allem, was ihn jemals bewegt und aus Rom in dieses Gebirge geführt hatte, daß er schon wie der Stein zu werden glaubte, an den er sich lehnte, grau, <u>teilnahmslos</u>, stumm, [...]. Vor der ungeheuren Masse dieses Gebirges hatte nichts Bestand und Bedeutung, was nicht selbst Fels war. Von Naso und allen Generationen vor ihm und nach ihm wußten die Schluchten nichts; <u>teilnahmslos</u> gähnten sie die Wolken an, deren Schatten <u>teilnahmslos</u> über die Berghänge glitten. Rom war so fern, als wäre es nie gewesen und *Metamorphoses* - ein fremdes, sinnloses Wort, das ausgesprochen nur ein Geräusch ergab (189).

Auch Ovid kennt den Wunsch, in Felsen verwandelt zu werden. Er beneidet seine Figuren um ihre Metamorphosen, weil er selbst seine schmerzvolle Verbannung ertragen muß[3].

Es sind Gleichgültigkeit und Teilnahmslosigkeit, die Cotta in diesem Moment mit Steinen verbinden, ein Stadium, in dem sich die Tomiten längst befinden: "So <u>gleichmütig</u>, wie die Bürger Tomis [...] folgt er [Cotta] einem längst erloschenen Ehrgeiz." (190) Cotta verhält sich passiv und fühlt sich totenähnlich :

> Wie ein geschleuderter Stein, der nichts mehr von der Wärme und Lebendigkeit jener Hand trägt, die ihn aufhob und warf, fiel er [Cotta] seiner Bestimmung zu. (190)

Mit den "*Metamorphoses*" (189), deren Bedeutung sinnlos wird, sind nicht nur die "Metamorphosen" Ovids gemeint, die Cotta finden will, sondern auch das

---

[1] De Groot stellt ganz allgemein fest: "Zum Schluß werden die Bilder der Zerstörung immer prägnanter und häufiger" (Es lebe Ovid, S. 265).
[2] met. 1, 6.
[3] Pont. 1, 2, 29-38.

Phänomen Metamorphose. Wenn alles physisch und psychisch in Ruhe und Teilnahmslosigkeit erstarrt, ist keine Veränderung mehr möglich, wenigstens nicht mehr zum Schlechteren, aber auch nicht mehr zum Besseren.
Die Ansicht, "Die letzte Welt" wirke finster und bedrohlich, teilt Ransmayr nicht:

> Die vom Homo sapiens entleerte Erde [muß] ja nicht unbedingt die apokalyptische, atomar verseuchte Wüste sein. Was aber ist so schrecklich an einer wuchernden, blühenden Wüste ohne uns?[1]

Indes scheint seine zynische Frage zum Widerspruch herausfordern zu wollen.
Zudem resultiert Negativität aus dem erzählerischen Willen Ransmayrs, jede Geschichte zu Ende zu erzählen. Zu einer vollständigen Geschichte gehöre sowohl Gutes als auch Schlechtes, und ihr allerletztes Ende sei von Natur aus der Tod:

> ja also, wenn man eine Geschichte - ich schicke voraus, daß ich mich in dieser Welt absolut nicht unwohl fühle - also ich empfinde die Welten, von denen ich berichte oder berichtend erzählen kann, alles andere als düster - oder jedenfalls nicht in dieser seltsam düsteren Form, in der mir dann meine Geschichten oder die Zusammenfassung meiner Geschichten aus irgendwelchen Rezeptionen wieder entgegenschlagen, ja. Aber wenn man eine Geschichte erzählt, ist natürlich die Absicht, die ganze Geschichte zu erzählen, d.h. wenn man eine Geschichte weiter und weiter und weiter erzählt, dann wird man irgendwann im Verlauf der Erzählung den Glauben an das Happy-End oder das, was man als Happy-End versteht, verlieren. Denn, wenn es Ihnen nicht genügt, Ihre Geschichte am Kirchenportal enden zu lassen, indem es Blumen regnet und die Musik spielt und sich alle beglückt in die Arme fallen, sondern wenn sie das Gefühl haben: Ja, und was geschieht dann? Was ist nachher? Also dann sind eben diese Leute, diese Glücklichen versuchen dann, zu leben miteinander, wie viele Jahre? Und was geschieht in diesen Jahren? Und was steht am Ende dieser Jahre? Irgendwann verschwinden alle die Protagonisten, irgendwann liegen sie da oder dort unter der Erde oder sonstwo, und dann sind auch selbst diese Zeichen noch verweht, verwehen diese Zeichen noch, und irgendwann halten Sie als Erzähler ebenso auch als Sucher vor einer Wüste und dann: auch die bleibt nicht, also wenn Sie weiter und weiter und weiter erzählen, dann werden Sie natürlich auch niemals die ganze Geschichte erzählen, Sie werden nie einen Punkt erreichen, in dem man sagt, so, also das ist nun das Ende, nämlich das heitere, das schöne Ende, denn wie die Geschichte ausgeht, unsere persönliche Geschichte und die Geschichte insgesamt, also auch bis zur großen Geschichte, der Naturgeschichte im Hintergrund, wohin die führt, das ist ja klar, das ist ja kein Geheimnis, das weiß ja jeder. [2]

Christoph Ransmayr selbst malt Schrecken nicht um bloßer Negativität willen aus, sondern er selbst hat sich anscheinend viel mit dem Tod auseinandergesetzt und eine abgeklärte Lebenshaltung eingenommen:

---

[1] Just und Kunz, Erfolg macht müde, S. 50.
[2] Interview.

> und wenn man das [den Tod] miterzählt, die Frage ist ja nicht, das deswegen zu erzählen, um eine maximale Düsternis zu erzeugen, sondern die Frage ist ja, <u>obwohl</u> man das erzählt, also Glück muß ja, oder Heiterkeit muß ja möglich sein, <u>trotzdem,</u> obwohl man dieses Ende, das uns, oder jedem Einzelnen bevorsteht, <u>obwohl</u> man das miterzählt, <u>obwohl</u> man das mitdenkt, auch in den Beschreibungen des Glücks, das ist ja kein Widerruf unseres Anspruches auf Glück oder unserer Hoffnung auf Glück, das ist ja auch keine Denunziation der Sehnsucht nach Glück insgesamt, sondern die Frage ist ja, <u>wie</u> kann es gelingen, <u>obwohl</u> man alles das, was uns bevorsteht, also auch in der Erzählung mit drinnen hat, wie kann es gelingen, trotzdem so etwas, ja - so etwas wie ein heiteres Leben zu führen.[1]

In Ransmayrs Roman "Die letzte Welt" besteht trotz aller negativen Zeitzeichen eine kleine Hoffnung. Cotta wird in letzter Sekunde von einem Dohlenschrei aus seiner Erstarrung gerissen und macht sich wieder auf die Suche nach Naso und den "Metamorphosen". Solange noch jemand an Literatur interessiert ist, kann Barbarei nicht ganz siegen.

Einzig die Dichtung bleibt zunächst von allen Verwandlungen unberührt. Cotta kommt ins verfallene Trachila, wo lediglich Nasos Haus und Grundstück unversehrt sind. Im Innenhof überlebt mitten im Schnee ein Maulbeerbaum, "sanft und grün" (15). Der Maulbeerbaum ist eine Anspielung auf Ovids Pyramus- und Thisbe-Erzählung und damit Teil der Literatur, die von Wandel und Verfall ausgenommen ist. Letzte "Oase" (242) inmitten aller schweren Verwüstungen sind die Steinmale, auf denen Nasos Werk verzeichnet ist.

In seiner hohen Wertschätzung der Kunst gleicht Ransmayrs Roman "Die letzte Welt" Ovids stolzem Epilog der "Metamorphosen"[2] - den Cotta zusammen mit Pythagoras auf den Steinmalen entziffert, und den Ransmayr in einer freien Übersetzung ohne die römischen Bezüge allgemeingültig wiedergibt (50-51).

"Die letzte Welt" endet jedoch nicht mit diesen triumphierenden Worten, sondern mit einer letzten Verwandlung, aus der der mythische Berg *"Olymp"* (285) hervorgeht:

> An diesem Morgen stieg die Sonne aus einem gleißenden Meer und tauchte ein fremdes, verwandeltes Küstengebirge in <u>klares Licht</u>. Befreit von allen Nebeln und Wolkenfronten der Regenzeit und umringt von geborstenen Graten, den Schuttbarrieren der Steinlawinen und verworfenen Steilhängen, ragte ein neuer Berg in den Himmel (284-285).

In seinem "Entwurf zu einem Roman" äußert Ransmayr die Ansicht, Ovids "Metamorphosen" führten den Leser vom Mythos zur Aufklärung, während seine eigene Hauptfigur mit der Aufklärung beginnen und bei den Mythen enden werde[3]. Rational vorgehend sucht Cotta anfangs nach einem Manuskript, führt Zeugenbefragungen durch und versucht Textfragmente sinnvoll zusammenzu-

---

[1] Ebd.
[2] Epple, Unterrichtshilfen, S. 91.
[3] Ransmayr, Entwurf, S. 197.

setzen. Er findet sich am Ende in einer mythischen Welt wieder, in der Zeichen und Bezeichnetes (Fiktion und Realität, Text und Wirklichkeit) noch oder wieder identisch sind. Deshalb meint Epple wohl, Ransmayr habe seinen "Entwurf zu einem Roman" in "Die letzte Welt" umgesetzt[1].

Wenn man allerdings Mythos und Aufklärung mit den Augen Horkheimer und Adornos betrachtet (und Ransmayr hat sich während seines Studiums mit den Philosophen der Frankfurter Schule befaßt), verhält es sich nicht ganz so einfach. Ihrer Meinung nach hängen Mythos und Aufklärung dialektisch zusammen: "schon der Mythos ist Aufklärung, und: Aufklärung schlägt in Mythologie zurück"[2]. Der Mythos sei bereits aufklärerisch, weil er sich aufklärerischer Methoden bediene[3]: "Der Mythos wollte berichten, nennen, den Ursprung sagen: damit aber darstellen, festhalten, erklären."[4] Insofern geht Ovid insbesondere mit seiner Darstellung der "Aitia", der Ursprünge, d.h., indem er das Aussehen bestimmter Felsformationen, Baumgruppen, Sitten u.ä. erklärt, und weil er die Metamorphosen auf göttlichen Eingriff zurückführt, von Anfang an aufklärerisch vor.

Demgegenüber sind Ransmayrs unbegründete Metamorphosen zwar archaischer, mythischer, aber der Olymp in Ransmayrs Roman liegt am Ende "[b]efreit von allen Nebeln und Wolkenfronten der Regenzeit" (284). Es herrscht "klares Licht", das, wie schon das Wort "Auf-klärung" besagt, die Aufklärung verbreitet.

Auch an anderen Stellen spielt Ransmayr mit der Lichtmetaphorik. Cyparis' Vorstellung beginnt mit den Worten "Endlich wurde es [...] licht" (26), die gleichzeitig an das biblische "fiat lux" erinnern, und sie endet mit den Worten: "Es war Nacht" (39), so daß nach zeitweiliger künstlerischer Erhellung über Tomi wieder ein "erat nox" hereinbricht.

Während es auf Cyparis' Leinwand hell ist, versucht Cotta in Trachila, "vergeblich Licht zu machen" (41).[5] Erst nachdem Cotta auf Pythagoras' Frage "Was willst du?" "das Buch" (44) antwortet, heißt es "dann wurde es licht." (44) Die Erwähnung von Literatur bewirkt Helligkeit, und Cotta folgt Pythagoras zu einer Licht-ung (48), auf der fünfzehn Menhire stehen, in die Nasos "Metamorphosen" eingemeißelt sind.

Am Ende des Romans befindet sich Cotta in einem Zustand, in dem Aufklärung und Mythos keinen Widerspruch mehr darstellen. Cotta hat vom Maulbeerbaum, Nasos Baum (dem Baum der Posie, der Erkenntnis?) gekostet (243)

---

[1] Epple, Unterrichtshilfen, S. 91.
[2] Horkheimer und Adorno, Dialektik der Aufklärung, S. 6.
[3] Horkheimer und Adorno demonstrieren ihre Dialektik gerade am antiken Epos, nämlich an Homers "Odyssee".
[4] Horkheimer und Adorno, Dialektik der Aufklärung, S. 14.
[5] Auch Epple erkennt an dieser Stelle eine aufklärerische Lichtmetaphorik. Epple, Unterrichtshilfen, S. 33.

und ist "Verrückt" (240), im Sinne von ver-rückt[1], "außer sich" (241), so wie Naso den Tomiten verrückt erschienen war (12):

> Der quälende Widerspruch zwischen der Vernunft Roms und den unbegreiflichen Tatsachen des Schwarzen Meeres verfiel. Die Zeiten streiften ihren Namen ab, gingen ineinander über, durchdrangen einander. Nun konnte der fallsüchtige Sohn einer Krämerin versteinern und als rohe Skulptur zwischen Krautfässern stehen, konnten Menschen zu Bestien werden oder zu Kalk und eine tropische Flora im Eis aufblühen und wieder vergehen... (241).

Cotta ist zum Kind geworden, "Unsinnig heiter wie ein Kind" sitzt Cotta allein in seiner Seilerei und liest die Fetzen, auf denen Nasos Werk geschrieben ist (285).

Das kindliche Bewußtsein gilt in Theologie und einigen philosophischen Theorien als das höchste. Jesus warnt die Menschen: "Wer das Reich Gottes nicht empfängt wie ein Kind, der wird nicht hineinkommen."[2]; die Romantik sieht in der Kindheit eine poetische Daseinsform[3].

Cotta erkennt, daß die Materialien, auf denen Literatur verzeichnet ist, vergänglich sind und von Mensch und Natur vernichtet werden können. Für Naso ist Ovids Voraussage, er werde unsterblich, indem man ihn für immer lesen werde, ohne Bedeutung, denn Naso "hatte seine Welt von den Menschen und ihren Ordnungen befreit, indem er *jede* Geschichte bis an ihr Ende erzählte" (287) und ist schließlich selbst zu Natur geworden. Er habe die "Erfindung der Wirklichkeit" (287) geschafft, die eine Aufzeichnung erübrigt. Schließlich sind erfundener Mythos (oder Kunst, Dichtung[4]) und aufgeklärte Wirklichkeit (oder Natur) identisch, sind aufgeklärter Mythos oder mythische Aufklärung geworden.

Die letzte Metamorphose, die bevorsteht, die der Roman aber nicht mehr beschreibt, nicht beschreiben kann, ist die Cottas. Denn, wenn Realität und Fiktion identisch sind, muß Cotta als Literatursucher und zugleich selbst Teil von Literatur sich in erfundene Wirklichkeit auflösen. Wie Ovid fordert das Phänomen Metamorphose Ransmayr erzählerisch heraus, ja ist für den Österreicher sein erzählerisches Prinzip[5]. Auf die Frage, was Metamorphose für ihn bedeute, antwortet Ransmayr:

---

[1] Nethersole meint: "Dabei werden Körper und corpus, lebendiger Leib und dichterisches Werk deckungsgleich" (Nethersole, Vom Ende der Geschichte, S. 238. Anm. 13).
[2] Luk. 18, 15-17.
[3] Vgl. Ewers, Kindheit als poetische Daseinsform.
[4] Gadamer: "Alle dichterische Rede ist Mythos, d.h. sie beglaubigt sich selbst durch nichts als ihr Gesagtsein" (Gadamer, Mythopoetische Umkehrung, S. 198).
[5] Gut analalysiert Scheck die poetologische Dimension der Metamorphose im Werk Ransmayrs (Scheck, Katastrophen und Texte). Auch Blumenberg sieht Metamorphose "als zentrale Qualität des Mythos", "weil sie seine ästhetische Erzählbarkeit erst herstellt" (Blumenberg, Arbeit am Mythos, S. 151).

Na ja, eine Grunderfahrung eines Menschen, der sich versucht, der Wirklichkeit zu stellen, also auch den Aussichten auf das mehr oder weniger rasch kommende Ende zu stellen, ist ja die Erfahrung, daß, was ist, nicht bleiben kann. Und dann ist natürlich die nächste Frage, aber <u>wie</u> geschieht das, was Veränderung ist, wie geschieht das, was Verwandlung sein kann oder was ist das Eine und woraus entwickelt sich das Andere, also [...] das ist natürlich eine Binsenweisheit, daß nichts Bestand hat, aber es ist doch eine faszinierende Geschichte, als Erzähler diese Bewegung zu beschreiben, also die Bewegung von einem Zustand in den nächsten, in den übernächsten und immer weiter und immer weiter, und insofern ist die Verwandlung <u>das</u> erzählerische Prinzip schlechthin. Also die Verwandlung ist ja das, was den Fortgang der Geschichte weiter und weiter und weiter bedingt und weiter treibt. Und insofern gibt es eigentlich für den, der Geschichten erzählt, <u>überhaupt kein</u> anderes und stärkeres Bild als das, was Verwandlung auf allen Ebenen der Wirklichkeit bedeutet. Das heißt natürlich, die gesellschaftliche, die politische Veränderung genauso wie die Veränderungen in der Naturgeschichte oder die Veränderungen, die wir an uns und in uns selber wahrnehmen.[1]

---

[1] Interview.

IV. FORMKUNST

1. Struktur

Von über 250 Verwandlungssagen Ovids sind bislang nur diejenigen herausgegriffen worden, die eine Entsprechung in "Die letzte Welt" haben, ein Gesamteindruck von Ovids Kompositionskunst aber entsteht erst, wenn man das ganze Werk der "Metamorphosen" überblickt. Zwar ist es offenkundig, daß (fast) jede Erzählung mit einer Verwandlung endet, weitere Strukturprinzipien hingegen erschließen sich nicht auf den ersten Blick.

Um die Jahrhundertwende befaßte man sich vornehmlich mit den Quellen Ovids und suchte nach einem Plan, der dem Aufbau seiner Vorlagen, mythologischer Kompendien und genealogischer Handbücher, entsprechen sollte. Später wurde Ovids Eigenständigkeit stärker betont[1], und der Blick auf geschlossene Themenkomplexe innerhalb seiner "Metamorphosen" gelenkt.

Ludwig[2] erkennt neben zwölf unterschiedlich langen Teilen eine dreiteilige chronologische Abfolge von Urzeit (1, 5 - 451), mythischer (1, 452 - 9, 193) und historischer Zeit (9, 194 - 15, 870), die zudem im Unterschied zum systematischen und und klaren Aufbau von Vergils "Aeneis" über Buchgrenzen hinweg verschleiert und von Rückgriffen verdeckt werde, wie der Verfasser selbst einräumt.[3] Ovids 'Universalgedicht' sei "dann doch auch eine Kette von Metamorphosen".[4]

Am sinnvollsten erscheint eine Gliederung in drei mal fünf Bücher, die Ovid selbst nahelegt, indem er seine "Metamorphosen" als "ter quinque volumina"[5] zitiert. Ovid mag so aufgrund des Hexameterverszwangs formuliert haben, doch war eine Gliederung in Pentaden in der Kaiserzeit geläufig.[6]

Die erste Pentade handelt grob von der Götterzeit, die zweite von der mythischen Epoche, und die dritte bildet einen quasi-historischen Teil, so daß sich drei ungefähr gleich große Teile von je ca. 4000 Versen ergeben, an deren Ende jeweils die Musen als göttliche Wesen, Orpheus als Sänger der Heroenzeit und

---

[1] Seit Heinze, Ovids elegische Erzählung.
[2] Ludwig, Struktur und Einheit.
[3] Ebd. S. 85.
[4] Ebd. S. 86.
[5] trist. 1, 1, 117; 3, 14, 19.
[6] Rieks, Aufbau, S. 95. Anm. 48.

Pythagoras als historische Figur nach dem Prinzip der "nachträglichen Bündelung" kurz den Inhalt ihrer Pentade zusammenfassend thematisieren[1].

Anfang und Ende der Pentaden sind wie diejenigen der einzelnen Bücher und der einzelnen Geschichten nicht streng getrennt, sondern die Übergänge sind fließend: die 'historische' Zeit trägt noch mythische Züge[2]. Diese "dissimulatio artis", die Komposition verdeckter Übergänge und Gliederungen, ist ebenfalls ein kaiserzeitliches Kunstprinzip[3].

In Anlehnung an die 15 Bücher der "Metamorphosen" umfaßt "Die letzte Welt" 15 Kapitel, die sich ihrerseits allerdings nicht in größere Abschnitte gliedern lassen.

Ovids Werk führt von der Erschaffung der Welt bis ins augusteische Zeitalter, und auch wenn Ovid manchmal Mythisches modern deutet und erklärt und die zeitliche Progression bisweilen mit Rückgriffen und Zeitsprüngen unterbrochen wird, dominiert im ganzen doch ein linearer Zeitverlauf, den Ovid in seinem Proöm ankündigt: "prima ab origine mundi ad mea [...] tempora"[4].

Dagegen verläuft in "Die letzte Welt" die Zeit von einem "Aprilmorgen" (8) bis "Anfang Jänner" (271) nur vordergründig linear[5], denn lange Rückblenden und vor allem das zugleich antike und moderne Inventar lassen Zeiten miteinander verschmelzen. Dies zeigt sich am Bewußtseinszustand Cottas, für den zwischen Präteritum, Präsens und Futur kein Unterschied mehr besteht: "Die Zeiten streiften ihren Namen ab, gingen ineinander über, durchdrangen einander." (241)

Ferner gibt es ein subjektives Zeitempfinden Cottas.[6] Nach seinem Alptraum in Nasos Haus erscheint ihm der nur wenige Stunden zurückliegende Nachmittag wie "damals" (83), und innerhalb eines Augenblicks durchlebt Cotta mehrere, vergangene Jahre:

> Jetzt wurde die Zeit langsamer, stand still, fiel zurück in die Vergangenheit. Eine verschimmelte Orange kollerte über die Mole der eisernen Stadt. Die *Trivia* stampfte durch ein gewalttätiges Meer. Ascheflocken stoben aus einem Fenster an der Piazza del Moro, und umlodert von einem Feuerornament aus zweihunderttausend Fackeln stand eine schmale Gestalt vor einem Strauß Mikrophone im Stadion Zu den Sieben Zuflüchten. Erst aus diesem brausenden Oval schnellte die Zeit wieder zurück in den Schutt von Trachila (238).

Ransmayr zitiert sich selbst in umgekehrter Reihenfolge, um die einzelnen Zeitstufen zu charakterisieren: die kollernde Orange und die Trivia (8), die Ascheflocken (19), den Strauß Mikrophone (60).

---

1 Ebd. S. 97. Auch von Albrechts Untersuchung der Venus in den "Metamorphosen" - stützt durch ihre Ergebnisse die Dreiteilung des Werks (Von Albrecht, Venus).
2 Lausberg, Ovid, S. 41.
3 Rieks, Aufbau, Anm. 61.
4 met. 1, 3-4.
5 Töchterle, Spiel und Ernst, S. 104 mit Anm. 31.
6 Epple, Unterrichtshilfen, S. 67.

Schon Ovid sind die Möglichkeit eines subjektiven Zeitstillstands und der Unterschied zwischen subjektiver ("tempora meae vitae") und objektiver Zeit ("communia tempora") bewußt:

stare putes, adeo procedunt tempora tarde,
et peragit lentis passibus annus iter.
[...]
scilicet in nobis rerum natura novata est,
cumque meis curis omnia longa facit.
an peragunt solitos communia tempora motus,
suntque magis vitae tempora dura meae,
quem tenet Euxini mendax cognomine litus,
et Scythici vere terra sinistra freti?[1]

Man könnte glauben, die Zeit stehe still, so langsam schreitet sie vorwärts, und mit langsamen Schritten legt das Jahr seinen Weg zurück. [...] In mir hat sich wirklich die Natur der Dinge verändert und mit meinen Sorgen zieht sie alles in die Länge. Durchläuft etwa die [allen] gemeinsame Zeit die gewohnten Bahnen, und ist nur die Zeit meines Lebens härter, weil mich die Küste des Meeres mit dem trügerischen Namen "Gastliches" und des wahrlich unglückseligen Lands des Scythischen Meeres festhält?

In neuerer Zeit haben besonders Bergsons Zeitdefinitionen auf die Literatur gewirkt. Er unterscheidet "temps inventeur" (Ovids "vitae tempora meae" entsprechend) als subjektive Erlebniszeit von "temps longueur" (Ovids "communia tempora" entsprechend) als objektive Zeit, die der Verstand unter dem Gesichtspunkt des Raumes konstruiert.

Auch in der Naturwissenschaft gibt es seit der Relativitätstheorie keine absolute Zeit mehr: an die Stelle einer in allen Systemen gleichen Zeit treten viele spezielle Systemeinheiten. Jedes physikalische System, das sich relativ zu einem anderen bewegt, hat seine eigene Zeit[2].

Das Verhältnis zwischen Mensch und Zeit, zwischen individueller und gesellschaftlicher Zeit, sowie die Spannung zwischen rasch fortschreitender technologisch-industrieller Zeit und langsam sich vollziehenden emotionalen, intuitiven Prozesse wird in den Romanen der achtziger Jahre[3], so auch in "Die letzte Welt", bevorzugt thematisiert.

Das Ziel Ovids und Ransmayrs ist dasselbe, ihre Mittel sind unterschiedlich: beide wollen die gesamte, die kosmische Zeit beschreiben, aber während Ovid in seinen "Metamorphosen" von der Erschaffung des Kosmos bis in seine Zeit erzählt, will Ransmayr einen überzeitlichen, zeitunabhängigen Roman schaffen.

---

[1] trist. 5, 10, 5-14.
[2] Brockhaus-Enzyklopädie. München 1994. Bd. 24. S.v. Zeit.
[3] Vgl. Adelung, A decade of "time-rebels". Behandelt werden: das Lieblingsbuch Ransmayrs "Die Entdeckung der Langsamkeit" von Sten Nadolny (1983); Hanns-Joseph Ortheil: "Agenten" (1989); Christa Wolf: "Störfall" (1987); Günter Grass: "Die Rättin" (1986) und "Die letzte Welt".

Vergleicht man die "Metamorphosen" und "Die letzte Welt" hinsichtlich Ort, Personen und Handlung, scheint Ovids Dichtung zunächst kosmischer und allumfassender, weil sie überall in der damals bekannten Welt - auf der Erde, auf dem Meer und in der Luft - spielt, "Die letzte Welt" dagegen nur in Rom und Tomi; Hunderte von Personen treten in den "Metamorphosen" auf, lediglich 35 begegnen in "Die letzte Welt", Ovid erzählt von über 250 verschiedene Verwandlungen, Ransmayr indes nur von acht.

Zwar spielt "Die letzte Welt" nur an zwei Orten, doch stehen Tomi und Rom exemplarisch für Peripherie und Zentrum[1], so daß doch ein das Ganze umfassendes Bild entsteht.

In "Die letzte Welt" handeln wesentlich weniger Personen, aber weil Tomi den Charakter eines "Durchgangslager[s]" (256) besitzt, können wie Cyparis mit seinem Planwagen und Iason mit seinem Schiff theoretisch unbegrenzt viele Figuren auf- und abtreten. Noch nicht alle Figuren haben sich verwandelt, sind aber im Begriff es allmählich zu tun. Diese Unabgeschlossenheit, die Möglichkeit weiterer Metamorphosen, deutet Verwandlung als ein fortwährendes Phänomen, das erst endet, wenn sich alles in Wüste und Natur verwandelt haben wird.

In einem Punkt allerdings vertritt nur Ovid eine kosmische Weltsicht. Seine Charaktere besitzen alle menschliche Eigenschaften, d.h. gute und schlechte: sie lieben und hassen, sie leiden und freuen sich, sie sind grausam und voller Mitleid, neidisch und wohlwollend. Abgesehen von wenigen positiven Verhaltensweisen seiner Frauenfiguren, beschreibt der Österreicher dagegen fast nur die schlechten Seiten des Menschen.

Die Anordnung von Ovids Geschichten wird vom Prinzip der Variatio, der griech. "ποικιλία", bestimmt[2]: bekannte und weniger bekannte Erzählungen, bewegte und ruhige, kurze und lange Szenen, helle und düstere Bilder, verschiedene Stilebenen und unterschiedliche Gattungselemente wechseln sich ab.

Ransmayr jedoch erzählt ausschließlich düstere Geschichten, die gleichmäßig ruhig verlaufen und den Leser gleichsam zwangsläufig und hypnotisch ans Ende der Welt führen. Er bedient sich dazu durchgängig desselben romanhaften Stils und einer eindringlichen, rhythmisierten Prosa.

2. Verknüpfungstechnik

Ovid wendet in seiner Verknüpfungstechnik das Prinzip der Variatio an: einfache, doppelte und dreifache Rahmungen können je ein bis neun Episoden ent-

---

[1] Epple, Unterrichtshilfen, S. 13-14 und S. 100.
[2] Schmidt, Übergangstechnik, S. 96.

halten[1], und kommen in drei Formen vor[2]: als Gastmahlsituation, Gesprächssituation und Einschub des Dichters selbst, der eine Erläuterung zu einer Person, einem Ort oder einem Gegenstand gibt. Die meisten Rahmenerzählungen sind weder weniger kunstvoll gestaltet noch weniger bedeutsam für das Gesamtwerk als die jeweilige Haupthandlung[3]. Wie zwischen den Buchübergängen sind die Grenzen zwischen Rahmenerzählung und eingelegten Episoden fließend[4], so daß auch auf niedrigerer formaler Ebene eine "dissimulatio artis" vorliegt.

Um ein Auseinanderfallen seiner über 250 Sagen zu verhindern, bildet Ovid Buch- und pentadenübergreifend größere und kleinere Zyklen[5]. Ähnliches findet sich auch bei Ransmayr. Mehrere Seiten faßt der Rahmensatz "Cotta war einer von vielen" (124 und 143) kapitelübergreifend ein. Kleine Zyklen sind bei Ransmayr häufiger: "Tot! [...] Er ist tot" (35); "Und lachte [...] Und lachte" (23); "Ein Orkan, das war [...] Ein Orkan, das war die Reise nach Tomi." (7-8)

Sprachliche Mittel und Formeln der Überleitung sind bei Ovid[6]: Zeitpartikel (z.B. "tum", "inde"), kausale Verknüpfungen (z.B."quia", "nam"), Fragen, Demonstrativa, Relativa, Interjektionen ("ecce"), Apostrophen des Dichters an eine seiner Figuren oder seinen Leser, allgemeine Sentenzen, antithetische Formulierungen ("nunc"-"ante") und das Motiv der 'Teilnahme oder Abwesenheit' ("alle" - "einer nicht"; "alle waren anwesend" - "unter ihnen auch").

Ovid variiert die einzelnen Übergangstechniken[7]: es gibt direkte und rhetorische Fragen, bloßes Zweifeln oder Nichtwissen und einfache Aufforderungen zum Erzählen.

Das Prinzip der Variatio verwendet er auf allen Ebenen seiner Erzählungen und schafft so auf der formalen Ebene eine Entsprechung zum vielfältigen und bunten Inhalt der "Metamorphosen"[8].

Ein festeres Band als die äußeren stellen die inneren Verknüpfungen dar[9]. Sie werden in der Forschung als "geheime Bezüge"[10] oder Mittel einer "Technik des unmerklichen Übergangs"[11] bezeichnet.

Fränkel nennt sie "echoähnliche "Wiederholungen"[12] und fügt erklärend hinzu:

---

[1] Gieseking, Rahmenerzählung, bes. S. 13-22 (Schematische Übersicht über die verschiedenen Rahmenstrukturen).
[2] Ebd. S. 60.
[3] Ebd. S. 62.
[4] Ebd. S. 23.
[5] Bömer zu met. 1, 87 über die Erscheinung der Ringkomposition bei Ovid.
[6] Schmidt, Übergangstechnik, S. 93-97.
[7] Ebd. S. 97-98.
[8] Lausberg, Ovid, S. 52.
[9] Ebd. S. 42.
[10] Giebel, Ovid, S. 62.
[11] Lausberg, Ovid, S. 42.
[12] Fränkel, Ovid, S. 84.

> Diese Wiederholungen bringen nicht nur ein zusätzliches musikalisches Element in dem Fluß der Verse und Bilder. Sie verbinden die Erzählungen miteinander, oder sie verknüpfen weit auseinanderliegende Teile derselben Erzählung; sie heben gewisse Aspekte der Sagen hervor, die sonst in der raschen Abfolge der Einzelheiten vielleicht verlorengehen; und sie weisen manchmal auf die tiefere Bedeutung hin, die unter der flüchtigen Folge der Ereignisse liegt.[1]

Es handelt sich um verschiedene Motive, die nach- und nebeneinander anklingen, wobei ein Motiv dominant wird, ein zweites schwach nachklingen und zugleich ein drittes unauffällig hinzukommen kann. Solche Motive sind beispielsweise genealogische Linien, "certamina" zwischen Menschen und Göttern, "amor deorum", "ira deorum" und "poena deorum" (all diese werden in der Arachneerzählung wichtig)[2], oder das Motiv des "verhängnisvollen Sehens" bei Actaeon, Semele, Narziß und Pentheus[3]. Zur Orientierung seines Lesers, den Ovid stets im Blick hat[4], nennt er wichtige Namen wie "Athen", "Troja", "Hercules"[5], wählt Adjektive, die den unglücklichen Ausgang einer Geschichte vorausnehmen[6] oder läßt, indem er das Mittel der tragischen Ironie einsetzt, den Leser Abstand zu den Geschichten gewinnen, damit dieser das Spiel durchschaut und umso besser Ovids Kunstwerk würdigen kann[7]. In "Die letzte Welt" fehlen innere Verknüpfungen.

"Die letzte Welt" ist örtlich auf Tomi und Rom und zeitlich auf ein Dreivierteljahr begrenzt, weswegen Ransmayr viel weniger Geschichten als Ovid einflechten kann. Andererseits kommen alle Figuren an einem Ort zusammen, so daß weniger komplizierte Übergänge zwischen einzelnen Erzählabschnitten erforderlich sind.

Bei seinen Übergängen orientiert sich Ransmayr an seiner Vorlage.[8] Er kennt die Technik der Schachtelung, die bei ihm jedoch weniger stark ausgeprägt ist: er verwendet maximal eine zweifache Rahmung. So erzählt Cotta dem Pythagoras Nasos Rede über "Die Pest von Aegina". Wie bei Ovid ist die einfache Rahmung die häufigste Form. Ransmayr verknüpft höchstens drei kurze Episoden pro Schachtelung (Cyparis' Filmtrilogie), während Ovid bis zu neun aneinanderreiht[9].

Der österreichische Autor benutzt zwei der drei Rahmenformen Ovids: das Gespräch und die Dichtereinschübe. Die Gastmahlsituation ist zum einen typisch für die Antike, zum anderen paßt sie nicht in Ransmayrs Bild einer Ge-

---

[1] Ebd.
[2] Ludwig, Struktur und Einheit, S. 36.
[3] Von Albrecht, Interpretationen, S. 46 ff.
[4] Von Albrecht, Dichter und Leser.
[5] Ebd. S. 232.
[6] Ebd. S. 233.
[7] Ebd.
[8] Epple (Unterrichtshilfen, S. 89): "Auch die *Metamorphosen* kennen die Binnenerzählung innerhalb des Gesamttextes, etwa - von Ransmayr variiert übernommen - die Webereien Archnes, die ihrerseits wieder Verwandlungssagen darstellen."
[9] Gieseking, Rahmenerzählung, S. 13-22.

sellschaft isolierter Individuen. An die Stelle des Gastmahls tritt das Kino. Selbst die Gesprächssituation ist bei Ransmayr im Grunde nur ein Selbstgespräch: Cotta berichtet dem schweigenden Pythagoras (17 ff.), Echo erzählt Cotta Nasos (nicht im Ovidischen Repertoire aufgeführte) Geschichten vom Teumessischen Fuchs[1] und von Iphis und Anaxarete[2] (156-157), und zwar "Ohne ihn anzublicken, vor sich hin wie in einem Selbstgespräch" (155), Fama jammert in Anwesenheit Cottas, der ihr kommentarlos mit einem "stupiden Gesichtsausdruck" (255) zuhört.

Die Dichtereinschübe gleichen denen Ovids. Auf das Stichwort eines Personennamens, z.B. "Naso" (12; 13; 94), "Pythagoras" (250), "Echo" (100) und "Marsyas" (189), folgt jeweils ein Stück Lebensgeschichte dieser Figuren. Die Gelegenheit, mehrere Namen und Schicksale zu erklären, bietet der Faschingsumzug in Tomi (89 ff).

Wie Ovid schildert Ransmayr im Anschluß an die Erwähnung eines Ortes dessen Geschichte, so erzählt er beispielsweise von Limyras Untergang (228-230), oder er flicht eine Ekphrasis ein (Balustradenbucht 158-161; Arachnes Haus auf den Klippen 191-192).

Die einfache Assoziation[3] ist am häufigsten. Der Gedanke an "Das Buch" (44 und 46), das Cotta in Trachila sucht, läßt ihn nach Rom zurückblenden, wo Naso an jenem arbeitet. Bei "vollendet" (52) denkt Cotta an Nasos damals noch fragmentarisches Werk in Rom zurück. Umgekehrt führt ein der Handlung in Rom angehörendes Stichwort zur Haupthandlung in Tomi zurück, was besonders durch die Form einer Anadiplosis ins Auge fällt:

Aus den Augen des Imperators aber hieß, ans Ende der Welt. Und das Ende der Welt war Tomi. (73)

"Naso" ist ein Stichwort, das die Tomiten und Cotta zu Erinnerungen und Echo zu Erzählungen veranlaßt, und es wird als Mittel poetischer Technik thematisiert:

[Cotta] hörte Echo reden, als habe es erst eines Losungswortes, erst der Erwähnung von Nasos Namen bedurft, um ihre einsilbigen Antworten in Erzählungen zu verwandeln (116).

Die Beschreibung von Gegenständen, seit Homer ein fester epischer Bestandteil[4], bietet beiden Dichtern weitere Möglichkeiten, Sagen einzuflechten. So erhält Aeneas in Ovids "Metamorphosen" einen Mischkrug als Gastgeschenk, auf dem Szenen aus der Coronensage abgebildet sind[5], die der Dichter detailliert

---

[1] met. 8, 758 ff.
[2] met. 14, 699 ff.
[3] Epple meint: "Die Rückblenden setzen assoziativ ein" (Unterrichtshilfen, S. 77). Er zieht noch nicht den Vergleich zu Ovid.
[4] Schmidt, Übergangstechnik, S. 15, Anm. 3.
[5] met. 13, 675 ff.

beschreibt. In "Die letzte Welt" wiederum hat ein Kulissenmaler das Schicksal Actaeons auf die Plane von Cyparis' Wagen gemalt (23). Wie Ovid fügt hier auch Ransmayr eine Episode ein, indem er eine bildliche Darstellung beschreibt.

Kausale Verknüpfungen gibt es in Ransmayrs Buch, das eine Alleinherrschaft des Verstandes ablehnt, nicht; zeitliche Parallelität, die "Die letzte Welt" mit der Indifferenz von Vergangenheit, Gegenwart und Zukunft inhaltlich anstrebt, wird dagegen auch in der Übergangstechnik deutlich:

> <u>Während</u> auf Tereus Mauer noch die Stürme tobten und das Schlachthaus in der Brandung lag, hatte Cotta hoch oben im Gebirge vergeblich Licht zu machen versucht. (41)

Das "Während" kann ebenfalls adversativ aufgefaßt werden. Damit reiht Ransmayr hier seine Erzählabschnitte kontrastierend aneinander, eine häufige Technik seines römischen Vorbilds.

Ein auffälliges Verknüpfungsmotiv Ovids, nämlich das der 'Teilnahme und Abwesenheit', kehrt bei Ransmayr wieder, der es zu einem Motiv der 'Regel und Ausnahme' verallgemeinert:

1. die Tomiten begleiten Cyparis aus der Stadt - "Auch Cotta" (113), die Tomiten sind vom Episkop fasziniert - "Am schlimmsten von allen war Famas eigener Sohn den Projektionen erlegen" (211),
2. "Wie viele Staatsflüchtige [...] hatte sich auch Cotta [...] in das Leben der eisernen Stadt gefügt" (220),
3. kein Tomite kennt mehr Nasos Geschichten - "Nur Fama erinnerte sich" (250),
4. alle Lebewesen Trachilas kommen in den Trümmern um - "Zumindest ein Bewohner aber mußte der Katastrophe entkommen sein" (237), und
5. Fama setzt fremde Schicksale zu ihrem eigenen in Beziehung - "Der einzige Mensch, mit dem sie sich niemals verglich, war Thies der Deutsche" (259).

Diese Beispiele dürfen nicht darüber hinweg täuschen, daß Ransmayrs Übergangstechnik insgesamt nicht so ausgefeilt ist wie die Ovids, wie ein Vergleich des Übergangs zur Cyparisepisode zeigt.

Der römische Poet leitet diese Erzählung mit seiner typischen Überleitungsformel "Alle waren anwesend, unter ihnen auch" ein. Orpheus lockt mit seiner Musik Bäume herbei: alle Bäume waren anwesend, unter ihnen auch die Zypresse.[1] Ovid gestaltet diesen Übergang allerdings rhetorisch kunstvoll zu einem Baumkatalog aus, indem er in seinem Baumkatalog nicht weniger als 26 verschiedene Baumarten aufzählt, die nebeneinander in einem realen Wald niemals so vorkommen. Es handelt sich um das Motiv des "idealen Mischwaldes"[2]. Ovid versieht die Bäume mit verschiedenen Attributen und läßt den Hain vor

---

[1] met. 10, 106: "Adfuit huic turbae metas imitata Cypressus".
[2] Curtius, Europäische Literatur, S. 201.

den Augen des Lesers entstehen. Orpheus singt so schön, daß selbst Waldbäume nacheinander herbeieilen, um ihm zuzuhören. Die Aufzählung der Bäume ist allerdings "mehr als nur virtuoses Spiel"[1]. Vier Baumgruppen lassen sich unterscheiden: nacheinander treten stattliche, "epische" Bäume, "bukolische" Bäume, die an idyllische Landschaften erinnern, Bäume, die Liebe symbolisieren, und zuletzt wieder episch-erhabene Bäume auf[2]. Dabei fällt auf, daß die Verse, in denen die mit der Liebe verbundenen Bäume erwähnt werden, überraschend ernst und getragen und nicht lyrisch bewegt klingen: die Bäume trauern mit Orpheus, der eben seine geliebte Frau verloren hat[3]. Eindrucksvoller kann Form den Inhalt nicht widerspiegeln.

In "Die letzte Welt" fehlt eine solche rhetorische Ausgestaltung des Übergangs. Cyparis schläft während seiner Filmvorführungen ein und träumt "von Bäumen, Zedern, Pappeln, Zypressen," (25). Die Zypresse wird wie bei Ovid zuletzt genannt. An die Erwähnung schließt sich unmittelbar die Beschreibung von Cyparis' Traum an.

Ransmayr orientiert sich zwar an der Verknüpfungstechnik seiner Vorlage, nutzt sie aber nur in geringem Maße.

3. Stil

Mehr als andere antike Dichter bedient sich Ovid, der die Verwandtschaft von Dichtung und Rhetorik in einem aus dem Exil an Salanus, den Rhetoriklehrer des Germanicus[4], geschriebenen Brief bekundet, der unterschiedlichsten Stilmittel, die im einzelnen aufzuzählen hier nicht der Platz ist. Statt dessen soll beschrieben werden, wie sich auch Ransmayrs Roman, besonders am Anfang, seiner Vorlage gemäß auf der Stilhöhe des Genus grande bewegt[5].

"Die letzte Welt" setzt mit anaphorischen, parallel konstruierten und klimaktischen Sätzen ein[6]: "Ein Orkan, das war ein Vogelschwarm" (7), "Ein Orkan, das war das Schreien und Weinen" (7), "Das war ein Hund, der in den Sturzseen toll wurde und einem Matrosen die Sehnen zerriß." (7) Ganz klassisch stimmen Form und Inhalt überein: Klimax und Antiklimax des folgenden Satzes ahmen die in ihm geschilderte Wellenbewegung nach[7]:

> Aber die Dünung hob ihn, hob das Schiff, hob die ganze Welt hoch über den salzigen Schaum der Route hinaus, hielt alles einen Herzschlag lang in der Schwebe und ließ

---

[1] Pöschl, Katalog der Bäume, S. 293.
[2] Ebd. S. 294-296.
[3] Ebd. S. 300.
[4] Pont. 2, 5, 65-72.
[5] Epple, Unterrichtshilfen, S. 80-81.
[6] Ebd. S. 80.
[7] Ebd. S. 80-81.

dann die Welt, das Schiff und den Erschöpften wieder zurückfallen in ein Wellental, in die Wachheit und die Angst. (8)

Ransmayr vermeidet insgesamt jede alltägliche Ausdrucksweise. Er verwendet poetische Worte, nutzt die ganze Bandbreite des Tempus- und Modussystems und bildet häufig lange hypotaktische Perioden oder elliptische Sätze[1]. Seine rhythmisierte Prosa läßt entfernt Ovids hexametrische Verse anklingen.

So wie Ovids häufigstes Stilmittel, die Variatio, auf formaler Ebene den vielfältigen Inhalt der "Metamorphosen" widerspiegelt, entspricht Ransmayrs Vorliebe für die Stilfiguren der Worthäufung - Accumulatio[2], Amplificatio und Gradatio (Antiklimax und Klimax) - seiner Neigung, immer ein und dasselbe Thema "Dekadenz und Apokalypse" in unterschiedlichen Schreckbildern auszuweiten und zu steigern. Er zählt beispielsweise die verschiedenen Selbstmordmethoden akkumulierend und klimaktisch auf (s.o. S. 23), beschreibt, wie Blut die einzelnen Bestandteile von Argus' Augen abspült (s.o. S. 36), schildert die sich steigernden Schmerzausbrüche von Hercules, und stellt dar, wie sich dieser von einem Körperteil nach dem anderen die Haut abzieht (s.o. S. 39).

Sowohl Ransmayrs als auch Ovids dichterische Kunst wurden allerdings von einer Minderheit in Zweifel gezogen.

Die Antike kritisierte Ovids Stil, der zwar sehr einfallsreich, aber bisweilen geschmacklos sei. Er sei der begabteste Dichter, könne seine Einfälle aber nicht zügeln. In den "Controversiae" des Rhetors Seneca heißt es über den Studenten Ovid:

longe <aliis> ingeniosius, excepto eo, quod sine ordine per locos discurrebat.[3]

Er war einfallsreicher als die anderen, abgesehen davon, daß er ohne bestimmte Ordnung von Gedanke zu Gedanke eilte.

Quintilian tadelt Ovids Manierismus:

Lascivus quidem in herois quoque Ovidius et nimium amator ingenii sui, laudandus tamen partibus.[4]

Auch im Epischen ist Ovid mutwillig und zu sehr in seine eigene Begabung verliebt, aber dennoch in Teilen lobenswert.

Speziell über die "Metamorphosen" sagt er:

---

[1] Ebd. S. 82.
[2] Töchterle (Spiel und Ernst, S. 101), nennt im Zusammenhang mit der Argusbeschreibung "die Auffächerung als ein dominierendes Stilprinzip" Ransmayrs.
[3] Sen. contr. 2, 2, 9
[4] Quint. inst. 10, 1, 88.

Illa vero frigida et puerilis est in scholis adfectatio, ut ipse transitus efficiat aliquam utique sententiam et huius velut praestigiae plausum petat, ut Ovidius lascivire in Metamorphosesin solet; quem tamen excusare necessitas potest, res diversissimas in speciem unius corporis colligentem[1]

Fade und kindisch ist jenes Bemühen in den Schulen, daß der Übergang selbst auf jeden Fall irgendeine geistreiche Pointe bewirken und gleichsam Beifall für dieses Blendwerk erstreben soll, so wie Ovid sich in seinen "Metamorphosen" sich gehen zu lassen pflegt; den jedoch die Notwendigkeit entschuldigen kann, die unterschiedlichsten Dinge zu einem scheinbar einheitlichen Ganzen zusammenzufügen.

Ovid ließ sich von der Meinung anderer nicht beirren. Gerade das, was andere an seinem Stil bemängelten, schätzte er selbst sehr. Einmal soll er seine Freunde gebeten haben, drei Verse aufzuschreiben, die ihnen überhaupt nicht gefielen, er seinerseits schrieb drei auf, die er keinesfalls tilgen würde, und es stellte sich heraus, daß es dieselben Verse waren[2].
Der jüngere Seneca schließt sich dem Urteil seines Vaters an. Er bezeichnet den Dichter als "ille poetarum ingeniosissimus egregie"[3]. Im ganzen schildere Ovid die Flutkatastrophe sehr überzeugend und realistisch, wenn er sich nicht gerade zu kindischen Albernheiten wie diesen hinreißen ließe ("ni tantum impetum ingenii et materiae ad pueriles ineptias reduxisset:"[4]):

Nat lupus inter oves, fulvos vehit unda leones[5]

Der Wolf schwimmt unter den Schafen, eine Welle trägt die braunen Löwen.

Seine Flutschilderung wäre großartig, wenn er sich nicht darum gekümmert hätte, was die Wölfe und Schafe machten, denn in reißender Strömung könnten jene doch nicht schwimmen[6], bemerkt Seneca mit stoischem Ernst. Einige moderne Kommentatoren schließen sich Senecas abwertendem Urteil an. Man beklagt eine "gewisse Lässigkeit in der Arbeit, [...] fühlbare Monotonie in Gedanken, Motiven und Effekten, [die Ovid] nicht selten zu argen Geschmacklosigkeiten verführt"[7].
Für Ransmayrs Stil findet man ähnliche Ausdrücke. Von einer Rezensentin[8] wurde ihm vorgeworfen, er schreibe Kitsch, und Isolde Schiffermüller schreibt über die Stelle aus "Die letzte Welt", an der Ransmayr genau die eben zitierte

---

1 Quint. inst. 4, 1, 77.
2 Sen. contr. 2, 2, 12.
3 Sen. nat. 3, 27, 17.
4 Ebd.
5 met. 1, 304.
6 Sen. nat. 3, 27, 17.
7 Bieler, Geschichte der römischen Literatur, S. 72.
8 Fleischanderl, Lauter Scheiße.

Ovidstelle übernimmt und umformt, Echo führe Cotta die Überreste der von der Flut zerstörten Welt in "barock-manieristischen Bildern"[1] vor Augen:

> Kühe mit Ballonbäuchen lagen neben den Kadavern von Löwen und Wölfe mit aufgebrochenen Seiten unter Hühnern und Schafen. (166)

Abwertend äußert sich zu dieser Stelle auch Töchterle: Ransmayr erniedrige die in Paradiesschilderungen üblichen Adynata zum poetischen Spiel.[2] Beide Dichter verdeutlichen jedoch, daß die gewohnten Ordnungen durch die Katastrophe außer Kraft gesetzt sind (vgl. s.o. S. 58-59).

Ovids Erzählerhaltung wechselt zwischen Anteilnahme und Distanz[3], während Ransmayrs berichtender Stil stets dem seiner persönlichen Reportagen für "Merian", "Geo" und "Transatlantik" gleicht[4]. Seine Sprache, die gleichermaßen 'schön' und schmuckvoll bleibt, sei es, daß er Echos Schönheit oder Argus' Häßlichkeit beschreibt, ist weder "Tröstung und Kompensation für die Schrecknisse der Wirklichkeit und die Tristesse des Alltags"[5] noch überflüssige Rhetorik und eine "hohle Form der Überwucherung"[6]. Vielmehr spiegelt sie den Inhalt des Romans. Denn "Die letzte Welt" beschreibt eine Katastrophe, die dem Leser als unabwendbar suggeriert wird. Dieser folgt gleichsam gebannt und fasziniert Ransmayr auf dem Weg in "Die letzte Welt", wie die meisten Kritiken bezeugen. Eben dies bewirkt Ransmayrs bildkräftige Sprache, die (auch von den wenigen negativen Kritiken) einhellig gelobt wird. Der österreichische Dichter nennt seine eigene Beschreibung von Argus "schön und furchtbar" (78). Als "schön und furchtbar" könnte man seinen gesamten Roman bezeichnen: ein furchtbarer Inhalt, der den Leser mittels schöner Sprache in seinen Bann zieht.

Ovid und Ransmayr bewegen sich auf hoher Stilebene, sind poetae docti, deren Existenz vielleicht gerade Friedenszeiten begünstigen[7]. Beiden wird zu Unrecht Manierismus und Kitsch vorgeworfen, denn Form und Inhalt stimmen treffend überein.

4. Bildteppiche als Spiegel der Formkunst

In den "Metamorphosen" gehört der Webewettstreit Arachnes mit der Göttin in den Kontext anderer Wettkämpfe zwischen Göttern und Menschen oder Halb-

---

1 Schiffermüller, Untergang und Metamorphose, S. 242.
2 Töchterle, Spiel und Ernst, S. 98.
3 Lausberg, Ovid, S. 47.
4 Epple, Unterrichtshilfen, S. 82.
5 Ebd. S. 83.
6 Töchterle, Spiel und Ernst, S. 104.
7 Curtius (Europäische Literatur, S. 309) stellt dies zumindest für den Hellenismus, die Pax Augusta und die byzantinische Epoche fest.

göttern. Die Pieriden treten z.B. auf dem Helikon gegen die Muse Calliope an, und Apoll besiegt Pan und Marsyas im Flötenspiel.

Arachne, die Tochter eines armen Purpurfärbers, ist weithin für ihre Webkunst berühmt. Sie bestreitet, daß Pallas Athene ihre Lehrmeisterin sein könne und fordert die Göttin zu einem Wettstreit heraus.

Seit Homers Beschreibung von Achills Schild ist eine poetische Beschreibung von Kunstwerken in der Dichtung geläufig.[1] Wahrscheinlich wurde Ovid an dieser Stelle von Homers Bericht über Helenas Gewebe[2] inspiriert.[3] Sowohl Helena als auch Arachne weben Bildteppiche, und beide Künstlerinnen werden durch ihr Werk charakterisiert.

Ein Homerscholion, das Ovid gekannt haben könnte, deutet Helenas Gewebe als Modell der ganzen Ilias und mag ihn dazu veranlaßt haben, die Webereien Pallas' und Arachnes seine produktionsästhetische Auffassung widerspiegeln zu lassen[4]. Pallas stellt die Versammlung von zwölf Göttern dar, und wie sie selbst über Poseidon triumphiert. In den vier Ecken ihres Bildes sieht man vier Geschichten von Wettkämpfen zwischen Göttern und Menschen dargestellt. In jedem der vier Fälle wird den Menschen ihre Hybris zum Verderben - ein Vorverweis auf Arachnes eigenes Schicksal. Die Götter zeichnen sich durch "augusta gravitate" aus, welches nicht nur auf eine Verbindung zum Kaiser[5], sondern auch auf das klassische Kunstideal hindeutet[6]. Die Tochter des Purpurfärbers webt ihrerseits Bilder der "caelestia crimina"[7], die zeigen, wie die Götter unter Preisgabe ihrer Würde in Tiergestalt menschlichen Frauen beiwohnen.

Arachnes und Pallas' Teppiche unterscheiden sich auch in ihrer Technik: Pallas' Komposition prägen Zahl, Ordnung und Hierarchie, während Arachnes Anordnung weniger deutlich und von Zufall und Assoziation bestimmt scheint.[8] Vom Werk der Göttin heißt es: "sua quemque deorum inscribit facies"[9] (jeden Gott kann man an seiner ihm eigenen Gestalt erkennen), von Arachnes Werk jedoch sogar: "verum taurum, freta vera putares"[10] (man hätte den Stier und das Meer für wirklich halten können).

Die Webkunst läßt sich mit der Dichtkunst vergleichen[11]: "et vetus in tela deducitur argumentum" (und im Gewebe wird eine alte Geschichte dargestellt). An dieser Stelle vollzieht sich der Übergang von der technischen Bedeutung von "deducere" zur übertragenen Bedeutung "den Faden einer Geschichte fortspin-

---

[1] Zur poetologischen Selbstreflexion bei den Griechen vgl. Gelzer, Mimus und Kunsttheorie.
[2] Ilias G, 125 ff.
[3] Lausberg, Bildbeschreibung.
[4] Ebd., bes. S. 117 ff.
[5] Bömer zu met. 6, 73.
[6] Lausberg, Bildbeschreibung, S. 112.
[7] met. 6, 131.
[8] Von Albrecht, Arachné.
[9] met. 6, 73-74.
[10] met. 6, 104.
[11] Vgl. auch die Begriffe "pattern" und "Text".

nen", die Ovids programmatischen Worten in seinem Proöm zugrunde liegt[1]: "ad mea perpetuum deducite tempora carmen"[2].

Arachnes auf den ersten Blick ungeordnete, nur locker verbundene Anhäufung der Verwandlungsgeschichten erinnert formal an die Struktur der "Metamorphosen" Ovids[3], ihr bunter Inhalt thematisch an die bisher von ihm behandelten Motive "amor deorum" und "poena deorum". Pallas webt "klassisch", Arachne wie Ovid "hellenistisch", eine Richtung, für die Wirklichkeitsnähe und angemessene psychologische Charakterisierung bezeichnend sind[4]. Auf dieselbe Art und Weise, in der Ovid den Leser bei seiner Darstellung der "Metamorphosen" miteinbezieht, läßt er den Betrachter an seiner Schilderung von Arachnes Teppich teilhaben[5].

Zwei wichtige ästhetische Elemente sind ferner das Farbenspiel und der besondere Reiz, der in der Beschreibung des künstlerischen Prozesses selbst liegt[6]. Ovids Übergänge zwischen den einzelnen Metamorphosengeschichten vollziehen sich kaum merklich. Ebenso unauffällig gehen auch die Farben des Teppichs ineinander über, einem Regenbogen vergleichbar: obwohl man die Farbübergänge nicht erkennt, sieht man am Anfang und Ende des Teppichs verschiedene Farben[7]. Die Nymphen wiederum sind von Arachnes Webkunst so begeistert, daß sie ihre Wälder verlassen und Arachne auch während ihrer Arbeit über die Schulter blicken:

nec factas solum vestes, spectare iuvabat
tum quoque cum fierent (tantus decor adfuit arti)[8]

Und es freut sie [die Nymphen], nicht nur die fertigen Stücke zu betrachten, sondern besonders auch zuzusehen, während sie entstehen (solch große Anmut gehörte zu Arachnes Kunst).

Es folgt eine detaillierte Beschreibung der technischen Vorgehensweise, aufgrund derer sich Arachne vor der Göttin auszeichnet[9], und die auch den Dichter Ovid charakterisiert.

Arachnes Werk ist so perfekt, daß weder Pallas noch der Neid selbst etwas daran aussetzen können. Pallas zerreißt voller Wut das göttliche Sündenregister und schlägt Arachne mit dem Weberschiffchen an die Stirn. Pallas beneidet Arachne um ihr Werk, das dem der Göttin in nichts nachsteht. Dies "zeugt von

---

[1] Bömer zu 6, 69 (S. 37).
[2] met. 1, 4.
[3] Von Albrecht, Teppich. Zu Ovid: S. 26-28.
[4] Ebd. S. 27. Von Albrecht verweist auf Äußerungen des hellenistischen Dichters Apollonios von Rhodos.
[5] Ebd. S. 28.
[6] Ebd.
[7] met. 6, 61-67.
[8] met. 6, 17-18.
[9] Von Albrecht, Arachné, S. 272.

einem geistesgeschichtlichen Ernstnehmen menschlichen Schöpfertums"[1], das aus allen Werken Ovids spricht, in denen immer wieder die Unvergänglichkeit seiner eigenen Kunst sowie geistiger Schöpfungen im allgemeinen betont wird[2].

Arachne nimmt sich nach Pallas' Schlägen das Leben und erhängt sich mit einem Webfaden, und Pallas verwandelt sie in eine Spinne (griech. "αράχνη"). Ovid ist sich bewußt, daß Ruhm und Unglück eines Künstlers derselben Quelle entspringen.[3]

Er bedient sich auch klassischer Gestaltungsprinzipien, so daß Pallas' künstlerisches Vorgehen in gewissem Maße ebenfalls für Ovid gilt[4], zum größeren Teil dichtet Ovid jedoch, wie Arachne webt.

In "Die letzte Welt" lassen sich viele Figuren poetologisch deuten. Die weiblichen Figuren Fama und Echo verkörpern mündliche Überlieferung und künstlerische Inspiration, die männlichen sind eher Techniker und Handwerker wie Cyparis[5], Lycaon[6] und Battus[7], bzw. bemühen sich um schriftliche Überlieferung wie Pythagoras und Cotta.

Arachne bildet unter den Frauen eine Ausnahme, weil sie taubstumm ist und sich nur vermittels der von ihr gewebten Teppiche ihren Mitmenschen mitteilen kann, eine Idee, die aus Ovids "Metamorphosen" stammt, in denen die vergewaltigte und ihrer Zunge beraubte Philomela ihre Schwester Procne mit einer gewebten Botschaft um Hilfe bittet.

Nach Tomi ist Arachne auf dem Schiff eines Purpurfärbers gekommen (256), eine Reminiszenz an die Herkunft der Arachne Ovids, die die Tochter eines Pur-

---

[1] Von Albrecht, Teppich, S. 28.
[2] Ovid bezeichnet seine Bücher auch als Kinder (trist. 3, 1, 65-66). 'Geistige Kinder' sicherten einem nach antiker Vorstellung größere Unsterblichkeit als physische. Vgl. Plato: Symposion 209 b-e: "Und jeder sollte lieber solche ['geistige'] Kinder haben wollen als die menschlichen, wenn er auf Homeros sieht und Hesiodos und die anderen trefflichen Dichter [...] Geehrt ist bei euch auch Solon, weil er Gesetze gezeugt, und viele andere anderwärts unter Hellenen und Barbaren, die viele und schöne Werke dargestellt haben und vielfältige Tugenden erzeugt, denen schon viele Heiligtümer errichtet worden sind um solcher Kinder willen, der menschlichen Kinder wegen aber nie jemandem" (Übers.: Schleiermacher. Platon. Bd. 3, S. 341 und 343).
[3] Von Albrecht, Arachné S. 275.
[4] Lausberg, Bildbeschreibung, S. 115-116.
[5] Cyparis ist Filmvorführer, "sprach immer in Geschichten" (24) und schreibt mit seiner Peitsche in der Luft (21; 112).
[6] Lycaon ist der Seiler Tomis, der oft über seine Garnhaspel gebeugt ist (174), welche Tätigkeit Cotta nach Lycaons Verschwinden fortführt (249). "Haspel" hängt mit "sich verhaspeln" zusammen, so daß auch im Deutschen ein Zusammenhang zwischen handwerklicher Technik und Sprache und Kunst besteht. Das sprachliche Haspeln kommt ebenfalls in "Die letzte Welt" vor: *Publius Ovidius Naso* haspelte der Fallsüchtige den von seiner Mutter bedeutsam ausgesprochenen Namen einige Male nach" (13).
[7] Battus bedient das Episkop, dessen Projektionen für kurze Zeit Alltagsgegenstände in Tomi verklären und verschönen, bis die Tomiten den Glauben an die Wunderkraft der Maschine verlieren.

purfärbers ist. Sie webt Nasos Erzählungen in ihre Teppiche. Ihre Gewebe ähneln in mancherlei Hinsicht den Teppichen von Ovids Arachne. Sie sind kunstvoll hergestellte, "fein gewirkte[...] Bilder[...]" (154) in leuchtenden und kräftigen Farben (104), die sehr lebendig wirken (193). Abgeschwächt wird der positive Eindruck allerdings durch eine gewisse Grelle der Farben (9; 98) und den Umstand, daß Cotta im Fieber glaubt, die Figuren würden sich aus dem Teppich lösen und über ihn herfallen (98): ihre Lebendigkeit wirkt also bedrohlich.

Arachne stellt nicht nur Dichtung in ihren Teppichen dar, sondern sie sitzt auch in der Pose eines Sängers vor ihrem Webstuhl. Cotta sieht sie vor leeren Kettfäden sitzen, in die sie wie in Saiten greift, wobei sie dazu die Lippen bewegt (192).

Betont Ovid bereits den Reiz des künstlerischen Prozesses, ist für Ransmayrs Arachne überhaupt nicht mehr das Endergebnis, sondern nur noch das Entstehen des Kunstwerkes[1] wichtig:

> Es mußten dreißig, vierzig oder mehr Rollen sein, die Arachne hier achtlos wie morsche Prügel verwahrte; allein Echo wäre imstande gewesen, die Erklärung dafür zu verstehen und dem Römer zu übersetzen, daß für die Taubstumme ein Teppich nur so lange von Wert war, so lange er wuchs und eingespannt blieb in das Gerüst der Bäume und Schäfte ihres Webstuhls. (195)

Nicht die Erzählung als Produkt des Erzählens ist also von Bedeutung, sondern das Erzählen selbst, das Erzählen einer Geschichte bis an ihr Ende (287).

Parallel zum Schaffensprozeß des Künstlers wird dem Leseprozeß Bedeutung zugemessen. Nicht nur der Autor vollendet ein Werk, sondern auch der Leser mit seinem Verstehen[2]. Als Cotta Pythagoras fragt, wer den Text auf den Steinen geschrieben habe, deutet Pythagoras auf das "ICH" aus Nasos Epilog, das Naso (51), zugleich aber auch Pythagoras selbst meint, weil letzterer den Text erst lesbar machen muß, indem er die Schnecken zerstört und ihre Reste abschabt:

> Pythagoras warf sein Schabwerkzeug zufrieden fort und betrachtete seine
> Arbeit: ICH HABE EIN WERK VOLLENDET. (52)

Nicht ein eindeutiges Interpretationsergebnis ist wichtig, sondern der Prozeß der Interpretation. Der Lesevorgang ist ein "Spiel" (50), ein "kindische[s] Spiel mit

---

[1] Gellhaus (Verblassen der Schrift, S. 125) erläutert die Bedeutung des steten Suchens für Handkes Prosa, und zwar "als eines Vorgangs, dessen Sinn nicht im Resultat, also in der Fundsache, sondern im Spannungszustand, im [Zitat Handke:] 'dauernd bevorstehenden Finden' liegt". Auch für Ransmayr konstatiert er die Bedeutung einer "Dichtung als P r o z e ß [sic]" (S. 142).

[2] Auch dieser Gedanke ist bei Handke wichtig. Gellhaus verweist für Handkes "Poetik des Lesens" (Verblassen der Schrift, S. 125) auf Novalis' 125. "Blüthenstaub"-Fragment: "Der wahre Leser muß der erweiterte Autor sein [...]" (Novalis, Schriften, S. 470).

der Über-lieferung" (269) mit unendlich vielen Lösungsmöglichkeiten, und der Weg zu Literatur führt durch ein (zeitliches und räumliches) Labyrinth[1].

Die Bildinhalte von Arachnes Teppichen vermitteln eine negative Anthropologie. Denn das Bedeutsame sind Himmel und Vögel, die "eine einzige, variantenreiche Verspottung der Erdgebundenheit und des aufrechten Ganges" (196) darstellen. Zwar erinnert die Form der Variatio noch an Ovid, die Verspottung des Menschen hingegen entspricht ganz dem Weltbild Ransmayrs.

Anders als das bewundernde Nymphenpublikum im Fall der Ovidischen Arachne, das von der künstlerischen Technik fasziniert ist, interessieren sich die Erzkocher Ransmayrs nur für die fertigen Teppiche, die ihnen als Schmuck (195), - Lycaon akzeptiert sie als Zahlungsmittel und verwendet sie als Isoliermaterial (191) -, dienen, so daß die Kunst wie alles andere in Tomi der Dekadenz anheimfällt.

Ransmayrs Arachne läßt sich von Nasos Geschichten und von der Bucht, die auch die Kulisse für Echos Flutprophetie bildet, inspirieren:

> Echo erinnerte sich, daß sie Arachne selbst an Jännertagen in die Bucht begleiten mußte, wo die Alte dann in Felle gehüllt auf einem der tiefer gelegenen Balkone saß und auf die gleißenden Muster starrte, die eine kalte Sonne auf dem Spiegel des Meeres hinterließ; Lichtspiele, die sie später mit weißer Seide und Silberfäden aus Cythera in ihre Teppiche einzuweben versuchte. (160)

Die "Lichtspiele" verweisen zum einen auf den Spielcharakter des künstlerischen Schaffensprozesses, zum anderen auf Cyparis' Film-Lichtspiele, die ebenfalls von Nasos Geschichten inspiriert sind. Die weiße Seide und die Silberfäden erinnern an die in den "Metamorphosen" geschilderte Verwandlung Arachnes in eine Spinne, auf die auch ihre von der Gicht gekrümmten Hände (192) und ihre gebeugte Körperhaltung hinweisen: "Wie dünn und zerbrechlich Arachne geworden war, wie dürr ihre Arme." (193).

Ovid stellt im Wettstreit zwischen Pallas und Arachne die Konkurrenz zwischen 'klassischer' und hellenistischer Kunst dar. Arachne webt größtenteils wie Ovid dichtet. Für ihren Bildteppich sind Wirklichkeitsnähe, angemessene psychologische Charakterisierung und eine unmerkliche Übergangstechnik bezeichnend.

---

[1] Gellhaus, Verblassen der Schrift, S. 141. Cotta folgt Pythagoras durch ein "Labyrinth" (76) zur Lichtung mit Ovids "Metamorphosen", durch Lycaons Seilerei führen labyrinthische Wege (173), auf denen Cotta sich bewegt, um die Stoffetzen mit Ovids Text zu sichten und zu entziffern (268), Cyparis schreibt mit seiner Peitsche (21), als "wollte er [..] das Labyrinth seiner zukünftigen Wege beschreiben" (112). Absichtliches Sich-Verirren ist auch in Handkes Texten wichtig (Gellhaus, Verblassen der Schrift, S. 117). Scheck erläutert die poetologische Funktion des Labyrinthes anhand eines Ransmayrzitates aus "Die Schrecken des Eises und der Finsternis". Demnach ist der Autor ein Schlittenführer, der seine Leser wie Hunde durch ein Eislabyrinth durch das Labyrinth seines Textes lenkt (Scheck, Katastrophen und Texte, S. 287).

Auch Ransmayrs Arachne steht in enger Beziehung zur Dichtkunst. Sie stellt Nasos Geschichten dar und sitzt selbst in der Pose eines Sängers vor ihrem Webstuhl. Die Vielfalt der Himmel- und Vogelgeschichten entspricht zwar Ovids Prinzip der Variatio in den "Metamorphosen", aber die negative Anthropologie speist sich aus Ransmayrs pessimistischem Weltbild.

Während dem Bildteppich von Ovids Arachne große künstlerische Anerkennung zuteil wird, dienen Arachnes Teppiche im dekadenten Tomi lediglich als Schmuck oder Isoliermaterial. Kunst ist nicht mehr als Produkt, sondern nur noch im Prozeß ihrer Entstehung für den einzelnen Menschen von Bedeutung.

5. "Ars latet arte" und die "Erfindung der Wirklichkeit"

Sowohl bei Ovid als auch bei Ransmayr wird der Charakter der Dichtung als etwas 'Gemachtes' deutlich, wie er dem Wort 'Poesie' (von griech. "ποιεῖν" = "machen, tun, herstellen") zugrunde liegt. Ovids und Ransmayrs ausgeprägte Kunst bewirkt jedoch gleichzeitig auch eine realistisch erscheinende Natürlichkeit.

Die Beziehung zwischen "ars" und "natura" ist ein Lieblingsmotiv Ovids.[1] Er beschreibt in seinen "Metamorphosen" eine Grotte[2], in der die Natur in einem gewachsenen Bogen ein Kunstwerk vorgetäuscht hat[3], und umgekehrt eine natürlich wirkende Höhle, die jedoch künstlich angelegt ist[4].

Arachnes Teppichbilder zeichnen sich durch eine realistische, naturgetreue Wirkung aus (s.o. S. 101), und Pygmalion schafft seine Bildnisse mit solcher Kunstfertigkeit, daß seine Mädchenstatue lebendig aussieht:

interea niveum mira feliciter arte
sculpsit ebur formamque dedit, qua femina nasci
nulla potest, operisque sui concepit amorem.
virginis est verae facies, quam vivere credas
et, si non obstet reverentia, velle moveri:
<u>ars adeo latet arte sua.</u>[5]

Inzwischen bearbeitete er glücklich mit erstaunlicher Kunstfertigkeit schneeweißes Elfenbein und gab ihm eine Gestalt, mit der keine Frau geboren werden kann, und verliebte sich in sein eigenes Werk. Es ist die Gestalt eines wirklichen Mädchens, von der man glauben könnte, daß sie lebt und sich bewegen will, und nur Scheu sie zurückhält: <u>Derart verbirgt sich die Kunst in ihrer Kunst.</u>

---

[1] Bömer zu met. 11, 247-249 (S. 98).
[2] In "Die letzte Welt" wird Famas Hinterzimmer während Battus' Episkopvorführungen zu einer "Wundergrotte" (210).
[3] met. 3, 155 ff.
[4] met. 11, 235 ff.
[5] met. 10, 247-252a.

Naturtreue gilt in der Antike als höchstes Qualitätsmerkmal für Kunstwerke[1]. So heißt es bei Platon, Dädalus habe seine Statuen angebunden, weil sie sonst dem Betrachter fortzulaufen schienen[2], und Ovid sagt von Dädalus, dieser habe die Natur neu erschaffen[3].

Um letzteres bemüht sich der römische Dichter selbst, der am schwierigen Phänomen der Metamorphose, welches in Wirklichkeit nicht existiert, versucht, eben die Metamorphose möglichst realistisch zu schildern. Diesen Widerspruch formuliert er in seiner Pygmalion-episode in einem Paradox: "ars adeo latet arte sua", was auf formaler Ebene als "dissimulatio artis" bezeichnet wird.

Ransmayrs "Erfindung der Wirklichkeit" (287) ist gleichfalls eine paradoxe Formulierung, die die Hauptfigur Mazzini in "Die Schrecken des Eises und der Finsternis" jedoch folgendermaßen erläutert:

> Er entwerfe, sagte Mazzini, gewissermaßen die Vergangenheit neu. Er denke sich Geschichten aus, erfinde Handlungsabläufe und Ereignisse, zeichne sie auf und prüfe am Ende, ob es in der fernen oder jüngsten Vergangenheit jemals *wirkliche* Vorläufer oder Entsprechungen für die Gestalten seiner Phantasie gegeben habe. Das sei, sagte Mazzini, im Grunde nichts anderes als die Methode der Schreiber von Zukunftsromanen, nur eben mit umgekehrter Zeitrichtung. So habe er den Vorteil, die Wahrheit seiner Erfindungen durch geschichtliche Nachforschungen überprüfen zu können. Es sei ein Spiel mit der Wirklichkeit. Er gehe aber davon aus, daß, was immer er phantasiere, irgendwann schon einmal stattgefunden haben müsse.[4]

Auf den Einwand, dies unterscheide sich nicht von einer bloßen Nacherzählung, entgegnet er:

> Das sei ohne Bedeutung, [...], ihm genüge schon der private, insgeheime Beweis, die Erfindung der Wirklichkeit geschafft zu haben.[5]

Wie eine "Erfindung" in "Die letzte Welt" Wirklichkeit wird, zeigt Ransmayrs Flutschil-derung am deutlichsten. Noch während Echo Cotta Nasos Flutgeschichte erzählt, scheint sich die Katastrophe schon in Tomi anzubahnen.

Echo erzählt an einem ungemütlichen, an einem "weißen, dunstigen Nachmittag" (161) und "Sie schrie damals mit Mühe gegen den Donner der Brandung an" (161). Am Anfang ihrer Überlieferung stehen Cotta und Echo "knöcheltief im zurückströmenden Wasser einer Brandungswelle" (162). Im Laufe der weiteren Erzählung spürt Cotta

---

[1] Vgl. Gelzer, Mimus und Kunsttheorie.
[2] Bömer zu 6, 104 (S. 37). Er verweist u.a. auf Platon, Menon 97 d: "[Sokrates:] Weil auch diese [die Bildwerke des Dädalus], wenn sie nicht gebunden sind, davongehen und fliehen; sind sie aber gebunden, so bleiben sie" (Übers.: Schleiermacher. Platon. Bd. 2, S. 591).
[3] met. 8, 183 ff.
[4] Ransmayr, Schrecken des Eises, S. 17.
[5] Ebd.

wie die Wellen ihm den schwarzen, feinkörnigen Sand in die Schuhe schwemmten, wie Wasserzungen über seine Füße hinweg auf den Strand und wieder ins Meer zurückglitten und alle Spuren des hinter ihnen liegenden Weges verwischten. (162)

Zwischen der Umgebung, in der die Erzählung stattfindet, und dem Inhalt von Echos Erzählung bestehen offensichtlich Ähnlichkeiten, wenn Echo sagt, daß während des ersten Regenjahres " jeder Fluß sein Bett wie eine Spur im Sand [verwischte]" (163).

Beschreibt Echo, wie "Fahnen aus Algen und Tang" (164) an den versunkenen Häusern wehen, sieht Cotta in seiner Umgebung "das Gewinke der Sonnensegel auf den Steinbalustraden, sah die silbergrünen Fahnen in der Tiefe" (164). Cotta assoziiert mit den von Echo erzählten Algenfahnen reale Sonnensegel und Fahnen.

Als Cotta nach Echos Weggang gedankenverloren auf der Mole sitzt und "über die Gehäuse und Tentakel urzeitlicher Schnecken, Borstenwürmer und Krebse" (171) streicht, denkt er an Rom, aber der Leser hat noch im Ohr, wie Echo die Tentakel und Borsten der aus den Steinwürfen Deucalions und Pyrrhas entstehenden Ungeheuer beschrieben hat. Nachts erlebt Cotta in Tomi ein solches Unwetter, daß "Cotta sich plötzlich in Echos Erzählung von der Flut versetzt glaubte." (172)

Nicht nur Nasos Flutgeschichte, sondern auch seine Rede über die "Pest auf Aegina", in der eine Fliegenwolke Aegina einhüllt und die Insekten über Tier- und Menschenleichen herfallen, scheint in Tomi Wirklichkeit zu werden. So fallen Fliegen über einen Wolfskadaver her (236) und fressen an den Geschwüren auf den Wangen Philomelas (273).

Andererseits wird deutlich, daß die "Wirklichkeit" nur erfunden ist. Ab und zu gibt es Hinweise auf Nasos Werk, die "Achtung, alles nur Literatur!" zu signalisieren scheinen. Als Cotta Echo zwischen den Felsen sucht, bildet er sich ein, dort die geflochtenen Stoffetzen zu sehen, auf denen die "Metamorphosen" niedergeschrieben sind (177). Argus' Kopf ist ein "schädelgroßes Gebilde [..], das den Schaumtrauben der im Essig verendeten Schnecken glich." (78) Wie die Erwähnung der Schnecken zeigt, denkt Cotta noch an die eben von Pythagoras mittels Essig getöteten Schnecken auf den Steinmalen mit Nasos "Metamorphosen".

Am deutlichsten wird der fiktive Charakter der "Letzten Welt" an ihrem Schluß. Cotta, Augenzeuge irrealer Ereignisse, zuletzt der Metamorphose von Tereus, Procne und Philomela, ist selbst nur ein Phantasieprodukt: Er sucht seinen eigenen Namen[1] auf den Stoffähnchen mit Nasos Dichtung (287-288).

---

[1] Eine ansprechende, wenn auch leider zu weit hergeholte, Idee findet sich bei Scheck (Katastrophen und Texte, S. 289): der Leser (Cotta) sei in "Die letzte Welt" identisch mit dem Autor (Naso) und der Widerhall von Cottas Name am Ende des Romans werde "Naso", der vokalvertauschte Name "Cottas" sein. Für Nethersole (Vom Ende der Geschichte, S. 242 mit Anm. 26) ist es unerheblich, welcher Name gerufen wird. Wichtiger sei, daß ein Name die Fäden des Textes zusammenhalte.

Die Idee des 'totalen' Buches ist romantisch. Scheck[1] verweist treffend auf ein Zitat aus "Die Schrecken des Eises und der Finsternis", das das Bemühen des Ich-Erzählers zeigt, sich in immer weiteren Metamorphosen des Erzählten der Wirklichkeit, zumindest der Wahrscheinlichkeit anzunähern:

> So ordne ich, was mir an Hinweisen zur Verfügung steht, fülle Leerstellen und Vermutungen aus und empfinde es am Ende einer Indizienkette doch als Willkür, wenn ich sage: So war es. Mazzinis Abreise erscheint mir dann als ein Hinüberwechseln aus der Wirklichkeit in die Wahrscheinlichkeit.[2]

In der Tat bemüht Ransmayr sich in seinen Romanen um Wahrscheinlichkeit, oder wie er selbst sagt, um Plausibilität, in diesem Fall um die seiner Oviderzählung:

> Dann war die nächste Frage, und was ist mit dem Mann selber geschehen? Dann ist natürlich sein Schicksal, sein Weg von Rom ans Schwarze Meer, das war natürlich auch eine Geschichte, die sich einem Erzähler ja geradezu aufdrängt, also einem Erzähler, der sich vorstellen will, wie es war, oder wie es gewesen sein könnte und dann ist natürlich die Frage, daß dieser Weg meines armen Dichters oder in dem Fall des historischen Ovid, daß der nicht nachzuvollziehen ist, aber man kann etwas tun, sozusagen man kann eine gewisse Vorstellung entwickeln, die halt eben nicht in dem Sinne historisch ist, aber die versucht, diesen Weg so plausibel wie möglich zu beschreiben, ich meine, wenn es überhaupt ein Prinzip gibt bei meinem Erzählen, dann ist es die Plausibilität, und dafür verwende ich alles, was mir zu Vefügung steht, da ist mir jedes oder fast jedes Mittel recht, um mir selber die Geschichte so plausibel wie möglich zu erzählen und plausibel heißt, daß das, was war oder gewesen sein könnte, wie die Realität selber vor einem steht. und wenn das gelingt, also wenn es gelingt, mir selber die Geschichte so zu erzählen, daß sie mir plausibel erscheint, dann gibt es vielleicht für einen Zuhörer oder für einen Leser die Möglichkeit, das was ich ihm erzähle, nachzuvollziehen oder nachzuempfinden, also alles, was mit Ovid, mit seiner Geschichte, also seiner Biographie, seinem Werk zu tun hat, hat mich beschäftigt, hat mich bewegt, aber am Anfang von allem stand dieses Werk, das mich gepackt hat, und das ist eine wunderbare Erfahrung. Ich meine, ob etwas bleibt, oder nicht, ob etwas Dauer hat oder nicht, das ist ja kein Wert für sich genommen, das ist ja völlig egal, ob sich irgendwann, in irgendeiner fernen Zukunft irgendjemand an mich erinnern kann, oder an jemanden wie mich, das ist nicht die Frage, das ist wirklich völlig gleichgültig, die Frage ist, ob es gelingt, etwas zu erzählen, eine Poesie zur Sprache zu bringen, die dann irgendwann, in irgendeiner Zeit, irgendeiner Art von Zukunft für jemanden nachvollziehbar wird, ob es gelingt, jemanden über Jahre, über Jahrhunderte oder vielleicht wie Ovids Fall über Jahrtausende zu bewegen. Und wenn das gelingt, dann ist das Größte gelungen, was in einer Erzählung überhaupt gelingen kann.[3]

---

[1] Scheck, Katastrophen und Texte, S. 287.
[2] Ransmayr, Schrecken des Eises, S. 62.
[3] Interview.

V. Ovids "Tristia" und "Epistulae ex Ponto" in "Die letzte Welt"

Nicht nur Ovids "Metamorphosen", sondern auch Ovids Exildichtungen haben Ransmayrs Roman beeinflußt.[1]

Im Jahr 8 n. Chr. wird Ovid nach Tomi verbannt, wo von etwa 8-12 n. Chr. fünf Bücher "Tristia" und von etwa 12-17 n. Chr. vier Bücher "Epistulae ex Ponto" entstehen.

Ransmayr hält sich insofern an die historischen Tatsachen, als Nasos Verbannung weder von Augustus (129) noch in seinem siebten Verbannungsjahr (134) von dessen Nachfolger Tiberius Claudius Nero aufgehoben wurde (135), und Naso Briefe an seine Frau und Freunde schrieb (130). Dabei handelt es sich allerdings um private Briefe, denen bisweilen Gedichte und epische Fragmente beigelegt wurden (130), nicht um für eine Veröffentlichung bestimmte Kunstwerke, wie sie der echte Ovid verfaßt hat[2].

Im ersten seiner Exilbriefe gibt Ovid seinem Buch gute Ratschläge für dessen Reise nach Rom, um die er es beneidet. Im Unterschied zu 'glücklichen' Büchern, d.h. solchen Büchern, die von glücklichen und nicht in der Verbannung lebenden Verfassern stammen, soll es nicht mit einer schönen Ausstattung versehen werden, damit man in Rom auf Ovids traurige Verfassung aufmerksam werde:

nec fragili geminae poliantur pumice frontes,
   hirsutus sparsis ut videare comis.
neve liturarum pudeat; qui viderit illas,
   de lacrimis factas sentiet esse meis.[3]

Deine beiden Ränder[4] sollen nicht mit bröckeligem Bimsstein geglättet werden, damit du struppig aussiehst, wie mit zerzaustem Haar. Schäme dich nicht deiner Flecken; wer sie sieht, wird merken, daß sie von meinen Tränen herrühren.

---

[1] Epple (Unterrichtshilfen, S. 86): "Neben den *Metamorphosen* sind auch die Schriften aus der Verbannung als Keimzelle der *Letzten Welt* zu werten." De Groots Bemerkungen (Es lebe Ovid, S. 156) sind richtig, obwohl sie nur auf Sekundärliteratur über Ovid gründen: "Ransmayr kennt [...] auch die *Tristia* offenbar gut".

[2] Ovid führte auch eine Privatkorrespondenz (vgl. Pont. 4, 2, 5-6), die jedoch nicht erhalten ist. Diese war "orba numeris" - "frei von Versform" (Pont. 4, 2, 5).

[3] trist. 1, 1, 11-14.

[4] Äußere Ränder oder Basen der Buchrolle.

In "Die letzte Welt" gehören Nasos Tränen nicht[1] zu dessen literarischem Arsenal, sie sind echt, und anders als Ovids Briefe erreichen Nasos Briefe nicht ihren Bestimmungsort:

> Gewiß auch aus der eisernen Stadt kamen Briefe nach Rom. Zerknittert, gefleckt von den Händen der Überbringer, der Feuchtigkeit einer Jahreszeit, von Tränen oder der Gischt, erreichten Nasos Gesuche nach monatelangen Postwegen endlich die Metropole, um hier irgendwo in den Gängen und Saalfluchten, die zu den Gemächern des Imperators führten, für immer zu verschwinden (129).

Ovid meistert sein Schicksal, indem er dichtet und immer wieder den Wert unvergänglicher geistiger Besitztümer betont. Ransmayr läßt diesen positiven Aspekt jedoch aus. Naso beschreibt "allein seine Verlassenheit, ein kaltes Gebirge und die Barbaren der eisernen Stadt." (133)

1. Relegation aus Rom

1.1. Gründe: "carmen et error"

Warum Ovid an das Schwarze Meer relegiert wurde, ist bis heute ungeklärt.[2] Einzige Quelle für Vermutungen sind die Kunstbriefe des exilierten römischen Dichters, seine „Tristia" und „Epistulae ex Ponto".

Überblickt man das Ausmaß Ovids dichterischer Auseinandersetzung mit seinem Schicksal in den fünf Büchern „Tristia", erkennt man, wie frisch die Wunde anfangs noch ist und ihre Ursache erst allmählich in den Hintergrund rückt: im ersten Tristienbuch deutet Ovid siebenmal[3] Gründe für seine Verbannung an, im dritten viermal[4], im vierten dreimal[5], im fünften zweimal[6].

Das zweite Tristienbuch, dessen 578 Verse (damit ist es die längste Elegie) wie eine Prozeßrede aufgebaut sind, erörtert vollständig die Schuldfrage. In ihm führt Ovid zwei Ursachen, „duo crimina", für sein Verderben an: „carmen et error", "Dichtung und ein Versehen".

Zunächst spricht Ovid ganz allgemein sein unheilvolles Talent an und wird dann präziser: seine angeblich schamlose „Ars amatoria" habe ihm die Relega-

---

[1] Jedenfalls zunächst nicht. Später erhalten Nasos Freunde und seine Frau Cyane auch Briefe, die von "einer durch die Verlassenheit ins Unendliche gesteigerten Liebe" (130) zeugen und deren Inhalt "eine von Tränen und Träumen glitzernde Scherbenwelt [blieb]"(131).

[2] Zur Relegationsfrage vgl. Syme, History in Ovid, S. 169-229.

[3] trist. 1, 1, 23f.; 55f.; 67f.; 111f.; trist. 1, 2, 95-106; trist. 1, 7, 21; trist. 1, 9, 55-64.

[4] trist. 3, 5, 49-52; trist. 3, 6, 25-36; trist. 3, 11, 33-36; trist. 3, 14, 9-10.

[5] trist. 4, 1, 29-36; trist. 4, 4, 39; trist. 4, 8, 49-50.

[6] trist. 5, 8, 15-20; trist. 5, 12, 67-68.

tion eingebracht. Doch weiß der römische Dichter genau, daß seine „Liebeskunst" nur (teilweise?) ein Vorwand ist:

neve roges, quae sit, stultam conscripsimus Artem:
 innocuas nobis haec vetat esse manus.
Ecquid praeterea peccarim, quaerere noli,
 ut lateat sola culpa sub Arte mea.[1]

Frage nicht genauer, ich habe die törichte „Kunst" geschrieben: sie verbietet mir, unschuldige Hände zu haben. Frage nicht, wie ich mich darüber hinaus vergangen habe, so daß meine Schuld sich lediglich unter der „Kunst" verbirgt.

Wenn Augustus auch Schwierigkeiten mit Ausdruck und Rechtschreibung hatte[2], beschäftigte er sich doch viel mit griechischer und lateinischer Literatur, förderte auf jede Weise Talente seiner Zeit und war ein wohlwollender und geduldiger Zuhörer[3]. Deshalb ist es wahrscheinlicher, daß ein "error" Ovids und nicht ein "carmen" die Ursache der Verbannung Ovids ist.

Um Augustus' Zorn nicht erneut zu entfachen, schweigt Ovid sich diskret über seinen „error" aus und läßt seinen Leser mit nebulösen Andeutungen im Unklaren. Dieser Fehler sei schlimm, dumm gewesen und habe den Zorn eines verletzten Augustus herausgefordert, sei aber kein Verbrechen gewesen. So wie der Jäger Actaeon[4] aus Versehen die Göttin Diana beim Baden erblickt habe und zur Strafe von seinen eigenen Hunden zerrissen worden sei, sei er, Ovid, unabsichtlich Augenzeuge geworden:

Cur aliquid vidi? Cur noxia lumina feci?
 Cur imprudenti cognita culpa mihi?
Inscius Actaeon vidit sine veste Dianam:
 praeda fuit canibus non minus ille suis.[5]

Warum habe ich etwas gesehen? Warum ließ ich meine Augen schuldig werden? Warum wurde mir Unklugem die Schuld bekannt? Unwissentlich sah Actaeon Diana ohne Kleidung: trotzdem wurde jener Beute seiner eigenen Hunde.

Was Ovid damals beobachtet hat, wissen wir bis heute nicht.
Angesichts seines fortdauernden Exils wird jedoch dessen eigentlicher Grund immer unwichtiger. Gegen Ende der „Tristia" beklagt der Poet nur noch allgemein das wandelbare Schicksal, eine "Fortuna volubilis"[6].
In seinen „Epistulae ex Ponto" wird das Schwinden von Ovids Hoffnung auf Rückkehr nach Rom erkennbar. Im Anfangsbrief heißt es noch „poena potest

---

[1] Pont. 2, 9, 73-76.
[2] Suet. Aug. 87-88.
[3] Suet. Aug. 88-89.
[4] Diese Geschichte ist in "Die letzte Welt" auf Cyparis' Planwagen gemalt (23).
[5] trist. 2, 103-106.
[6] trist. 5, 8, 15.

demi"[1] - „die Strafe kann rückgängig gemacht werden", aber auch schon „culpa perennis erit"[2] - „die Schuld wird ewig bestehen bleiben".
Von da ab erwähnt Ovid den „error" mit keinem Wort mehr. Er setzt sich verstärkt mit dem, was Dichtung bewirken kann, auseinander. Seine Kunst habe ihm zwar geschadet, könne ihn jedoch auch retten: durch ihre Beredsamkeit könne sie seine Rückkehr nach Rom bewirken, psychologisch tröste sie ihn über sein Schicksal hinweg. Letzterer Gedanke wird schließlich wichtiger als ersterer, so daß der Dichter nicht mehr ernsthaft an einen Straferlaß zu glauben scheint. Im Schlußgedicht bleibt Ovid die Gewißheit, sich unter Dichter einreihen zu können.

Außer vom Ovidischen Oeuvre, wurde Ransmayr vom geheimnisvollen Schicksal des römischen Dichters zu seinem Roman "Die letzte Welt" angeregt:

> Dann war die nächste Frage, und was ist mit dem Mann selber geschehen? Dann ist da natürlich sein Schicksal, sein Weg von Rom ans Schwarze Meer, das war natürlich auch eine Geschichte, die sich einem Erzähler ja geradezu aufdrängt, also einem Erzähler, der sich vorstellen will, wie es war oder wie es gewesen sein könnte, und dann ist natürlich klar die Frage, daß dieser Weg meines armen Dichters oder in dem Fall des historischen Ovid, daß der nicht nachzuvollziehen ist, aber man kann etwas tun, sozusagen man kann eine gewisse Vorstellung entwickeln, die halt eben nicht in dem Sinne historisch ist, aber die versucht, diesen Weg so plausibel wie möglich zu beschreiben.[3]

Moderne europäische Schriftsteller scheinen sich besonders aus den folgenden drei Gründen für den verbannten Ovid zu interessieren:

Erstens werden seit der Herrschaft des Nationalsozialismus und Kommunismus Fragen der Pressezensur und Probleme exilierter Autoren gerne behandelt. An Ovids Schicksal lassen sich beide Themen exemplarisch darstellen.
Zweitens ist Ovids Relegation besonders ergreifend, weil sie im Gegensatz zu beispielsweise Ciceros und Senecas Verbannungen nie aufgehoben wurde.
    Drittens bietet Ovids unbekannter „error" Anlaß und Raum für Spekulationen und phantasievolle Erklärungen.
    In Bochénskis Roman „Der Täter heißt Ovid" (1969) steht letzteres im Vordergrund. Der Ich-Erzähler schlägt die Umkehrung des gängigen Kriminalstoryschemas vor: "mag der Täter konkret sein, die Tat unbekannt. Suchen wir die Schuld, nicht den Schuldigen! Denn der Schuldige ist gegeben, wie der Stil und die Zeit."[4]

Am Ende seiner 'Story' zitiert der Pole aus Ovid: „Zwei Dinge waren mein Verderben: das Lied und der Fehler". Der Fehler habe nach Bochénski darin be-

---

[1] Pont. 1, 1, 64.
[2] Ebd.
[3] Interview.
[4] Bochénski, Der Täter heißt Ovid, S. 12.

standen, daß Ovid der Forderung von Augustus Enkelin Julia nachgekommen sei, aus seiner „Ars amatoria" zu zitieren, und sie dazu nackt tanzen zu sehen. Insofern habe die „Ars" den Römer verbannt, aber, so heißt es etwas unmotiviert am Ende, auch die „Metamorphosen" hätten dazu geführt, weil Ovid mit ihnen eine ewige Dichtung von tieferer Wahrheit geschaffen habe.

Helmut Langes Theaterstück "Staschek oder das Leben des Ovid" (Theaterstücke 1960-1970) zeigt einen oppositionellen Dichter in einer von Spitzeln, Mitläufern und einem Diktator geknechteten Welt. Auf die Frage, was von Ovid und seinen "Metamorphosen" zu erwarten sei, antwortet der Verleger Mukius:

> Bedeutendes. Jedenfalls keine Lobhudelei: Eine Enzyklopädie über die Erschaffung und Verwandlung der Welt, 800 Gesänge lang [...]. Das Beste daran ist: Mäkenas hat Ovid aufgefordert, diesem Vergil nachzueifern und ein vaterländisches Epos zu schreiben, aber unser Dichter hat bedauert.[1]

Bereits Vintila Horia (1959) deutet Ovid als antiaugusteischen Regimekritiker. Sein Ovid bekennt: „In den 'Tristia' will ich weiterlügen." Er nennt seinen Hund "Augustus". Nachdem Ovid seine „Hoffart" erkannt hat, offenbart ihm ein christlicher Priester in der Mitte des Romans, Augustus habe seinen Dichter nur auf Befehl Gottes verbannt, damit Ovid die Wahrheit über Gott erkenne. Auch oder gerade der christlich geläuterte Ovid hört nicht auf zu schreiben, obwohl er weiß: „Das Imperium braucht Soldaten, keine Dichter."[2]

In Ernst Fischers Werk ist Ovids erhaltenes Augustuslob ebenfalls nur unaufrichtige Selbstverleugnung, um nach Rom zurückkehren zu können. Heimlich habe Ovid ein anderes Buch geschrieben, das Ernst Fischer nun herausgebe: „Elegien aus dem Nachlaß des Ovid" (1963). Besonders in seiner Elegie „Der Traum", in welcher dem römischen Dichter ein Marmorgespenst des Augustus erscheint, zeigt sich die Feindschaft zwischen Kaiser und Hofpoeten, die sich für Fischer nicht in der „Ars amatoria", sondern in den „Metamorphosen" kristallisiert. Der Imperator nennt Ovid „Alles-Verwandler, der Ordnung zu Staub macht, zum Tanz der Atome"[3]. Deshalb sei Ovid ein Feind des ewigen Rom.

In dieser Einschätzung berühren sich Ernst Fischers und Christoph Ransmayrs Ovidadaptationen. Denn das „carmen", das Nasos Verbannung bewirkt, sind in „Die letzte Welt" die „Metamorphosen", hauptsächlich, da sie dem Gedanken einer ewigen Ordnung widersprächen:

> Allein der Titel dieses Buches war in der Residenzstadt des Imperators Augustus eine Anmaßung gewesen, eine Aufwiegelei in Rom, wo jedes Bauwerk ein Denkmal der Herrschaft war, das auf Bestand, auf die Dauer und die Unwandelbarkeit der Macht verwies. *Metamorphoses*, Verwandlungen, hatte Naso dieses Buch genannt und dafür mit dem Schwarzen Meer gebüßt. (44)

---

[1] Lange, Staschek oder Das Leben des Ovid, S. 323.
[2] Horia, Gott ist im Exil geboren, S. 287.
[3] Fischer, Elegien aus dem Nachlaß des Ovid, S. 43.

Empörung macht sich breit:

> Verwandlungen - die Schrift eines Staatsfeindes; die Beleidigung Roms; das Dokument einer Verwirrung; Beweis aber auch für die Niedertracht und Undankbarkeit eines durch die Einladung zur Eröffnung des Sieben Zufluchten geadelten Redners. (69-70)

Salman Rushdie, der zusammen mit Ransmayr den Aristeion-Literaturpreis erhalten hat und dem Werk seines Kollegen insgesamt nicht wohlgesonnen ist, sieht in der Anti-Ewigkeits-Haltung des Ransmayrschen Naso sogar den Hauptzug der „Letzten Welt":

> Die Stase, der Traum von der Ewigkeit, von einer festen Ordnung der menschlichen Dinge, ist der bevorzugte Mythos der Tyrannen; die Metamorphose, das Wissen, daß keinem seine Gestalt bleibt, ist die treibende Kraft der Kunst.[1]

Gelungen und über seine oberflächlicheren Vorgänger hinausgehend scheint aber „Die letzte Welt" gerade darin zu sein, eindeutige Erklärungen zu verweigern, hierin Ovids geheimnisvollen Andeutungen ähnlich. Denn das Rätsel um Nasos Verbannung wird bis zum Schluß nicht gelöst. Anfangs gänzlich unbekannt werden die "Metamorphoses" als „*Nasos Projekt*" (44) gehandelt, als sein Hauptwerk, an dem er abgeschieden arbeite (44). Naso liest lediglich Fragmente vor, „ohne dabei den Gesamtentwurf dieser Arbeit jemals preiszugeben."(52) Sein Auditorium hat (wie die Philologie bis heute) Schwierigkeiten, sein Werk gattungsgeschichtlich einzuordnen[2]:

> schrieb Naso nun an einem Roman oder war es eine Sammlung kleiner Prosa, eine poetische Geschichte der Natur oder ein Album der Mythen, Verwandlungssagen oder Träume? (53)

Cotta fragt sich schließlich,

> "ob die *Metamorphoses* nicht von allem Anfang an gedacht waren als eine große, von den Steinen bis zu den Wolken aufsteigende Geschichte der Natur" (198), vielleicht in Anlehnung an Ovids Proöm "primaque ab origine mundi // ad mea perpetuum deducite tempora carmen"[3].

Verdächtig wird Naso besonders aufgrund der Annahme, er arbeite an einem gesellschaftskritischen Werk:

> Verwandlungen: Allein der Name dieses Werkes blieb durch alles Gerede hindurch außer Zweifel - ein Name, der schließlich auch zum Stichwort jener verhängnisvollen Vermutung wurde, Naso schriebe an einem Schlüsselroman der römischen Gesell-

---

[1] Rushdie, Heimatländer der Phantasie, S. 341.
[2] Gottwald, Mythos, S. 6.
[3] met. 1, 3-4.

schaft, in dem sich viele Bürger von Rang und Vermögen mit ihren geheimen Leidenschaften, Geschäftsverbindungen und bizarren Gewohnheiten wiederfinden würden: Von Naso maskiert und entlarvt, dem Klatsch und der Lächerlichkeit preisgegeben. (54)

Fehlende Beweise für diese Vermutung sind unwichtig:

Nicht, daß er tatsächlich an diesem Roman schrieb, sondern daß plötzlich und erschreckend klar wurde, daß er ihn schreiben könnte, war dann auch einer der Gründe dafür, warum man diesem Dichter in Rom allmählich zu mißtrauen, ihn zu meiden und schließlich zu hassen begann. (54-55)

Neben dem "carmen", nämlich Nasos "Metamorphosen", tragen einige "errores" des Dichters zu seiner Relegation bei. Naso ist süchtig nach Ruhm, der in Rom ausschließlich dem Kaiser gebührt:

Daß er schließlich selber vor die Massen wollte, war wohl auch eine der Bedingungen seines Unglücks. Denn was in den Stadien tobte und sich brüllend gefügig hielt, beanspruchte ein einziger für sich allein: Augustus, Imperator und Held der Welt. (46)

Verwirrung stiftet Nasos widersprüchliche Haltung. Einerseits bestreitet der Dichter nach dem Skandal um seine Komödie "Midas", eine bissige Gesellschaftssatire verfaßt zu haben " - ja er habe noch niemals das platte Gleichnis der römischen Wirklichkeit zu gestalten versucht"(57-58). Dies stimmt mit dem Tenor von Ovids zweitem Tristienbuch überein, in dem der Poet seine "Ars amatoria" verteidigt. Weder sei seine Dichtung von der Realität angeregt:

magnaque pars mendax operum est ficta meorum[1]

und ein großer Teil meiner Werke ist erlogen und erfunden,

noch könne seine Dichtung in der Realität Schaden anrichten:

[...] quicumque hoc concipit, errat,
    et nimium scriptis arrogat ille meis.[2]

jeder, der dieser Auffassung ist, irrt, und jener traut meinen Werken zu viel zu.

Energisch versichert Ovid dem Kaiser:

non ego mordaci destrinxi carmine quemquam,
    nec meus ullius crimina versus habet.
candidus a salibus suffusis felle refugi:
    nullo venenato littera mixta ioco est.[3]

---

[1] trist. 2, 355.
[2] trist. 2, 277-278.

Ich habe niemanden mit beißender Dichtung verletzt, keiner meiner Verse beschuldigt jemanden. Lauter habe ich gallegetränkten Spott vermieden: meinem Werk ist kein giftiger Spaß beigemischt.

Ransmayrs Naso folgert deswegen: "das Verbot könne also unmöglich ihm, sondern bloß einer falschen Auslegung gegolten haben..." (58).

Bereits Ovid impliziert geschickt, Augustus selbst könne nicht auf so abwegige Gedanken verfallen:

A! ferus et nobis nimium crudeliter hostis,
 delicias legit qui tibi cumque meas,
carmina ne nostris quae te venerantia libris
 iudicio possint candidiore legi.[1]

Ah! Wer auch immer dir meine Spielereien vorgelesen hat, ein gefühloser und uns allzu grausam gesonnener Feind, um zu verhindern, daß Passagen in meinen Büchern, die dich doch verehren, nicht mit wohlwollenderem Urteil gelesen werden können.

Andererseits erzählt Ransmayrs Naso mit der "Pest auf Aegina" ein Gleichnis, das bereits mit einem Fauxpas beginnt. Statt befohlener Ehrerbietungen und demütiger Anreden wendet sich Naso demokratisch an sein Massenpublikum: "Bürger von Rom" (60). Am Ende setzt er sarkastisch und aufrüttelnd das versklavte Inselvolk mit seinem Publikum gleich:

Und was die Eiche der Ameisen für das Glück der Insel Aegina war, sagte Naso dann in den Strauß der Mikrophone und schloß seine Rede, das werde nun und in Zukunft dieses Bauwerk der Sümpfe, das Stadion Zu den Sieben Zuflüchten, für das Glück Roms sein - ein Ort der Verwandlung und Wiedergeburt, ein steinerner Kessel, in dem aus Hunderttausenden Ausgelieferten, Untertanen und Hilflosen ein Volk gekocht werde, so wandelbar und zäh wie das Geschlecht von Aegina, so unbesiegbar. (64)

Außerdem fällt Naso durch sein Äußeres und seinen Lebenswandel auf: "Haartrachten, Seereisen, Wohnungswechsel" (67-68) sind den Römern suspekt. Hinzukommt folgendes Gerücht:

dieser Naso ... habe doch gelegentlich und zu allem Überfluß auch noch Huren beherbergt, Huren in seiner Villa an der Piazza del Moro, obwohl Augustus Imperator in seinen Botschaften an das Reich unermüdlich die Heiligkeit der Familie und die Kostbarkeit des Anstands beschwor. (68)

Der historische Ovid verteidigt seinen tadellosen Lebenswandel gegenüber Augustus:

---

[3] trist. 2, 563-566.
[1] trist. 2, 77-80.

> at, memini, vitamque meam moresque probabas
> illo, quem dederas, praetereuntis equo.[1]

Aber ich erinnere mich, du hast sowohl mein Leben als auch meinen Charakter gebilligt, als ich ja auf jenem Pferd, das du mir geschenkt hattest, vorüberritt.[2]

Die "Ars amatoria" habe Augustus' "Lex Iulia de maritandis ordinibus" (18 v. Chr.) nicht mißachtet:

> non tamen idcirco legum contraria iussis
> sunt ea Romanas erudiuntque nurus.[3]

Deshalb widerspricht es allerdings nicht den Vorschriften der Gesetze und unterweist nicht junge Römerinnen.

Wie oben bereits bemerkt (s.o. S. 6), wird der historische Ovid wohl wegen seines bis heute unbekannten "Fehlers", weniger wegen seines "Gedichts", der "Ars amatoria", relegiert worden sein. Der Ransmayrsche Naso dagegen wird eher wegen seines "Gedichts", und zwar seiner "Metamorphosen" wegen in die Verbannung geschickt. Naso will oder kann nichts zu seiner Rehabilitierung beitragen. Ovid setzt sich mit der greifbaren Gestalt des Kaiser Augustus auseinander, aber in "Die letzte Welt" ist es gerade nicht der Kaiser, der die Verbannung des Dichters befiehlt. Augustus, dessen Austauschbarkeit im "Ovidischen Repertoire" an seiner Bezeichnung "Augustus I" und der seines Nachfolgers Tiberius "Augustus II" sichtbar wird, starrt phlegmatisch aus einem Fenster seiner Gemächer:

> Ein Mächtiger las keine Bücher, keine Elegien. Wie alles, was in der Welt dort draußen, jenseits des Pfuhls geschah, erreichten den Imperator auch Bücher nur über die zusammenfassenden, erklärenden Berichte seiner Untertanen. (70)

Ransmayr könnte von Ovids trickreicher Unterstellung angeregt worden sein, die suggeriert, der Kaiser wäre bei eigener Lektüre nie auf den abwegigen Versuch gekommen, die "Ars amatoria" als Verbannungsgrund vorzuschützen:

> scilicet imperii princeps statione relicta
> imparibus legeres carmina facta modis?[4]

---

[1] trist. 2, 89-90.
[2] Zur 'transvectio equitum' vgl. Holzberg (Ovid, Briefe aus der Verbannung, S. 555): "Alljährlich fand der Vorbeizug der römischen Ritter, zu denen Ovid gehörte, vor dem Kaiser statt. Wer unbeanstandet passierte, durfte annehmen, daß Augustus seine Lebensführung während des verflossenen Jahres billigte." Ransmayr verarbeitet diese Sitte in "Die letzte Welt". Naso erhält trotz seiner aufrührerischen Rede einen Schimmel, weil der Imperator die Veranstaltung verschlafen hat (65). Als Naso in Ungnade fällt, wird sein Pferd herrenlos: "Nasos Schimmel gedieh ohne Sattel und Zaumzeug und stürmte als bloße Zierde durch den Park an der Piazza del Moro" (73).
[3] trist. 2, 243-244.

Solltest du, der Lenker des Reiches, etwa deinen Posten verlassen und Gedichte lesen, die aus Distichen bestehen?

Nachdem Ovid viele wichtige kaiserliche Pflichten aufgezählt hat, folgert er verständnisvoll und vorwurfsvoll zugleich :

mirer in hoc igitur tantarum pondere rerum
te numquam nostros evoluisse iocos?
at si, quod mallem, vacuum tibi forte fuisset,
nullum legisses crimen in Arte mea.[1]

Sollte ich mich also wundern, daß du bei diesem Gewicht so vieler Geschäfte niemals meine 'Spielereien' aufgeschlagen hast? Aber wenn du, was mir lieber wäre, vielleicht freie Zeit gehabt hättest, hättest du in meiner "Kunst" kein Verbrechen gelesen.

Ransmayrs Naso dagegen erhält nicht die Chance, sich mit dem Kaiser auseinanderzusetzen. Er wird Opfer eines anonymen, unheimlichen und automatisch funktionierenden Machtapparates. Dieser Machtapparat heißt "die Gesellschaft der Macht" (58) oder "der Apparat" (67) und scheint durch Ovids Famavorstellung[2] beeinflußt. Ovids Fama bewohnt ein hallendes Haus, von dem aus man alles auf der Welt sehen und hören kann, und in dem stets viele Leute aus und ein gehen, deren Stimmengewirr nie verstummt. Dieses Bild fordert zu einer Umdeutung in ein totalitäres Spitzelsystem geradezu heraus.[3] In "Die letzte Welt" redet "der Apparat an diesem Morgen mit einer seiner vielen Stimmen an einem seiner vielen Orte" (68) schlecht über Naso. Ironisch verwendet Ransmayr das Mode-Wort 'bewegen'. Naso möchte etwas politisch 'bewegen',

[a]ber schon an diesem ersten Tag nach seinem Auftritt zeigte sich, daß alles, was er mit seiner Rede zu <u>bewegen</u> vermocht hatte, der hellhörige, vielstimmige und unendlich fein übersetzte Staatsapparat war: <u>Bewegt</u> hatte er einen Sekretär, der auf dem langen Weg durch eine Zimmerflucht das Bild der Insel Aegina und ihrer Toten gestikulierend überlieferte und sich dabei noch einmal erhitzte; <u>bewegt</u> hatte er einen Amtsvorsteher, der seine Journalblätter ausfertigte und weiterreichte; eine Stimme am Telefon, die von Gedichten und Hymnen wie von Pamphleten sprach..., und auch einige Boten, die Laufzettel zu überbringen hatte [...]. Gewiß die <u>Bewegungen</u> des Apparates waren langsam, leidenschaftslos und frei von jener Wut, die sich in den Gesichtern des Hofes gespiegelt hatte. Aber anders als diese Wut, die vielleicht zu besänftigen war und verrauchte, war der Apparat weder zu besänftigern noch zum Stillstand zu bringen. (68-69)

---

[4] trist. 2, 219-220.
[1] trist. 2, 237-240.
[2] met. 12, 39-63.
[3] Mit dieser Tendenz: Braun, Fama.

Für den einmal in Gang gesetzten Machtapparat entnimmt Ransmayr sein eigenes Bild dem Meeresbereich, vielleicht von seiner Reportage über die Hallig Hooge[1] inspiriert:

> Und so begann in diesen Tagen das durch Akten verbürgte Wissen über den Dichter Publius Ovidius Naso allmählich in Fluß zu geraten, schwemmte dabei Nachsicht und Sympathien aus den Kanälen der Bürokratie und stieg schließlich wie das Stauwasser bis zur Deichkrone hoch, an die Schwelle der Audienzräume des Imperators. Dort schäumten die Nachrichten, die Kommentare und Expertisen, bis das erste Stichwort diese Schwelle übersprang, eine Windsee, die den Deich überspülte und auf seiner Landseite hinabrauschte (69).

Ovid unterstellt Augustus, aufgrund schwieriger Staatsgeschäfte keine Zeit für eigene Lektüre erübrigen zu können. Der Erzähler in "Die letzte Welt" stellt darüber hinaus fest, daß sich der Imperator nicht einmal um Staatsgeschäfte kümmere:

> Wenn Augustus über den Vollzug einer Strafexpedition oder den Bau einer Talsperre unterrichtet werden konnte, ohne daß er dabei seine Augen am Anblick von Staubwolken, Ketten und Baugerüsten ermüden mußte - um wieviel mehr konnte man ihm dann nicht den Inhalt ganzer Bibliotheken zu Füßen legen, ohne daß er jemals ein Buch auch nur aufzuschlagen brauchte? (70-71)

Ovid vermutet einen persönlichen Feind in der Nähe seines Kaisers, "ferus et nobis nimium crudeliter hostis"[2], der Erzähler in "Die letzte Welt" will genau wissen, daß Augustus nur Literaturresumés erhält (70).

Ein Vers aus den "epistulae ex Ponto" besagt, Augustus habe Ovid mit einer kleinen Geste relegiert, nicht sein Todesurteil gesprochen: "noluit, ut poterat, minimo me perdere nutu"[3] - "obwohl er es gekonnt hätte, wollte er mich nicht mit einem sehr leisen Wink töten". "minimo [...] nutu" greift Ransmayr auf, ohne daß die Bedeutung der kaiserlichen Geste eindeutig wäre:

> Ohne ein Wort, nur mit einer jähen, knappen Handbewegung, die kaum heftiger schien als das Abschütteln einer Stubenfliege, hatte Augustus den Berichterstatter unterbrochen und war dann ganz in den Anblick des Nashorns zurückgesunken. Eine flüchtige Bewegung seiner Hand. Es war genug. (72)

Verschiedene Deutungsversuche werden unternommen. Sicher ist nur, daß Augustus' Handbewegung etwas Schlechtes zu bedeuten hat:

> Ein schlechter Diener Roms, wer eine jähe Bewegung seiner rechten Hand nicht als Zeichen des größten Unmuts, ja des Zorns zu deuten wußte. (72)

---

[1] Ransmayr, Ein Leben auf Hooge.
[2] trist. 2, 77.
[3] Pont. 1, 2, 91.

Niemand Bestimmtes trifft eine Entscheidung: "Fürsorglich nahm sich der Apparat aller Deutungen an" (73), bis "kurz vor der Mittagspause" (72) ein Rädchen im Getriebe des Apparates Nasos Verbannung befindet. Der Dichter in "Die letzte Welt" wird Opfer einer überindividuellen, beinahe irrealen, zumindest nur schwer faßbaren Angst eines totalitären Systems vor Schriftstellern. In der Tat wollte Ransmayr die politische Wirkung eines Werkes am Beispiel Ovids darstellen und nennt als Ursache für den Sturz des Dichters sein Bemühen um möglichst großeVielfalt seiner Weltbeschreibung:

> Ich habe eine solche Wirkungsgeschichte darzustellen versucht am Beispiel jenes armen Ovid, *meines* [sic] Naso. Warum stürzt ein gefeierter Dichter plötzlich aus allen Wolken der Gesellschaft, auch aus der politischen Gnade, und wird zum Aufrührer, zum subversiven Element? Wenn dieser Sturz, diese Verwandlung, wirklich etwas mit seiner literarischen Arbeit zu tun hat, dann liegt es vielleicht daran, daß dieser Dichter versucht hat, eine Geschichte zu erzählen, nicht irgendeine, sondern die ganze Geschichte, daß er also versucht hat, die Welt, die Wirklichkeit in möglichst vielen ihrer Dimensionen darzustellen. Das allein gilt ja oft schon als Ketzerei: eine Geschichte mehrdimensional zu erzählen. Die *ganze* [sic] Geschichte eben.[1]

1. 2. Abschied von Rom

> Bei meinem Abschied aus Rom empfand ich Schmerzen einer eignen Art. Diese Hauptstadt der Welt, deren Bürger man eine Zeitlang gewesen, ohne Hoffnung der Rückkehr zu verlassen, giebt ein Gefühl, das sich durch Worte nicht überliefern läßt. Niemand vermag es zu theilen als wer es empfunden. Ich wiederholte mir in diesem Augenblicke immer und immer Ovids Elegie [Trist. I 3], die er dichtete, als die Erinnerung eines ähnlichen Schicksals ihn bis ans Ende der bewohnten Welt verfolgte. Jene Distichen wälzen sich zwischen meinen Empfindungen immer auf und ab[2]

— in diese Worte faßt Goethe seine Gefühle am Schluß seiner Italienischen Reise. Um seinen Gefühlen Ausdruck zu verleihen, zitiert er die ersten 10 Verse von Ovids trist. 1, 3. Zunächst kann Goethe keine eigenen Worte für seine Situation finden, aber für ihn ist es eben doch[3] typisch, starke Gefühle zu rationalisieren und in Dichtung zu verwandeln, in diesem Fall in sein Drama "Torquato Tasso". In diesem Drama werden Möglichkeiten und Grenzen des Dichtertums behandelt. Dem Poeten Tasso droht Entfernung vom Hofe:

> Nicht lange jedoch konnte ich mir jenen fremden Ausdruck eigner Empfindung wiederholen, als ich genöthigt war ihn meiner Persönlichkeit, meiner Lage im besonder-

---

[1] Gespräch mit Volker Hage, S. 207.
[2] Goethes Schluß der Italienischen Reise, älteste Fassung (31.8.1817). Zitiert nach: Grumach, Goethe und die Antike, S. 34.
[3] Gegen Doblhofer: Die Erinnerung an Ovid habe Goethe so stark beschäftigt, "daß sie ihm die eigene poetische Aussage verwehrte" (Doblhofer, Exil und Emigration, S. 81).

sten anzueignen [...] Ich ermannte mich zu einer freieren poetischen Thätigkeit; der Gedanke an Tasso ward angeknüpft und ich bearbeitete die Stellen mit vorzüglicher Neigung, die mir in diesem Augenblick zunächst lagen. [...] Wie Ovid dem Local nach, so konnte ich mich mit Tasso dem Schicksale nach vergleichen. Der schmerzliche Zug einer leidenschaftlichen Seele, die unwiderstehlich zu einer unwiderruflichen Verbannung hingezogen wird, geht durch das ganze Stück.[1]

Goethe ist nicht der einzige Dichter, der der einzigartigen Faszination von trist. 1, 3 erlegen ist: "An den Verbannungselegien, die den Begriff des Elegischen für die Neuzeit mitgeprägt haben, entzündete sich die Phantasie der vereinsamten Dichter aller Epochen" stellt Stroh in der Einleitung seiner Testimoniensammlung "Ovid im Urteil der Nachwelt" fest.[2]

So erging es ebenfalls Christoph Ransmayr. Die Begeisterung des Österreichers für sein römisches Vorbild ist noch immer nicht erloschen, wien man aus seiner lebhaften Schilderung eines Auschnitts aus Ovids berühmter Abschiedszene (trist. 1, 3) ersehen kann:

Das ist schon, das war schon eine unglaubliche Erfahrung, zu sehen, daß das funktionieren kann, daß jemand vor zwei Jahrtausenden eine Szene beschreibt, wie z.B. die Szene, in der Ovid, also der historische Ovid, in seinen "Tristien" beschrieb, wie er sich von seiner Frau verabschiedet, um in die Verbannung zu gehen, also er beschreibt eine Situation, in der er die Frau umarmt und weiß, er wird sie vielleicht nie wiedersehen und dann zur Tür geht, und sich umdrehen muß, er hat sich vorgenommen, jetzt ist der Zeitpunkt, jetzt muß er gehen, er erreicht die Schwelle und muß sich wieder umdrehen, er sieht sie, dreht sich nach ihr um, sieht sie dastehen in diesem halbdunklen Raum und geht wieder zu ihr hin und nimmt sie wieder in die Arme, und dieser unglaubliche, dieser furchtbare Abschied, dieser unglaublich traurige Abschied, die Augenblicke dieses Abschieds, daß da jemand vor zwei Jahrtausenden die Augenblicke eines Abschieds beschrieben hat und daß mich das jetzt in der Gegenwart erreicht, diese Nachricht von diesen traurigen Augenblicken, daß mich diese Nachricht über die Jahrtausende hinweg erreicht und rührt, das ist eine Erfahrung, die man natürlich nur mit großer Poesie, mit wunderbarer Literatur hat. Also das war der Anfang, dieses Fasziniertsein vom Werk dieses Mannes selber, was dem gelungen ist, ist natürlich, ist die Erzeugung von so starken Bildern, von einer solchen Poesie, daß sie über die Jahrhunderte und dann über die Jahrtausende wach und erlebbar geblieben ist.[3]

---

1 Zitiert nach: Grumach, Goethe und die Antike, S. 34-35.
2 Ovid im Urteil der Nachwelt, S. 1.
3 Interview. Auch aus Ransmayrs Rede zur Verleihung des Franz-Kafka-Preises (1995) geht hervor, daß Abschiedsszenen besonders intensive, erste Assoziationen an ein mögliches Werk beim Österreicher hervorrufen: "Was ist ein *Abschied* [sic]? Was geschieht, wenn zwei Liebende an einem Pier voneinander lassen müssen? In welchem Hafen? Oder ist es gar kein Pier, gar kein Hafen, sondern ein Bahnsteig oder bloß ein ungeheiztes Zimmer, in dem die beiden sich zum letztenmal in den Armen halten? Was sagen sie zueinander? Bleiben sie stumm? Ist es Abend? Früher Morgen? Und der Himmel, unter dem der Verlassene schließlich zurückbleibt - ist er leicht bewölkt, verhangen, blau oder leer?" (Die Erfindung der Welt, S. 198)

In Ransmayrs "Die letzte Welt" ist es Cotta, der sich Nasos Abschied aus Rom vergegenwärtigt:

> Er beschrieb dem Knecht die Stürme seiner Reise und die Traurigkeit in den Tagen des Abschieds, sprach vom bitteren Geschmack der wilden Orangen aus den Hainen von Sulmona und geriet immer tiefer in die Zeit, bis er schließlich wieder vor jenem Feuer stand, das er vor neun Jahren in Nasos Haus an der Piazza del Moro hatte brennen sehen. Aus einem Balkonzimmer, in das Naso sich eingeschlossen hatte, wehte dünner Rauch. Ascheflocken stoben aus den offenen Fenstern, und im Hausflur, zwischen Gepäckstücken und dem Lichtmuster, das die Spätnachmittagssonne auf dem Mamorboden hinterließ, saß eine Frau und weinte. Es war Nasos letzter Tag in Rom. (18)

Mit dem Satz "Es war Nasos letzter Tag in Rom" läßt Ransmayr seinen Abschnitt, Ovid, trist. 1, 3, 2, entsprechend, ausklingen. Ovid ruft sich dort selbst die Ereignisse ins Gedächtnis zurück:

> Cum subit illius tristissima noctis imago,
>   qua mihi supremum tempus in urbe fuit,
> cum repeto noctem, qua tot mihi cara reliqui,
>   labitur ex oculis nunc quoque gutta meis.[1]

> Wenn mich das Bild jener äußerst traurigen Nacht heimsucht, in der ich meine letzten Stunden in Rom verbrachte, wenn ich mir wieder die Nacht vorstelle, in der ich so vieles, das mir teuer, zurückgelassen habe, rinnen mir auch jetzt Tränen aus meinen Augen.

Ernst Doblhofer[2] hat ausführlich die römische Literatur, insbesondere Cicero, Seneca und Ovid, aber auch moderne Autoren unter exilphänomenologischen Gesichtspunkten untersucht. Ovids dritte Elegie gebe besonders gut Aufschluß über die Genese der Exilkrankheit. Doblhofers detaillierte Analyse[3] veranschaulicht Ovids rhetorische Kunst; in ihrer Gesamtheit auf sie einzugehen, würde an dieser Stelle jedoch zu weit führen. Es seien nur einige Punkte von ganz grundsätzlicher Bedeutung erwähnt, die für alle späteren Exilanten und insbesondere für einen Vergleich mit Ransmayr aufschlußreich sind.

Bereits der Prolog werde von exiltypischen Zügen geprägt, die für die gesamte Elegie exemplarisch seien.[4] Das Verb "subire" und die weite Sperrung von Prädikat und Subjekt zeichneten die ganz allmähliche Entstehung einer 'inneren Schau' nach. Das am Ende stehende "imago" und die gehäuften, gespenstisch tönenden 'i'- Laute des ersten Verses deuteten auf eine unheimliche Szenerie, der Ausdruck "tristissima ...imago" programmatisch auf Trauer als Inhalt der "Tristia". Ferner handle es sich um ein 'Nachtstück', eine "noctis imago". Her-

---

[1] trist. 1, 3, 1-4.
[2] Doblhofer, Exil und Emigration.
[3] Nachzulesen ebd. S. 81-96.
[4] Ebd. S. 87.

vorgerufen werde es durch Trennung ("reliqui"), und zwar durch endgültige ("supremum tempus"). Am Ende stehe das Weinen, die Heimwehträne.

Außerdem fänden sich im weiteren Verlauf der Elegie die Erwähnung des Urhebers des Leids (Augustus), eine meisterhafte Darstellung des Schockgefühls, das Gefühl, halb lebendig - halb tot zu sein, Todesgedanken, die durch die Hoffnung auf Liebe überwunden werden, Anzeichen für Ich-Spaltung und mythische Selbstheroisierung.

Der größte Unterschied zwischen Ovid und Ransmayrs Roman liegt in der Erzählperspektive. Der historische Ovid schreibt sein eigenes Schicksal nieder; in "Die letzte Welt" wird aus der Sicht Cottas und eines allwissenden Erzählers berichtet. Doch, wie nicht anders zu erwarten, arbeitet der Österreicher gerade die beklemmenden Aspekte auf seine Weise heraus. Noch heute ist ihm insbesondere die Traurigkeit der Szene präsent (s.o. S. 123). So findet sich das Stichwort "tristissima" auch in seinem Roman. Cotta beschreibt "die Traurigkeit" (18). Ovid malt eine Nachtszene, Ransmayr läßt eine "Spätnachmittagssonne" (18) scheinen - "spät" läßt an Tagesende wie an Lebensende denken. Allerdings wirkt Ransmayrs Schilderung realistischer als Ovids, weil er den Tag des Abschieds zeitlich fixiert: es war "an einem wolkenlosen Dienstag im März" (111).

Häufig wird das Wort- und Bildfeld "Trennung" bemüht: "in den Tagen des Abschieds" (18), "Gepäckstücke" (18), "verlassen" (111), "Tag des Abschieds" (131), "in jenen tagen [...], in denen der Dichter von Rom Abschied nahm." (145) Die Trennung ist endgültig: "Es war Nasos letzter Tag in Rom" (18), Naso verläßt sein Haus "für immer" (111), "mit dem unverwechselbaren, abwesenden Gesichtsausdruck eines Menschen, der weiß, daß er niemals zurückkehren wird." (111-112) Dieser Gesichtsausdruck weist wie bei Ovid auf einen Schock, ebenso das blasse Gesicht Nasos (19). Gleichfalls führt die schreckliche Situation zu Tränen. Cotta sieht einen "schluchzenden Mann" (111). Auch Nasos Ehefrau weint:

> im Hausflur, zwischen Gepäckstücken und dem Lichtmuster, das die Spätnachmittagssonne auf dem Marmorfußboden hinterließ, saß eine Frau und weinte. (18)

So in Ovids Elegie:

> uxor amans flentem flens acrius ipsa tenebat,
> imbre per indignas usque cadente genas.[1]

Meine Frau hielt den Weinenden, selbst heftiger weinend, liebend umfangen, indem ihr ununterbrochen ein Tränenstrom über die unschuldigen Wangen floß.

Nasos Frau sitzt auf einem "Marmorfußboden", Ovids Frau erhebt sich nach einer Ohnmacht vom kalten Boden ("gelida membra levavit humo"[2]).

Naso läßt seine Frau in Rom zurück:

---

[1] trist. 1, 3, 17-18.
[2] trist. 1, 3, 94.

Naso hatte seine Cyane noch am Tag des Abschieds von Rom in der Hoffnung auf eine frühe Begnadigung daran gehindert, ihn an das Schwarze Meer zu begleiten; auch mochte es ihm eine Beruhigung gewesen sein, das Haus und sein Vermögen [...] in der Obhut seiner Frau zu wissen. (131-132)

Schon in Ovids Elegie hält der Dichter seine flehende Frau davon ab, ihn zu begleiten, "utilitate"[1], "aus Nützlichkeitsdenken".
Nach Doblhofer ist das Todesgefühl für einen Verbannten symptomatisch. Ovid wird in seinem Haus wie ein Toter beweint:

quocumque aspiceres, luctus gemitusque sonabant,
 formaque non taciti funeris intus erat.
femina virque meo, pueri quoque funere maerent,
 inque domo lacrimas angulus omnis habet[2]

Wohin man auch blickte, ertönten Trauer und Seufzen, und drinnen hatte man den Eindruck einer lauten Totenklage. Frauen, Männer und Sklaven trauern bei dieser meiner Beerdigung, und in jedem Winkel des Hauses fließen Tränen.

Der österreichische Autor übernimmt diese Vorstellung:

So wie der Tod auch unzugängliche Häuser manchmal öffnet und dann nicht nur Verwandte und Freunde einläßt, sondern auch die zur Trauer Verpflichteten, die Neugierigen und sogar gleichgültige Fremde, so war in diesen Tagen auch [Nasos] Haus an der Piazza del Moro von der Nachricht aufgesprengt worden, daß Naso in die Verbannung mußte. Auch wenn die Ängstlichen vom Unheil verscheucht worden und ferngeblieben waren, herrschte auf den Treppen und im Salon doch das Gedränge eines Trauerhauses. (18)

Wird Ovid voller Anteilnahme von den Seinen betrauert, schleichen sich bei Ransmayr Verpflichtete, Neugierige und Gleichgültige mit ein. Die Neugierde nimmt bedrohliche Formen an: "Ausgesetzt den Spalieren der Neugierde" (111) verläßt Naso Rom. Aus Ovids "pueri" werden "Losverkäufer, Bettler und Straßenjungen, die Lavendelsträuße feilboten und von den Tischen die Gläser und von den Vitrinen das Silber stahlen." (18-19) Die Trauergemeinschaft ist gleichgültig: "Niemand kümmerte sich darum." (19)
Den Niedergang seines Hauses erwähnt Ovid mitleidheischend erst im zweiten Tristienbuch, und der Einsturz ist lediglich bildlich zu verstehen:

cum coepit quassata domus subsidere, partes
 in proclinatas omne recumbit onus,
cunctaque fortuna rimam faciente dehiscunt,
 ipsa suo quaedam pondere tracta ruunt.[3]

---

[1] trist. 1, 3, 88.
[2] trist. 1, 3, 21-24.
[3] trist. 2, 83-86.

Wenn ein Haus erschüttert sinkt, legt sich die ganze Last auf die eingeknickten Teile, und alles birst, wenn das Schicksal einen Spalt bewirkt hat, es stürzt durch sein eigenes Gewicht gezogen zusammen.

Berühmtestes antikes Beispiel eines Flüchtlings, dessen Besitz während seiner langjährigen Abwesenheit in Gefahr gerät, ist Homers Odysseus. Ovid identifiziert sich des öfteren in seinen Exilbriefen mit dem griechischen Helden. Mythologische Selbstheroisierung ist nach Doblhofer[1] eine der Therapien gegen die Exilkrankheit, und "die lyrische Selbstidentifizierung Ovids mit dem heimatfernen Odysseus zählt zu den Stoffen der Weltliteratur"[2].
Eine allmähliche Heilung Nasos wird in "Die letzte Welt" nicht erkennbar. Zudem nimmt ja auch nicht nur Naso selbst Abschied von Rom. Er steht vielmehr stellvertretend für viele "*Staatsflüchtige*" (125) eines totalitären Systems. So heißt es von Cotta:

Im Jargon der Regierungsblätter wie in den Akten der Polizei hießen Reisende dieser Art *Staatsflüchtige*: Sie selbst aber gaben sich keine Namen, zu vielfältig und verschieden waren die Gründe ihres Abschieds von Rom. (125)

Ihnen ist kein Erfolg beschieden. Sie "verschwanden schließlich in der Wildnis, starben an Erschöpfung oder unter den Prügeln archaischer Kulturen" (125).
Ovid erwähnt außer Odysseus noch zwei andere bekannte Flüchtlinge: Jason und Medea. Die Zauberin hat den römischen Dichter schon früh[3] fasziniert, aber erst nach seiner Verbannung gewännen, so Doblhofer, bestimmte Aspekte der Medeasage neue Bedeutung für Ovid:

Bei dem exilierten Ovid hat Medea, die Verbrecherin und Rächerin aus Liebe, eine Metamorphose durchgemacht und eine eigentümlich schillernde Doppelnatur angenommen: zum Symbol des Grauens ist sie geworden, das über Tomi schwebt, aber auch zur Schicksals- und Leidensgefährtin des Verbannten, eine 'frostige Trösterin'.[4]

Als "Medea exul" sei die Kolcherin von Ennius in die römische Literatur eingeführt worden, Ovid beschreibe seinen eigenen Sturz als Entsprechung zu dem Medeas. Er wünsche sich in ihrem Drachenwagen entfliehen zu können, und so wie Medeas Liebe zu Jason habe seine Liebe zur Liebesdichtung Verbannung zur Folge gehabt.[5]

---

[1] Doblhofer, Exil und Emigration, S. 273-289. Doblhofer demonstriert diese Therapie sehr genau und treffend am Beispiel der Ovidischen Exilelegien.
[2] Doblhofer, Exil und Emigration, S. 96. Er verweist auf Elisabeth Frenzel: Stoffe der Weltliteratur. Stuttgart 1962, S. 474.
[3] Ovid hat ihr Schicksal in seinen "Metamorphosen" und in seiner nur in zwei kurzen Fragmenten erhaltenen Medeatragödie gestaltet.
[4] Doblhofer, Exil und Emigration, S. 289.
[5] Doblhofer, Exil und Emigration, S. 288-289.

Ransmayr übernimmt nur die grausigen Seiten des Medeamythos, nicht ihr bedauernswertes Flüchtlingsschicksal, in seinen Roman. Dafür spielt bei ihm die Ursache ihrer Flucht, Jason, eine größere Rolle.

In Pont. 1, 4 vergleicht Ovid sein Schicksal mit dem seiner Meinung nach weniger schlimmen Schicksal Jasons:

> aspice, in has partis quod venerit Aesone natus,
> quam laudem a sera posteritate ferat.
> at labor illius nostro leviorque minorque est,
> si modo non verum nomina magna premunt.
> ille est in Pontum Pelia mittente profectus
> qui vix Thessaliae fine timendus erat.[1]

Sieh, welches Lob dem Sohn Aesons von später Nachwelt zuteil wird, weil er in diese Gegend gekommen ist. Aber dessen Bedrängnis war leichter und geringer als meine, wenn nur ein großer Name nicht die Wahrheit unterdrückt. Jener ist zum Pontus aufgebrochen, weil Pelias ihn schickte, der kaum im Gebiet Thessaliens gefürchtet zu werden brauchte.

In "Die letzte Welt" wird aus Jason ein skrupelloser Menschenhändler, der sich an verzweifelten Flüchtlingen bereichert:

> der Thessalier [...] hatte stets auch eine Schar von Auswanderern an Bord [...] allen versprach er eine goldenen Zukunft am Schwarzen Meer und nahm ihnen für einen stickigen Platz im Zwischendeck der *Argo* das letzte Geld ab. (204)

So bringt Ransmayr Nasos Schicksal mit dem Flüchtlingselend unserer Tage in Verbindung. Nicht nur Naso, alle sind in Tomi Verbannte, denn der Ort ist in Famas Augen "kaum mehr als ein Durchgangslager, in das man durch unglückliche Verkettungen des Schicksals geriet" (256).

Nasos Schicksal ist dennoch etwas Besonderes, weil er Schriftsteller ist. Für Cotta ist der Sturz eines Dichters "nicht bloß die Tragödie eines gefeierten Mannes" (145), sondern "Zeichen einer alles vernichtenden, alles verwandelnden Vergänglichkeit." (145)

In "Die letzte Welt" gibt es keinerlei Hoffnung, während Ovid in seiner Elegie versucht, neben mythologischer Selbstheroisierung und selbstbewußter Einordnung in die Literaturgeschichte[2] seinen Schmerz im Gedanken an seine ihn liebende Frau zu überwinden. Trotz eigener Todesgedanken ermuntert Ovid seine Frau im Epilog dazu zu leben:

> vivat, et absentem, quoniam sic fata tulerunt,

---

[1] Pont. 1, 4, 23-28.
[2] Dazu Doblhofers Kapitel: Poetologischer und literarhistorischer Selbsttrost (Exil und Emigration, S. 261-273).

vivat ut auxilio sublevet usque suo.[1]

Sie möge leben und den Abwesenden - da das Schicksal es ja so gewollt hat - sie möge leben, damit sie ihn mit ihrer Hilfe beständig stützt.

1. 3. Manuskriptverbrennung

Mit Ovids 'Abschied von Rom' (trist. 1, 3) verbindet Christoph Ransmayr Ovids Elegie trist. 1, 7, die schildert, wie der Dichter angesichts seiner Verbannung den Großteil seiner Schriften in Flammen aufgehen läßt. So läßt Ransmayr Naso an dessen letztem Tag in Rom sämtliche Manuskripte verbrennen (18), vielleicht von Ovids etwas allgemeinerem "discedens"[2], "beim Verlassen", angeregt.

Ovid fordert einen Freund zur Lektüre seiner "Metamorphosen" auf, obwohl er sein eigenes Exemplar wie vieles andere verbrannt habe:

haec ego discedens, sicut bene multa meorum,
 ipse mea posui maestus in igne manu.
utque cremasse suum fertur sub stipite natum
 Thestias et melior matre fuisse soror,
sic ego non meritos mecum peritura libellos
 imposui rapidis viscera nostra rogis:
vel quod eram Musas, ut crimina nostra, perosus,
 vel quod adhuc crescens et rude carmen erat.[3]

diese ["Metamorphosen"] habe ich beim Abschied, so wie vieles von mir, selbst mit eigener Hand traurig ins Feuer gelegt. Und wie Althaea[4] ihren eigenen Sohn in Gestalt eines Holzscheites verbrannt haben und eine bessere Schwester als Mutter gewesen sein soll, so habe ich Bücher, die es nicht verdienten, unterzugehen, mein Fleisch und Blut, welches mit mir untergehen sollte, auf verzehrende Scheiterhaufen gelegt: weil ich die Musen, als Ursache der gegen mich erhobenen Vorwürfe, haßte, oder, weil meine Dichtung noch im Wachsen begriffen und unfertig war.

Der zuletzt genannte Grund dürfte der gewichtigere gewesen sein, ist doch bekannt, daß Ovid auch viele mißratene Exilelegien verbrannt hat:

---

[1] trist. 1, 3, 101-102. Die Stelle ist textkritisch und, was die Übersetzung betrifft, höchst umstritten. Vgl. den Apparat bei Hall und den Kommentar von Luck zur Stelle. Ich habe den von Willige gedruckten Text übernommen und mich auch an seine Übersetzung angelehnt, aus der auch Ransmayr im Ovidischen Repertoire zitiert (291).
[2] trist. 1, 7, 15.
[3] trist, 1, 7, 15-22.
[4] Die Schicksalsgöttinnen prophezeiten Althaeas Sohn Meleager, er werde nur so lange leben, wie das Holzscheit auf dem Herde brenne. Althaea reißt es sofort aus dem Feuer. Als ihr Sohn später ihre Brüder im Streit tötet, verbrennt sie das Holzscheit, so daß Meleager stirbt. Sagenformen z.B. bei Ovid, met. 8, 270 ff. und 8, 440 ff.

> saepe manus demens, studiis irata sibique,
>   misit in arsuros carmina nostra focos.[1]

Oft hat meine Hand besinnungslos, zornig über sich selbst und ihre Bemühungen, meine Dichtung in Öfen, die sie verbrennen sollten, getan.

So hat er es nach eigener Aussage auch vor und bei seiner Verbannung gehalten:

> multa quidem scripsi, sed, quae vitiosa putavi,
>   emendaturis ignibus ipse dedi.
> tunc quoque, cum fugerem, quaedam placitura cremavi,
>   iratus studio carminibusque meis.[2]

Ich habe zwar vieles geschrieben, aber, was ich für mangelhaft hielt, habe ich selbst läuternden Flammen überlassen. Auch damals, als ich in die Verbannung ging, habe ich manches, was hätte gefallen können, verbrannt, weil ich zornig auf meine Bemühung und meine Dichtung war.

Und später heißt es dann noch einmal:

> scribimus et scriptos absumimus igne libellos:
>   exitus est studii parva favilla mei.
> nec possum et cupio non nullos ducere versus:
>   ponitur idcirco noster in igne labor,
> nec nisi pars casu flammis erepta dolove
>   ad vos ingenii pervenit ulla mei.
> sic utinam, quae nil metuentem tale magistrum
>   perdidit, in cineres Ars mea versa foret.[3]

Ich schreibe Bücher und verbrenne sie im Feuer, wenn sie geschrieben sind. Nur ein wenig Asche bleibt von meiner Bemühung übrig. Ich vermag es nicht, keine Verse zu schreiben, und wünsche es doch: deshalb wird das Ergebnis meiner Mühe ins Feuer geworfen, nur ein kleiner Teil meiner Einfälle gelangt zu euch, durch Zufall oder List den Flammen entrissen. Wenn doch so meine "Kunst", die einen nichts von dieser Art befürchtenden Lehrer zugrunderichtete, zu Asche geworden wäre.

Ovid nimmt sich Horazens Kritik sehr zu Herzen, römische Dichter würden viel zu wenig an ihren Werken feilen:

> nec virtute foret clarisve potentius armis
> quam lingua Latium, si non offenderet unum
> quemque poetarum limae labor et mora. [...][4]

---

[1] trist. 4, 1, 101-102.
[2] trist. 4, 10, 61-64.
[3] trist. 5, 12, 61-68.
[4] Hor. ars 289-291.

Latium wäre nicht aufgrund seiner Tapferkeit oder ruhmvollen Waffen mächtiger als aufgrund seiner Sprache, wenn nicht jeder einzelne Dichter an der Mühe und Dauer des Feilens Anstoß nähme.

Was die "Metamorphosen" betrifft, bleibt Ovid allerdings nur, seinen Leser in sechs Versen[1], die den "Metamorphosen" vorangestellt werden sollen, um Nachsicht für den Zustand seines Werkes zu bitten, weil er genau weiß, daß noch Abschriften seines Werkes existieren:

> quae quoniam non sunt penitus sublata, sed extant-
> pluribus exemplis scripta fuisse reor-
> nunc precor ut vivant et non ignava legentem
> otia delectent admoneantque mei.[2]

Da sie [die "Metamorphosen"] noch nicht völlig vernichtet sind, sondern vorhanden sind - ich glaube, daß es sie in mehreren Abschriften gab - bitte ich jetzt darum, daß sie leben und als nicht fruchtlose Muße meinen Leser erfreuen und ihn an mich erinnern.

Ovid wählt einen mythologischen Vergleich für seine Manuskriptverbrennung, der seinen großen Schmerz ausdrückt. Er meint, seine eigenen Kinder zu verbrennen.
Auch Ransmayrs Naso erscheint recht mitgenommen "blaß und mit schwarzen Händen" (19). Statt des mythologischen Vergleichs wählt der österreichische Dichter ein religiöses Bild. Cotta vermutet:

> Naso mußte mit dem Feuer an seinen Schriften vorüber gegangen sein, wie ein Küster mit dem Docht von einem Kandelaber zum anderen geht; er hatte seine Notizen und Manuskripte einfach an den Orten angesteckt, an die er sie in einer sanfteren Zeit stets mit viel Bedacht gelegt hatte. Naso war unversehrt. Seine Arbeit Asche. (19)

Ransmayr folgt seinem lateinischen Vorbild darin, daß - von den "Metamorphosen" abgesehen - Kopien der Werke des Dichters erhalten sind:

> Gewiß, das Feuer hatte nur Nasos Handschriften verzehrt. Was von seinen Elegien und Erzählungen veröffentlicht, gefeiert und angefeindet worden war, lag damals längst geborgen in den Depots der Staatsbibliotheken in den Häusern seines Publikums und in den Archiven der Zensur. (19)

Später verbessert sich Cotta: "dort brannten Nasos Bücher, nein brannte ein einziges Buch" (43), nämlich die "Metamorphosen". Im Unterschied zu Ovid gibt Ransmayrs Poet keine Erklärungen für seine Tat, so daß seine Umwelt nur

---

[1] trist. 1, 7, 35-40.
[2] trist. 1, 7, 23-26.

Hypothesen aufstellen kann. Möglicherweise durch Ovids unentschiedenes "vel [...] vel"[1] bedingt, gibt es verschiedene Mutmaßungen:

> Aber es gab so viele Deutungen: Eine Bücherverbrennung - da habe einer aus Wut und Verzweiflung und ohne Besinnung gehandelt. Ein Akt der Einsicht - da habe einer den Sinn der Zensur erkannt und selbst Hand an das Zweideutige und Mißratene gelegt. Eine Vorsichtsmaßnahme. Ein Geständnis. Eine Täuschung. Und so fort. (20)

"Wut und Verzweiflung" könnten Ovids "perosus"[2] und "manus irata"[3] entsprechen, "ohne Besinnung" "manus demens"[4]. "Ein Akt der Einsicht" meint in "Die letzte Welt" nicht die Einsicht, an den Versen noch feilen zu müssen, sondern ein Zugeständnis an die staatliche Zensur. Am wahrscheinlichsten scheint die Ahnung,

> daß das Feuer an der Piazza del Moro keine Verzweiflungstat und kein Fanal, sondern tatsächlich eine Vernichtung gewesen war. (20)

Dann würde Nasos Abschied von Rom nicht wie bei Ovid und Goethe letztlich zu dichterischer Produktion, sondern zu Destruktion führen. Dementsprechend sehen die meisten Zeitungskritiker in ihren Inhaltsangaben zu "Die letzte Welt" den entscheidenden Unter-schied zu Ovid in der Fiktion Ransmayrs, die "Metamorphosen" seien verloren. Aber dies ist nur eine Hypothese, weil die Römer den Verlust einer noch nicht genannten Schrift nur "zu ahnen" (20) beginnen, "weil ein Manuskript, das man lange schon in sicheren Händen geglaubt hatte, auch über die Jahre verschwunden blieb" (20). Die Hoffnung, doch noch eine erhaltene Abschrift der "Metamorphosen" zu finden, beläßt dem Leser die Spannung, wenn er zusammen mit Cotta die Suche aufnimmt. Und wie sich herausstellt, sind die "Metamorphosen" nicht vernichtet, sondern sehr lebendig.

Im Gegensatz zu ihrem Autor. Heißt es anfangs: "Naso war unversehrt. Seine Arbeit Asche" (19), spekuliert die Behörde später: "Naso mochte am Schwarzen Meer den Weg seiner *Metamorphoses* gegangen und längst zu Asche geworden [...] sein" (137). Wenig Asche, "parva favilla" sei von seinen Elegien nur übriggeblieben, behauptet Ovid trist. 5, 12, 62. Selbst diese Asche erscheint in Ransmayrs totalitärem Rom den Behörden noch als Gefahr. Nach Nasos Tod stürmt "ein ziviles Polizeikommando" (139) das Haus des Dichters "und machte sich über die neunjährige Asche seiner Manuskripte her." (139) Das penible Vorgehen der Beamten wirkt geradezu absurd:

> Verkohlte, unter den Händen zerfallende Packen Papier, in denen sich die Feuchtigkeit von neun Wintern abgesetzt hatte, wurden in numerierte Plastiksäcke gestopft; die Asche von Handschriften, schwarze Klumpen, wurde mit Handbesen und Kehr-

---

1 trist. 1, 7, 21-22.
2 trist. 1, 7, 21.
3 trist. 4, 1, 101.
4 Ebd.

schaufeln entfernt und selbst die festgebackenen, unter dichtem Staub verborgenen Krusten des Bücherbrandes mit Messern von den Regalen und der Feuerstelle des Schreibtisches geschabt. Nichts, kein noch so unbedeutender Rest, aus dem man auch nur ein Wort oder einen einzigen Buchstaben hätte auflesen können, entging dieser Säuberung. (139)

Das Wort "Säuberung" deutet es an: Nasos Bücherverbrennung steht stellvertretend für alle barbarischen Bücherverbrennungen, besonders die der jüngeren Geschichte.

Derartige Assoziationen läßt auch Langes Oviddrama zu. Dort heißt es in einer Regieanweisung zur Szene im verlassenen Dichterhaus: "Die Müllkutscher kommen. Sie entfernen Schutthaufen, Manuskripte."[1] Staschek hat ein paar Manuskripte aussortiert, die Ovids Verleger nicht annehmen will: "Weil Literatur von Emigranten nicht verkäuflich ist. Weißt du nicht, daß sie Ovids Bücher aus den Bibliotheken entfernt haben?"[2]. Staschek bemerkt weiter:

Es ist kalt geworden in Rom, seit Ovid emigriert und Herr Horaz gestorben ist. Auch Mäkenas soll, wie man hört, im Sterben liegen, so zieht also in Rom wieder der Winter ein.[3]

Eine Gesellschaft ohne Literatur erkaltet, wie in "Die letzte Welt":

Von jenem verrußten Balkonzimmer, das die Behörde mit Blei versiegelte und schließlich vergessen hatte und das immer noch die Asche der Bücherverbrennung bewahrte, schien sich eine Kälte auszubreiten, die allmählich auch alle anderen Räume erfüllte und Cyane nicht mehr schlafen ließ (132).

Während seiner Entzifferung der "Metamorphosen" verspürt Cotta Wärme, hinterher heißt es: "Erst jetzt empfand Cotta seine Erschöpfung und die Kälte. Der Nachtfrost kam über Nasos Garten." (75) Die gesamte Umgebung beginnt einzufrieren (75-76).

Neben allgemeiner (Aufklärungs-) Lichtmetaphorik sind in Ransmayrs Roman beginnend mit dem Feuer an der Piazza del Moro Feuerbilder von Bedeutung. Am häufigsten ist von Feuer im Zusammenhang mit Nasos "Metamorphosen" die Rede.[4] Den Anstoß für Cottas Reise nach Tomi, in Wirklichkeit in die "Metamorphosen", bildet Cottas detaillierte Erinnerung an das Feuer, in dem Naso seine Bücher verbrennt:

Ein blauer Teppich lag dort unter der Asche wie beschneit; auf einem Tisch, dessen Intarsien sich unter der Glut zu Holzlocken eingerollt hatten, blätterte der Luftzug in

---

[1] Lange, Staschek oder Das Leben des Ovid, S. 36.
[2] Ebd.
[3] Ebd.
[4] Epple (Unterrichtshilfen, S. 73): "Feuer ist eng mit Naso und seinen *Metamorphosen* verbunden."

einem verkohlten Packen Papier; gebündelte Hefte und Bücher lagen glosend auf den Regalen und in den Nischen; ein Stapel brannte noch. (19)

Dieses Bild bleibt ihm auf seiner gesamten Reise präsent, weil er fanatisch nach einem Buch aus Papier sucht. In Nasos Haus in Tomi erwartet er dieselbe Szene vorzufinden wie in dessen Haus in Rom. Sein Blick im Rauminneren gleitet von den Leinenvorhängen, (die an Leinwand und Theatervorhänge gemahnen und sich im "Rhythmus der Windstöße" 16) bewegen) über den Schreibtisch des Dichters zur Feuerstelle: "Der Herd war kalt." (16) Der Anblick eines Meteors ruft in ihm die Erinnerung an Nasos Bücherverbrennung wach (mit ähnlichem Vokabular wie auf S. 16): "Cotta sah das Buch brennen und spürte noch einmal den Luftzug, der damals in den glosenden Seiten geblättert hatte" (44). Als Cotta Pythagoras erklärt, er suche die "Metamorphosen", zeigt Pythagoras "mit einem Feuerhaken, mit dem er eben eine leere [!] Aschenlade in den Herd zurückgestoßen hatte" (46) auf Cotta. Nasos Knecht benimmt sich wie sein Herr, der sich in Rom eingeschlossen hatte (18), um sein Feuer zu entzünden:

> der da will unser Buch. Wie behende der Greis nun war. Licht hatte er gemacht, Feuer hatte er gemacht, hatte die Fenster geschlossen, [...] ein Buch will er? vielleicht hat er Durst, und die Fenster schließen wir auch... (46).

Noch ist Cotta kalt: "Fröstelnd saß er in dem trotz des prasselnden Herdfeuers eiskalten Raum" (46). Doch dann öffnet sich Cotta ein tröstender und sehr aufschlußreicher Blick in den Nachthimmel:

> Der Nachthimmel über den Ruinen von Trachila, die Sternbilder der Leier, des Drachens und der Krone und ein narbiger Mond, der hinter einem Bergrücken aufging und dabei die Fichten auf einer Felsnase hoch oben als Scherenschnitte erscheinen ließ. (47)

Leier, Drachen, Krone - diese Sternbilder dürften die Konstellation Dichter, Bücherverbrennung (da ein Drache Feuer speit), Kaiser nachahmen. Naso und Augustus, sie waren dem wandelbaren Schicksal ausgesetzt, dem wechselhaften Mond: "Der Mond wiederholte Cotta so zögernd, als habe er eben die erste Vokabel aus der Sprache des Knechtes gelernt; *luna.*" (47) Leidtragender ist der Dichter. Der Mond ist narbig, wie nach der Verstirnung des Herkules (109).

Das erste Wort, das Cotta auf den Monumenten entziffert, ist "FEUER" (49)[1], dann folgen "ZORN", "GEWALT", "STERNE" und "EISEN" (50). Das ist kein Zufall, weil Ransmayr Ovids Epilog geringfügig, doch in bedeutsamer Weise verändert hat, indem er "Zorn" und "Feuer" vertauschte:

> Iamque opus exegi, quod nec Iovis ira nec ignes
> nec poterit ferrum nec edax abolere vetustas.[2]

---

[1] Ebd.
[2] met. 15, 871-872.

Und jetzt habe ich ein Werk vollendet, das weder Jupiters Zorn noch Feuer noch Eisen, noch die nagende Zeit werden zerstören können.

Der Österreicher beginnt mit der zerstörerischen Kraft des Feuers und endet mit dem ewigen Feuer der Sterne:

>ABER DURCH DIESES WERK
>WERDE ICH FORTDAUERN UND MICH
>HOCH ÜBER DIE STERNE EMPORSCHWINGEN
>UND MEIN NAME
>WIRD UNZERSTÖRBAR SEIN (51).

Während Ovid seines römischen Publikums, von dem sein Bekanntschaftsgrad abhänge, zuletzt gedenkt[1], behauptet Naso ohne Berufung auf eine zukünftige Leserschaft unabhängiger und noch selbstbewußter seine Unsterblichkeit. Damit wird aus zerstörerischem Feuer ein verewigendes - im Gegensatz zum "meteoritenhafte[n] Prunk des Lebens" (158).

Außerdem kann man im Feuer "die ungebändigte und verwandelnde Kraft von Nasos Phantasie"[2] sehen. Wie Feuer Brennmaterial in Wärme umwandle, verwandle Nasos Imagination Feuer und Asche zurück in seine "Metamorphosen":

> Der arme Naso behauptete ja von sich, in den Flammen, in der Glut und noch in der weißen, warmen Asche lesen zu können, behauptete, in seinen Bränden die Worte, die Sätze und Geschichten eines ganzen Buches zu entziffern, das ihm an irgendeinem finsteren Tag seines Lebens verglüht sei. (117)

In Tomi verfolgt man den Dichter als "Brandstifter" (117), bevor man seine Harmlosigkeit und sein Erzähltalent erkennt. Zwölfmal schöpft Ransmayr aus dem Wortfeld "Feuer" auf dieser Seite, sogar die "Holzlocken" erwähnt er, zu denen sich die Intarsien seines Tisches in Rom eingerollt hatten (19). Im Gegensatz zum statischen Nashornsymbol des Imperators ist nach Epple[3] Nasos Symbol das sich unablässig verändernde Feuer.

Der Imperator selbst bleibt zwar im "mit Flammen und Sternen besetzten Raum des Stadions" (60) vom Aufmarsch seiner Untertanen gänzlich unberührt, er "starrte abwesend in das Feuerornament" (61). Doch ist ihm, bzw. seinen Untertanen, die zerstörerische Kraft des Feuers zugeordnet.

Cotta erinnert sich, wie die verheerende, gleichgeschaltete feurige Macht einer an den Nationalsozialismus gemahnenden römischen Gesellschaft[4] Naso zum Verhängnis wird:

---

[1] met. 15, 877-879.
[2] Epple, Unterrichtshilfen, S. 73.
[3] Ebd.
[4] Derartige Assoziationen hat auch Gottwald: "Die Beschreibung des Einweihungsfestes anläßlich der Eröffnung des Stadions läßt an faschistische Feste denken." (Mythos, S. 11)

> In diesem gewaltigen Kessel aus Stein, in dem in der Eröffnungsnacht zweihunderttausend Menschen ihre mit Buntpulver bestreuten Fackeln nach den Kommandos einer Schar von Zeremonienmeistern zu lodernden Ornamenten erhoben, im Tosen der Blutorchester der Armee, die sich auf den Aschenbahnen zur Parade formierten, inmitten dieser entsetzlichen Herrlichkeit, in der sich das Volk von Rom unter den Augen des Imperators in ein einziges, brennendes, rasendes Muster verwandelte, begann Nasos Weg in die äußerste Einsamkeit, sein Weg an das Schwarze Meer. (60)

Assoziationen an Nationalsozialisten weckt auch Tereus, der "Hakenkränze" (279) auslegt und "mit seinem Haken und einer Pechfackel [...] Netze zerriß und Spinnen an der Fackel verschmoren ließ" (200).

Platons Sokrates vergleicht die positive Wirkung von Dichtern auf die Gesellschaft mit Magnetringen:

> Merkst du nun, daß dieser Zuschauer der letzte ist von den Ringen, von welchen ich sagte, daß sie aus dem herakleotischen Stein einer durch den andern ihre Kraft empfingen? Der mittlere aber bist du, der Rhapsode und Darsteller, und der erste ist der Dichter selbst. Der Gott aber zieht durch alle diese die Seelen der Menschen, wohin er will, indem er der einen Kraft an den anderen anhängt.[1]

Ransmayr benutzt ein ähnliches Bild für eine Gesellschaft, in der die Harmonie zwischen Dichter und menschlicher Gemeinschaft jedoch gestört ist. Die Auswirkungen von Nasos Verbannung "liefen wie die konzentrischen Wellenkreise eines über den Spiegel eines stehenden Gewässers" (126). Die "Säuberung" öffentlicher Institutionen vollzieht sich "im zweiten Wellenkreis" (126). Weiter heißt es:

> Gemäß den Gesetzen der Physik gerieten die Wellen der Anteilnahme an Nasos Fall umso flacher, je größer die Kreise um die unumstößliche Tatsache seiner Verbannung wurden, und erreichten schließlich doch das Ufer, erfaßten den Rand der Gesellschaft, [...]. Erst von diesem Rand rollten die Wellen gebrochen in das Zentrum der Macht zurück (126).

Als Folge verbrennt das Volk öffentlich als Ausdruck seines Mißfallens Insignien der Herrschaft und - symbolisch - sogar den Herrscher selbst:

> auf dem Forum loderte ein Scheiterhaufen aus Fahnenschäften und Standarten und hoch in den Flammen eine Vogelscheuche, die um den Hals das Bild eines Nashorns trug, das Herrschaftszeichen des Imperators. (126)

Selbst die Natur scheint von Feuern erfaßt zu werden. Zunächst erwärmt sich die Luft:

---

[1] Platon, Ion 535e-536a (Übers.:Schleiermacher. Platon. Bd. 1, S. 21).

Das Jahr wurde <u>trocken</u> und <u>heiß</u> wie keines zuvor in den Breiten der eisernen Stadt. Wochenlang blieb der Himmel über Tomi wolkenlos. Die Luft wurde <u>glasig</u>. Der Horizont begann zu <u>flimmern, zerfloß.</u> (119)

Darauf das Meer:

<u>Gleißend</u> still wie ein See lag das Schwarze Meer vor der Steilküste. In den Lagunen wie über türkisblauen Untiefen <u>erwärmte</u> sich das Wasser so sehr, daß [...] Hellebardenfische in panischer Flucht vor der <u>warmen</u> Flut aus dem Spiegel des Meeres auf den Strand schnellten und sich dort flossenschlagend in Panzer aus Sandkörnern und Perlmutt hüllten, während sie erstickten. (120)

Dies erinnert an durch Umweltverschmutzung bedingte Klimaveränderungen, aber "die Zeichen einer neuen, unheilvollen Zeit" (129) werden in "Die letzte Welt" auch mit dem Kaiser Augustus in Verbindung gebracht:

Der <u>August</u> kam - ein glühender Sommer, den allein der Name des Imperators schmückte. Unter der Sonne dieses Monats verbrannte, was nicht die Zähigkeit von Kakteen, Disteln oder Tamarisken besaß. (199)

Der Monat August verbrennt alles, so wie das augusteische Regime Bücher verbrennen läßt. "Die <u>August</u>hitze hatte sich wie ein Alpdruck auf Tomi gesenkt" (202), und erst im Monat September legt sich das heiße Wetter (218).

Cotta durchschaut ganz spät, daß seine Suche nach Papier vergeblich bleiben wird. Seine Erwartungshaltung, angekohltes Papier zu finden, ruft eine Fata Morgana hervor. In den Ruinen von Trachila starrt er gebannt auf Nasos gußeisernen Herd (238), erinnert sich an Nasos Bücherverbrennung (238) und glaubt zum letzten Mal im Roman "*Ich habe Naso gefunden*" (239). Er sieht einen qualmenden Herd, dessen Feuer jedoch nur ein Windstoß entfacht hat (238). Cotta steht genau am Anfang seiner Suche: "Das Feuer wurde kleiner, erlosch. Der Herd erkaltete." (240) Ähnlich hatte Cottas Suche nach Nasos Manuskript im Haus des verbannten Dichters begonnen: "Der Herd war kalt." (16) Cotta erkennt erst jetzt, daß er sich in den "Metamorphosen" befindet, was der Leser bereits zu Beginn des Romans vermuten kann, wenn Ransmayr ihm die Bewohner Tomis mit subtiler romantischer Ironie vor Augen führt, gleichsam als angekohlte, papierne "Metamorphosen"-Figuren: "einige der Andächtigen erkannte er auch unter der <u>Aschen</u>maske, die ihre Gesichtszüge entstellte." (13)

1. 4. Ovid und seine Frau

Als Student zieht Ovid die Suasorien den Controversien vor, besonders diejenigen, die sich von einem allgemein-menschlichen Gesichtspunkt aus behandeln lassen.¹ Er verficht z.B. in einer Ehesache das Recht leidenschaftlicher Liebe, Torheiten zu begehen.²

Obwohl Ovid sich leicht verliebt, bleibt sein Ruf dennoch tadellos.³ Ovid gibt an, dreimal verheiratet gewesen zu sein:

> paene mihi puero nec digna nec utilis uxor
>   est data, quae tempus per breve nupta fuit.
> illi successit, quamvis sine crimine coniunx,
>   non tamen in nostro firma futura toro.
> ultima, quae mecum seros permansit in annos,
>   sustinuit coniunx exulis esse viri.⁴

Fast noch als Jungen gab man mir eine unwürdige und unnütze Frau, mit der ich nur ganz kurz verheiratet war. Auf jene folgte eine, mit der ich, obwohl sie ohne Fehler war, dennoch nicht lange das Ehebett teilen sollte. Die letzte, die mit mir bis in die späten Jahre zusammenblieb, ertrug es, die Frau eines verbannten Mannes zu sein.

Ovids dritte Frau ist eine Verwandte des Dichters Pompeius Macer⁵, mit dem Ovid Sizilien und Kleinasien bereist. Sie bringt eine Tochter aus früherer Ehe mit in die neue Verbindung, die den P. Suillius Rufus heiratet.⁶

Ovid zufolge wird seine Frau von Atia minor, einer Tante des Augustus, und von deren Tochter Marcia geschätzt, der Frau von Paullus Fabius Maximus, einem engen Freund des Kaisers.⁷

Der Name der letzten Frau Ovids ist unbekannt. In "Die letzte Welt" heißt sie Cyane nach der Nymphe, die sich in Ovids 5. Metamorphosenbuch⁸ mutig Pluto in den Weg stellt. Nachdem Cyanes Bitte an den Unterweltsgott, Proserpina nicht gewaltsam zu entführen, vergeblich geblieben ist, zerfließt die Nymphe aus Trauer zu einem Teich :

> At Cyane raptamque deam contemptaque fontis
> iura sui maerens, inconsolabile vulnus
> mente gerit tacita lacrimisque absumitur omnis
> et quarum fuerat magnum modo numen, in illas
> extenuatur aquas [...]⁹

Doch weil Cyane um die geraubte Göttin und die Mißachtung der Rechte ihrer Quelle trauert, ist sie im Stillen untröstlich verwundet und verzehrt sich gänzlich in Tränen und zerfließt zu den Wassern, dessen bedeutende Gottheit sie eben noch gewesen war.

---

1 Sen. contr. 2, 2, 8.
2 Sen. frg. 19.
3 trist 4, 10, 65-68.
4 trist. 4, 10, 69-74.
5 Pont. 2, 10, 10.
6 Pont. 4, 8, 11-12.
7 Pont. 1, 2, 137-140.
8 Ovid erwähnt Cyane auch Pont. 2, 10.
9 met. 5, 425-429.

Warum Ransmayr Nasos Frau den Namen der Ovidischen Nymphe gegeben hat, wird nur aus Ovids Exilbriefen verständlich. Denn in Ransmayrs Roman heißt es beim Abschied des Dichters aus Rom lediglich kurz "und im Hausflur [...] saß eine Frau und <u>weinte.</u>" (18) Ovid allerdings schildert in trist. 1, 3 die Tränen seiner Frau beim Abschied ausführlich:

> uxor amans <u>flentem flens</u> acrius ipsa tenebat,
>   <u>imbre per indignas usque cadente genas</u>[1]

Die Gattin hielt den <u>Weinenden, selbst heftiger weinend,</u> liebend umfangen, <u>indem ihr ununterbrochen ein Tränenstrom über die unschuldigen Wangen floß</u>.

Ovid und seinen Frau weinen (anders als in Ransmayrs Welt isolierter Individuen) gemeinsam. Sie bitten die Götter um Hilfe:

> hac prece adoravi superos ego, pluribus uxor,
>   <u>singultu</u> medios impediente sonos.[2]

Mit dieser Bitte flehte ich zu den Göttern, mit mehr Bitten meine Frau, wobei <u>Schluchzen</u> sie mitten in ihren Worten unterbrach.

Seine Frau fällt sogar in Ohnmacht und beklagt ihren Mann wie einen Toten:

> se modo, desertos modo complorasse Penates,
>   nomen et erepti saepe vocasse viri
> nec gemuisse minus, quam si nataeque virique
>   vidisset structos corpus habere rogos,
>
> et voluisse mori, moriendo ponere sensus
>   respectuque tamen non periisse mei.[3]

Bald soll sie sich selbst, bald das verlassene Haus beweint haben, und oft den Namen ihres entrissenen Mannes gerufen haben, und nicht weniger geseufzt als hätte sie Scheiterhaufen für ihre Tochter und ihren Mann errichtet gesehen, und sie soll sich den Tod gewünscht haben, im Tod jede Empfindung zu verlieren, und dennoch sei sie mit Rücksicht auf mich nicht gestorben.

In "Die letzte Welt" weint Cyane in Abwesenheit Nasos (18). Ihre Trauer ist verhaltener:

> Die Freunde des Dichters, auch Cyane, seine Frau, eine mißtrauisch gewordene Schönheit aus einer der großen Familien Siziliens[4], hatten der Propaganda nichts entgegenzusetzen als ihre Trauer, den privaten Protest, verschwiegenen Zorn und

---

[1] trist. 1, 3, 17-18.
[2] trist. 1, 3, 41-42.
[3] trist. 1, 3, 95-100.
[4] vgl. Ov. met. 5, 412: "inter Sicelidas Cyane celeberrima nymphas".

schließlich die Vision, daß Naso irgendwann begnadigt und triumphal nach Rom zurückkehren werde. (130)

Weinen ist in der Antike nicht nur Ausdruck persönlichen Schmerzes, sondern auch ein öffentliches Verhalten. Noch aus seinem Exil fordert der historische Ovid seine Frau in dem letzten an sie adressierten Brief auf, ihre Tränen einzusetzen, um Augustus und seine Familie demütig um Gnade zu bitten:

> tum lacrimis demenda mora est, summissaque terra
> ad non mortalis brachia tende pedes.[1]

> Dann darfst du deine Tränen nicht aufhalten, und zu Boden geworfen strecke deine Arme nach dem unsterblichen Fuß aus.

Ovid erhofft sich einen glücklichen Ausgang:

> sint utinam mites solito tibi more tuasque
> non duris lacrimas vultibus aspiciant.[2]

> Mögen sie dir doch nach gewohnter Weise mildegestimmt sein und deine Tränen nicht mit unerbittlicher Miene mitansehen.

Sowohl Ovid als auch Ransmayrs Naso haben ihre Frau u.a. deswegen in Rom bleiben lassen, damit sie ihrem Gatten seinen Besitz erhalten kann[3] (s.o. S. 126). Ovids Frau gelingt es, wie ein dankbarer Brief aus dem Exil erkennen läßt:

> sic mea nescio quis, rebus male fidus acerbis,
> in bona venturus, si paterere, fuit.
> hunc tua per fortis virtus summovit amicos,
> nulla quibus reddi gratia digna potest.[4]

> So war irgend jemand, ein treuloser im Unglück, im Begriff, sich meinen Besitz anzueignen, wenn du es zugelassen hättest. Ihn hat deine Tatkraft mit der Hilfe mutiger Freunde vertrieben, denen dafür nicht genug gedankt werden kann.

Ransmayrs Cyane, die im übrigen selbst an Heimweh nach ihrer sizilianischen Heimat leidet (145), kann den Verfall ihres Besitzes dagegen nicht aufhalten:

> Aber schon im zweiten Jahr der Verbannung hatte Cyane erkannt, daß die Villa an der Piazza del Moro nicht zu halten war; es war und blieb allein Nasos Haus und schien in seinem Bestand unmittelbar an Nasos Anwesenheit gebunden (132).

---

[1] Pont. 3, 1, 149-150.
[2] Pont. 3, 1, 165-166.
[3] De Groot, Es lebe Ovid, S. 256.
[4] trist. 1, 6, 13-16.

Cyane muß in eine Mietwohnung umziehen:

> Im Dezember des zweiten Jahres der Verbannung flüchtete Cyane aus dem unaufhaltsamen Verfall in eine dunkle, von Plüsch und Samt gedämpfte Etage an der Via Anastasio und begann in ihren Briefen ans Schwarze Meer zu lügen. (132-133)

Ovid schildert in seinen Briefen naturgemäß nur seine Sicht der Dinge, obwohl er versucht, sich in seine Frau hineinzuversetzen, und ihrer liebevoll gedenkt. Ransmayr schildert die Ereignisse aus der Sicht der in Rom Zurückgebliebenen. Ovid ist gerade am römischen Leben, am Wohlergehen seiner Frau und Freunde und an teilnehmender Post interessiert, da all dies seine Verbannung erträglicher macht. In "Die letzte Welt" sind es Nasos Frau und seine Freunde, die ungeduldig auf Post warten, aber Naso nimmt im Unterschied zu Ovid weder Anteil am Leben in der Heimat, noch beantwortet er Fragen der Daheimgebliebenen:

> Aber wenn Memnon [...] nach Monaten vergeblichen Wartens endlich einen Brief aus Tomi in Empfang nahm und atemlos in die Via Anastasio brachte, las Cyane darin niemals eine Frage nach dem Stand der Dinge an der Piazza del Moro oder nach den Verhältnissen in Rom. Vielleicht ahnte Naso, daß sein Haus verloren war, und versuchte sich mit Cyanes mitleidigen Lügen zu beschwichtigen, vielleicht war ihm auch jede Erinnerung unerträglich - in seinen Briefen erwähnte er die glücklichen Jahre mit keinem Wort mehr, fragte nichts, beantwortete aber auch keine Fragen, sondern beschrieb allein seine Verlassenheit, ein kaltes Gebirge und die Barbaren der eisernen Stadt. (133)

Ovid jedoch versucht trotz seiner Verzweiflung, dem Schicksal etwas Positives abzugewinnen. Im zentralen Brief des ersten Tristienbuches[1] lobt Ovid die Treue seiner Frau und die Verteidigung seines Vermögens durch sie, der er dafür mit Verherrlichung in seiner Dichtung dankt. In einem anderen Brief legt er seiner Frau dar, daß seine Verbannung ihr Gelegenheit gebe, sich zu bewähren. Seine Frau ist nicht einsam, denn ihr Onkel kümmert sich um sie und ermahnt sie zur Tugend.[2] Ovid verliert nicht die Hoffnung und bittet seine Frau, sich weiter für die Aufhebung seiner Relegation einzusetzen.[3] Man mag den von Ovid aus dem Exil an seine Frau gerichteten Briefen entnehmen, mit der Zeit werde seine Angst größer, sie könne sich von ihm abwenden, im Grunde seines Herzens weiß er jedoch, daß sie seiner Ermahnungen nicht bedarf, zumindest noch nicht am Ende der "Tristien": "nec te credideris, quia non facis, ista moneri"[4] - "und glaube nicht, zu diesem würdest du ermahnt, weil du es nicht tust"; er möchte sie damit nur loben.

Ransmayr verstärkt den Eindruck zunehmender Entfremdung:

---

[1] trist. 1, 6.
[2] Pont. 2, 11.
[3] Pont. 3, 1.
[4] trist. 5, 14, 43.

> In den Monaten, in denen ein Brief zwischen Tomi und Rom unterwegs war, veralteten viele Sätze rascher als in anderen römischen Briefen, und manche verloren ihre Gültigkeit ganz, bis der Verbannte und seine Frau nur noch lange, traurige Monologe wechselten, die immergleichen Formeln der Beruhigung, der Hoffnung oder der Verzweiflung, und keiner mehr vom anderen wußte, ob ein Brief auch wirklich angekommen oder immer noch zwischen der eisernen und ewigen Stadt verschollen war. (133-134)

Das letzte Lebenszeichen, das Cyane erhält, ist eine Ansichtspostkarte, aus der man auf Nasos Tod schließt:

> Cyane, Liebste,
> erinnere dich an das gelassene Wort,
> mit dem wir so viele Briefe geschlossen
> und so viele Abschiede ausgesprochen haben...
> Ich setze es noch einmal ans Ende;
> es ist der einzige Wunsch, den ich habe: Leb wohl. (136)

Dieser Schluß wird eigentlich nur oder erst recht verständlich, wenn der Leser trist. 3, 3 kennt. Ovid beginnt den Brief an seine Frau:

> Haec mea si casu miraris epistula quare
>   alterius digitis scripta sit, aeger eram[1]
>
> Falls du dich vielleicht wunderst, warum dieser Brief die Handschrift eines anderen trägt: ich war krank.

In "Die letzte Welt" zweifelt man: "stammten diese erschöpften Zeichen wirklich von seiner Hand?" (136) Das Gerücht von Nasos Tod verbreitet sich "unter Berufung auf ein handschriftliches Testament des Dichters" (136), vielleicht vom Ende der Elegie beeinflußt, in dem Ovid mitteilt, er liege im Sterben, so daß er seiner Frau einen vier Verse umfassenden Grabspruch sendet[2]. Ransmayr reduziert Ovids insgesamt 88 Verse lange Elegie auf Anrede und Abschied. "Leb wohl", wünscht Naso seiner Cyane. Diesen Wunsch äußert bereits Ovid betont am Ende seiner Elegie:

> accipe supremo dictum mihi forsitan ore,
>   quod, tibi qui mittit, non habet ipse, "vale".
> Empfange das Wort, das ich dir vielleicht mit dem letzten Atemzug schicke, und das für den, der es dir schickt, selbst nicht gilt: Leb wohl.

Ovids Grußformeln zeigen nach Doblhofer die Isolation Ovids und "sind Ausdruck einer exilbedingten, vertieften Besinnung auf Sprache"[3].

---

[1] trist. 3, 3, 1-2.
[2] trist. 3, 3, 73-76.
[3] Doblhofer, Exil und Emigration, S. 106. Er führt in seinem Kapitel "Reflektierte Grußformeln" (S.102-109) weitere signifikante Stellen an.

Wohl nicht zufällig wählt Ransmayr trist. 3, 3 zum Vorbild für den letzten Brief Nasos aus, denn dieser Exilbrief Ovids ist einer der hoffnungslosesten und resignativsten.

1. 5. Überfahrt von Rom nach Tomi

Ransmayr gestaltet Nasos Ankunft in Tomi wirklichkeitsnah. Unter Bewachung wird der verbannte Dichter zur Hafenbehörde geführt, wo er Formalitäten erledigt (252). Nasos Überfahrt beschreibt der Dichter nicht, damit er die Schilderungen seiner lateinischen Vorlage für die Reise Cottas verwenden kann.

Ovids Reise ist historisch. Um sein Unglück leichter ertragen zu können, vergleicht der römische Dichter sich mit Odysseus, der ein ähnliches Schicksal (Irrfahrten und Abenteuer in der Fremde) erleiden mußte, wobei er Homers Odysseus-Figur unter einem Blickwinkel betrachtet, der seinem eigenen Schicksal besonders entspricht: nämlich dem des passiven, leidgeprüften und unglücklichen Mannes.[1] Odysseus wird Opfer des zornigen Neptun, Ovid des zornigen Jupiter, des Kaisers.[2] Ovid hält seine eigenen Leiden für schmerzvoller als die des griechischen Helden (trist. 1, 5, 57-80):

pro duce Neritio[3] docti mala nostra poetae
  scribite: Neritio nam mala plura tuli.[4]

Gelehrte Dichter, schreibt über mein Leiden anstatt über Odysseus: denn ich habe Schlimmeres erlitten.

Ovid sei in ein weiter entferntes Land verbannt, verfüge nicht über treue Begleiter, befinde sich nicht als Sieger auf dem Rückzug in die Heimat, sei körperlich schwächer und kein trainierter Krieger. Vor allem sei sein Schicksal real, das des Odysseus fiktiv, erklärt Ovid am Schluß seines Vergleichs:

adde, quod illius pars maxima ficta laborum:
  ponitur in nostris fabula nulla malis.[5]

Außerdem ist ein sehr großer Teil seiner Mühen erfunden: in mein Leiden wird kein Märchen eingearbeitet.

Auch Cottas Reise in "Die letzte Welt" beginnt realitätsnah. Mit falschem Paß und falschen Papieren versehen, reist Cotta in der Hoffnung ab, die Wahrheit über Naso herauszufinden und eine verschollene Abschrift der "Metamorpho-

---

[1] Ebd. S. 276-277.
[2] Ebd. S. 279.
[3] Neritos ist ein Gebirge in Ithaka, der Heimat Odysseus'.
[4] trist. 1, 5, 57-58.
[5] trist. 1, 5, 79-80.

sen" zu entdecken (146-147). Als sein Leben von Stürmen bedroht wird, erkennt er die eigentliche Motivation seines Unterfangens: Langeweile, entstanden aus Überdruß an Luxus und Sicherheit (147). Doch in einem bestimmten Augenblick wird der Übergang zwischen realer Reise und einer Reise in die Literatur, in die Welt der Exilbriefe Ovids, fließend: "als der Schoner an den umbrandeten, regenverhangenen Inseln Griechenlands vorüberstampfte" (148). Hier beginnen die Entsprechungen zu einer Ovid-Elegie, in der der Römer seine Reiseroute nachzeichnet (trist. 1, 10). Ovid schreibt auf der Insel Samothrake. Deutlicher an Ovid angelehnt ist ein Ausschnitt des sich anschließenden Satzes Ransmayrs:

> weil der Steuermann schwor, daß er bei solchen Windstärken eher noch mit vollen Segeln davon fliegen als beidrehen oder gar Kurs auf einen der versandeten ägäischen Häfen nehmen werde (148).

Der hilflose Steuermann im Sturm ist ein Topos aus dem Bereich des "epischen Unwetters" (s.o. S. 29-30) und wird von Ovid dreimal[1] in seinen Sturmschilderungen genannt, z.B. in trist. 1, 4, 15-16:

> sic non quo voluit, sed quo rapit impetus undae,
>   aurigam video vela dedisse rati.

> so sehe ich, daß der Steuermann die Segel dem Schiff überlassen hat, nicht wohin er will, sondern wohin die Kraft der Welle es reißt.

Nach dem Schwur des Steuermanns endet der Satz Ransmayrs: "fügte sich Cotta in seine eigene Entscheidung und begann seinen Phantasien zu vertrauen" (148). Cotta ist nun in der Welt von Ovids Dichtung. Cotta ist an Bord der "Trivia", einem Schiff, das den Beinamen der Zaubergöttin Hekate trägt, während der historische Ovid mit der "Minerva"[2] reist. Cotta auf den literarischen Spuren des verbannten Ovid - so beginnt "Die letzte Welt", und der gelehrte Leser bemerkt es früher als der Protagonist. Die "Krone einer ungeheuren Welle, [...], die auf das Schiff <u>zusprang</u>" (7) aus dem ersten Satz Ransmayrs stammt aus trist. 1, 4, 7-8:

> Monte nec inferior prorae puppique recurvae
>   <u>insilit</u> et pictos verberat unda deos.[3]

> Nicht kleiner als ein Berg <u>springt</u> die Welle auf gekrümmten Bug und gekrümmtes Heck und schlägt an die aufgemalten Gottheiten.

Die pure Angst, die Cotta in "Die letzte Welt" empfindet, schildert Ovid in seinem vierten Brief aus dem Exil. Ransmayr fügt realistische Einzelheiten hinzu:

---

[1] trist. 1, 2, 31; 1, 4, 15-16; trist. 1, 11, 21-22.
[2] trist. 1, 10, 1-2.
[3] trist. 1, 4, 7-8.

"Ein Orkan, das war das Schreien und das Weinen im Dunkel unter Deck und der saure Gestank des Erbrochenen." (7) Ovids "nauta", "Seemann", ist blaß vor Angst und unfähig seine seemännische Arbeit zu verrichten[1]. Auch Ransmayrs Seemann leidet: der Orkan, "das war ein Hund, der in den Sturzseen toll wurde und einem Matrosen die Sehnen zerriß." (7)

Ovid sieht unglaublich hohe Wellen aufsteigen und tiefe Wellentäler entstehen:

> me miserum, quanti montes volvuntur aquarum!
>   iam iam tacturos sidera summa putes.
> quantae diducto subsidunt aequore valles!
>   iam iam tacturas Tartara nigra putes.[2]

Ach, ich Armer, wie hohe Wasserberge wälzen sich! Schon, schon könnte man glauben, sie werden die Sterne hoch oben berühren. Welch tiefe Täler bilden sich, wenn das Wasser aufgerissen ist! Schon, schon könnte man glauben, sie werden den schwarzen Tartarus berühren.

Ebenfalls Cotta:

> Aber die Dünung hob ihn, hob das Schiff, hob die ganze Welt hoch über den salzigen Schaum der Route hinaus, hielt alles einen Augenblick in der Schwebe und ließ dann die Welt, das Schiff und den Erschöpften wieder zurückfallen in ein Wellental, in die Wachheit und die Angst. (8)

Wie bei Ovid herrscht Nacht: "Ein Orkan, das war ein Vogelschwarm hoch oben in der Nacht" (7), eine Nacht ohne Ruhe: "Niemand schlief." (8)

Anders als Ransmayr weiß der lateinische Dichter dem Sturm eine tröstende Pointe abzugewinnen: daß sein Schiff nicht nach Tomi, sondern vielmehr nach Rom zurückwolle, zeige Augustus die Ungerechtigkeit seines Relegationsbefehls. Als sich schließlich im Gegensatz zu "Die letzte Welt" der Sturm auf Ovids Flehen hin legt, deutet er dies als ein Zeichen der Götter für seine Unschuld[3].

Ovid sieht in der letzten Elegie des ersten Tristienbuches seiner bevorstehenden Landung voll Furcht entgegen:

> attigero portum, portu terrebor ab ipso:
>   plus habet infesta terra timoris aqua.[4]

Im Hafen angekommen werde ich sogar vom Hafen erschreckt werden: mehr Angst als das feindliche Meer hält das Land bereit.

---

[1] trist. 1, 4, 11-12.
[2] trist. 1, 2, 9-12.
[3] trist. 1, 2, 105-110.
[4] trist. 1, 11, 25-26.

Ransmayr läßt diese Befürchtung in seinem Roman wirklich werden, wie an Cottas erstem Kontakt mit Tomi erkennbar wird: "Cotta lag und starrte und rührte keine Hand, als ein dürres Maultier an seinem Mantel zu fressen begann." (9) Ähnlich lethargisch war Naso nach seiner Landung in Tomi an der Mole sitzen geblieben (252 f.). Das Maultier deutet auf Pythagoras' Nähe, der bereits Nasos Ankunft miterlebt hatte (253). Auch Iason ist der Hafen von Tomi zu unsicher: "Der Thessalier verbrachte die Nächte stets lieber auf dem offenen Meer als in den unsicheren Häfen einer Küste, an der die Gier nach dem Reichtum groß war." (208) Iason und seine "Argo" machen auf eine weitere Bedeutung des Meeres aufmerksam, seine Bedeutung als Handelsroute. Nachdem die Tomiten ihr Eisen eingetauscht haben, heißt es von der See: "wie aus Silber lag das Meer in der Dämmerung." (207) Die silberne Farbe des Meeres umschreibt weniger seine Schönheit als sein Potential, Waren in klingende Münze zu verwandeln. Seefahrt ist ein Merkmal des Eisernen Zeitalters:

> vela dabat ventis nec adhuc bene noverat illos
> navita, quaeque diu steterant in montibus altis,
> fluctibus ignotis insultavere carinae[1]

> Der Seemann gab die Segel den Winden, bis jetzt kannte er sie nicht, und was lange auf hohen Bergen gestanden hatte, tanzte nun als Schiffe auf unbekannten Fluten.

Schelte der Seefahrt ist auch sonst in der Antike geläufig[2], z.B. in Senecas "Medea". Hätte Jason kein Schiff gehabt, hätte er Medea nicht kennengelernt, und es wäre zu keiner Konfliktsituation gekommen.

An der Überbrückung des Meeres zu militärischen Zwecken zeigt sich ferner die menschliche Hybris. So wie einst der Perserkönig Xerxes den Bosporus überbrückte und so zu Land werden ließ, läßt Tiberius in "Die letzte Welt" das Land zu Meer werden. Jason verbreitet

> die Sensation, daß der Nachfolger des Allmächtigen im vergangenen Frühjahr fünfzehn Schlachtschiffe der römischen Kriegsflotte vom tyrrhenischen Meer über Land! in einem gewaltigen Karnevalszug auf Tragwiegen und Rollen nach Rom und unter vollen Segeln durch die Prachtstraßen der Residenz habe schleifen lassen, um zu zeigen, daß jeder Träger des Namens Augustus selbst die steinige Erde zum Meer werden lassen konnte und das Meer zum Spiegel seines Triumphes. (206)

Ransmayr nähert sich einerseits wieder antiken Vorstellungen vom Meer an, indem er es als unheimlich und chaotisch beschreibt. Was man auf ihm erlebt und wahrnimmt, sind einzig Sturm und Schiffbruch, hinzukommt moderne Umweltverschmutzung. Wie in seinem Roman "Die Schrecken des Eises und die Finsternis" verstärkt der Österreicher eher noch das Grauen durch die Hinzufügung realistischer Details. Schilderungen gefährlicher Reisen scheinen sich zur Zeit

---

[1] met. 1, 132-134.
[2] Auch zur Rezeptionsgeschichte des Motivs in der romanischen Literatur vgl. Heydenreich, Tadel und Lob der Seefahrt.

wieder besonderer Beliebtheit zu erfreuen. Hans Magnus Enzensberger hat in seiner "Anderen Bibliothek" kürzlich "Nie wieder! Die schlimmsten Reisen der Welt"[1] herausgebracht.

Andererseits ist Ransmayrs Gedanke neu, die Reise eines Lesers in ein literarisches Werk als Meerfahrt darzustellen. Der fiktive Charakter der Überfahrt wird ebenfalls an ihrer Dauer erkenntlich. Sie dauert 17 Tage (8; 148), obwohl die Post mehrere Monate benötigt (133) wie zu Ovids Zeit[2]. Exakt 17 Tage ist auch Thies bewußtlos, hört nach seinem Erwachen als erstes den Namen Tomis, der Stadt, in die man ihn getragen hat (264).

Cotta erkennt erst gegen Ende des Romans:

Von den vielen Wegen, die er noch an Bord der *Trivia* im Fächer seiner Möglichkeiten gesehen hatte, war ihm nur ein einziger geblieben; der Weg nach Trachila. (224)

Die "Trivia" (= Dreiweg, Kreuzung) ist ein Ort verschiedener Richtungen, aber der Weg nach Trachila - "Hier war Naso gegangen; *dies* [sic!] war Nasos Weg."- läßt Cotta erkennen, daß er sich vom Anfang seiner Reise an in Nasos Werk befunden hat.

2. Tomi

Wieder und wieder beklagt sich Ovid in seinen "Tristia" und "Epistulae ex Ponto" über Tomis kahle Landschaft, seine beißende Kälte und seine barbarischen Bewohner, aber seine Äußerungen entsprechen nicht ganz den Tatsachen. Ovid hat die Jahre seines Exils zwar am äußersten Rand des römischen Imperiums, doch in einer zivilisierten Stadt verbracht, in der griechische Sitten und griechische Kultur herrschten[3], was zum einen eine historische Überprüfung von Ovids Angaben[4] zeigt, zum anderen die literaturwissenschaftliche Einordnung bestimmter Topoi der antiken Ethnographie, die Ovid zur Darstellung Tomis und seiner Bewohner benutzt, um beim Leser Mitleid zu erwecken und Augustus zur Aufhebung seines Verbannungsurteiles zu veranlassen.

---

[1] Im Literaturverzeichnis unter "Die schlimmsten Reisen der Welt".
[2] Z.B. Pont. 3, 4, 59-60.
[3] Podossinov, Geschichte des Schwarzmeergebiets, S. 204.
[4] Ebd. Podossinov kommt zum Schluß, daß lediglich ganz wenige spärliche Angaben Ovids zur politischen und militärischen Situation an der Donau glaubwürdig seien.

2. 1. Klima

Ovid verwendet für Tomi den Topos vom ewig eisig-kalten Norden, dementsprechend Tomi fast am Nordpol liegen müßte:

> Proxima sideribus tellus Erymanthidos Ursae
>   me tenet, adstricto terra perusta gelu.
> Bosphoros et Tanais superant Scythiaeque paludes
>   vix satis et noti nomina pauca loci.
> ulterius nihil est nisi non habitabile frigus.
>   heu quam vicina est ultima terra mihi![1]

Erde in der Nähe der Sterne des Großen Bären hält mich fest, ein Land, das ewig von Eis erstarrt. Nördlich liegen Bosphoros, Don und die skythischen Sümpfe und wenige Namen, Orte einer Gegend, die kaum noch bekannt ist. Darüber hinaus gibt es nur unbewohnbare Kälte. Weh, wie nachbarlich nah ist mir das Ende der Welt!

Winter folgt auf Winter:

> et quod iners hiemi continuatur hiems[2],
> und daß ein Winter träge auf den nächsten folgt,

und an einigen Stellen bleibt der Schnee zwei Jahre liegen:

> nix iacet, et iactam ne sol pluviaeque resolvant,
>   indurat Boreas perpetuamque facit.
> ergo ubi deliicuit nondum prior, altera venit,
>   et solet in multis bima[3] manere locis[4],

Es liegt Schnee, und damit weder Sonne noch Regen ihn auftauen, härtet der Nordwind ihn und macht ihn beständig. Wo er also noch nicht geschmolzen ist, kommt der zweite Schnee und pflegt an manchen Stellen zwei Jahre zu bleiben.

Ebenso dauert der Winter in "Die letzte Welt" zwei Jahre[5]. Bei Cottas Ankunft feiern die Bewohner Tomis "das Ende eines zweijährigen Winters" (9), die Geröllhalden sind "[z]um erstenmal seit zwei Jahren" (10) schneefrei, während das Gebirge "noch die schimmernden Fetzen der Schneedecke zweier Winterjahre" (76) trägt.

Um den harten Winter zu charakterisieren, übertreibt Ovid: sogar der Wein sei gefroren und werde in Form von Eisbrocken verzehrt, Bäche, Seen, selbst die breite Donau und sogar das Schwarze Meer seien vollständig zugefroren;

---

[1] trist. 3, 4b, 47-52.
[2] Pont. 1, 2, 24.
[3] OLD 234 s.v. bimus < bi + himos < hiems, eigentlich "zweiwintrig".
[4] trist. 3, 10, 13-16.
[5] Epple, Unterrichtshilfen, S. 85.

Schiffe stünden wie Marmorskulpturen im Eis, Fische hafteten zum Teil lebendig am Eis[1]. Ovid fragt rhetorisch:

> quid loquar, ut vincti concrescant frigore rivi,
> deque lacu fragiles effodiantur aquae?[2]

Wozu soll ich davon sprechen, wie Bäche gefrieren, von Kälte gefesselt, und aus einem See zerbrechliches Wasser herausgehackt wird?

Auf ähnliche Weise gewinnt Ransmayrs verbannter Dichter in Tomi Trinkwasser. Es ist übrigens die einzige Stelle, an der der Österreicher (aus Versehen?) anstatt "Naso" "Ovid" schreibt:

> Fort bedeutete, daß Ovid sich eines Morgens wie immer erhoben und das Fenster geöffnet hatte, daß er das Eis im großen Steintrog des Hofes mit einer Axt aufschlug und einen Krug Wasser schöpfte (51).

Ransmayrs Beschreibung ist realistischer, aber auch negativer, weil es keinen reinen schönen Schnee oder sauberes, unberührtes Eis gibt:

> In manchen Buchten warfen die Brecher von Schutt und Vogelkot bedeckte Eisschollen an den Strand. (9)

> Auf den Pfützen, die das Flugwasser der Brandung am Strand hinterlassen hatte, blinkte von Möwenkrallen gemustertes Eis. (86)

Der Österreicher und Bergwanderer kennt unterschiedliche Schnee- und Eisverhältnisse. Er zeigt in seinem Roman "Die Schrecken des Eises und der Finsternis", wie differenziert er diese beschreiben kann, und verwendet gleichfalls in "Die letzte Welt" präzise Bezeichnungen, z.B. "Bruchharsch" (14).

Ovid gibt keine Tatsachen wieder, zumindest relativiert er sie. Einerseits behauptet er, es gebe in Tomi keine Jahreszeiten:

> tu neque ver sentis cinctum florente corona,
> tu neque messorum corpora nuda vides.
> nec tibi pampineas autumnus porrigit uvas:
> cuncta sed immodicum tempora frigus habet.[3]

Weder bemerkst du den Frühling, mit blühendem Kranze geschmückt, noch siehst du die nackten Körper der Schnitter (im Sommer), noch gewährt der Herbst dir Trauben vom Weinstock, sondern zu jeder Zeit herrscht maßlose Kälte,

---

[1] trist. 3, 10, 23-50.
[2] trist. 3, 10, 25-26.
[3] Pont. 3, 1, 11-14.

andererseits erzählt er in früheren (!) Briefen, wie der Frühling zwar nicht so heiter blühend wie in Rom herrsche, wie er aber immerhin die Schnee- und Eiswelt vertreibe:

> at mihi sentitur nix <u>verno</u> sole soluta,
> quaeque lacu durae non fodiantur aquae:
> nec mare concrescit glacie, nec, ut ante, per Histrum
> stridula Sauromates plaustra bubulcus agit.[1]
> Ich aber gewahre, daß die <u>Frühlings</u>sonne den Schnee aufgetaut hat, das Wasser wird nicht hart aus dem Teich herausgehackt, weder starrt das Meer von Eis, noch treibt, wie vorher, der sarmatische Ochsenknecht knarrende Wagen über die Donau.

Auch in "Die letzte Welt" hält der Frühling zwar Einzug, jedoch ebenfalls nicht heiter und blühend:

> Der Mai kam blau und stürmisch. Ein warmer, nach Essig und Schneerosen duftender Wind fraß die letzten Eisrinden von den Tümpeln, fegte die Rauchschwaden aus den Gassen und trieb zerrissene Girlanden, Papierblumen und die öligen Fetzen von Lampions über den Strand. (97)

Die positiven Seiten des Frühlings werden durch Negatives neutralisiert. Der Mai kommt "blau <u>und</u> <u>stürmisch</u>", der Wind duftet nach Schneerosen <u>und</u> <u>Essig</u>. Es weht kein sanfter Zephyr, sondern der Wind "fraß", "fegte" und "trieb". Zum Vorschein kommen keine schönen Blumen, sondern der übriggebliebene Müll der Feier zum Winterende. Die Menschen freuen sich nicht still über den Frühling, sondern die "<u>gewalttätige</u> Freude" (86) des Festes

> [hatte] an dieser Küste schon schlimmere Verwüstungen hinterlassen als die überstandenen Winterstürme, als das Eis und die Steinschläge. (86-87)

Die älteren und kranken Menschen schöpfen keine neue Lebenskraft, sondern sterben:

> Die Alten und Siechen der eisernen Stadt, die in der Kälte all ihre Kräfte gespart und doch allein von der Hoffnung auf die Schneeschmelze am Leben gehalten worden waren, sie atmeten endlich auf; in dieser grenzenlosen Erleichterung, in diesem Nachlassen und Zurücksinken erreichte viele von ihnen der Tod. (98)

Zu dieser Vorstellung inspirierte Ransmayr wohl der Totengräber Hallstatts, Friedrich Valentin Idam, den er für eine Merianreportage über Hallstatt interviewt hatte. In dieser Reportage heißt es:

> Im Südwind, hatte der Totengräber gesagt, werde viel gestorben. In der Kälte würden die Alten noch einmal alle Kräfte aufbieten und auf eine mildere Zeit hoffen. Aber

---

[1] trist. 3, 12, 27-30.

gerade dann, in der Erleichterung des Südwinds, im Aufatmen und Nachlassen der Aufmerksamkeit, käme der Tod.[1]

An diesem Beispiel wird besonders deutlich, wie eng Ransmayrs Reportagen und Romane zusammenhängen. In "Die letzte Welt" verändert er lediglich die Stellung der Aussage, daß bei einsetzender warmer Witterung viele Menschen sterben. Sie rückt an den Anfang, so daß ihre Wirkung durch die Vorwegnahme gemindert wird.

Frühlingsgeräusche sind in "Die letzte Welt" neben Vogelgeräuschen (nicht Vogelgesang) Totengebete, Hammerschläge und Gebrüll des Schlachtviehs (98). Die wenig frühlingshafte Beschreibung schließt mit den Worten "Es war Frühling" (98), als ob nach der wenig idyllischen Szenerie noch einmal bekräftigt werden müßte, welche Jahreszeit herrscht, so daß der Kontrast zu klassischen positiven Frühlingsbeschreibungen um so deutlicher wird.

Das Wetter hält sich bei Ransmayr überhaupt nicht an die Jahreszeiten. Es wird so ungewöhnlich trocken und heiß, daß sich die Vegetation verändert (160) und an die alten Klimabedingungen gewöhnte Tiere aussterben:

> In den Lagunen wie über türkisblauen Untiefen erwärmte sich das Wasser so sehr, daß an Eisschollen und Schneetemperaturen angepaßte Hellebardenfische in panischer Flucht vor der warmen Flut aus dem Spiegel des Meers auf den Strand schnellten und sich dort flossenschlagend in Panzer aus Sandkörnern und Perlmutt hüllten, während sie erstickten. (120)

In Horias Roman dagegen z.B. ist "die Klimaveränderung noch Teil seiner positiven Utopie"[2]. Im Exilort Tomi, an dem Ovid zum Christentum findet, ist der Winter mild und schneearm, dehnt sich der Sommer angenehm lange aus, während er in Rom als unerträglich heiß empfunden wird.[3]

Während also Ovid kunstvolle, für eine Veröffentlichung bestimmte Briefe schreibt, deren Klagen von Topoi geprägt sind, und die trotz widriger Umstände Ovids ungebrochene Schöpfungskraft und seinen ungebrochenen Schöpfungswillen bezeugen, schreibt Naso private, hoffnungslose Briefe, die ihre Adressaten nicht einmal immer erreichen.

Ovid steht in der an Topi reichen Tradition ethnographischer Beschreibungen eines unfruchtbaren Nordens.

Sie veranlaßt den in apokalyptischer Tradition stehenden Ransmayr zu einer realistischen und negativen Beschreibung klimatischer Veränderungen, die auf menschlichen Eingriffen beruhen und an denen Mensch und Tier zugrunde gehen.

---

[1] Ransmayr, Die ersten Jahre der Ewigkeit, S. 66.
[2] Töchterle, Spiel und Ernst, S. 105.
[3] Ebd.

2. 2. Natur

Ganz allgemein und lediglich unter Berufung auf Sekundärliteratur über Ovid stellt De Groot fest, Ransmayrs Schilderungen einer unwirtlichen Natur stimmten mit Ovid überein.[1] Ein genauerer Vergleich lohnt sich.

Weil so viele Flüsse ins Schwarze Meer münden, meint Ovid, dieses ähnle mehr einem Sumpf:

> copia tot laticum, quas auget, adulterat undas,
>   nec patitur vires aequor habere suas.
> quin etiam, stagno similis pigraeque paludi,
>   caeruleus vix est diluiturque color.[2]

Die Menge so vieler Wasser versetzt die Fluten, die sie vermehrt, mit schlechten Bestandteilen und duldet nicht, daß das Meer seine eigenen Kräfte hat. Ja seine Farbe, einem Teich oder fauligem Sumpf ähnlich, ist kaum blau, sondern blaß.

In "Die letzte Welt" ist das Meer ebenfalls nicht fruchtbar, sondern Tomis Fischer verfluchen das leere Wasser (10). Wie bei Ovid scheint das Meer seine Farbe verloren zu haben: "Gelb, schwefelgelb, stumpf und reglos lag das Wasser in der Bucht" (120). Gleichzeitig wird mit dem Attribut "schwefelgelb" auf die Verseuchung der Meere unserer Tage angespielt.

Ovid schildert Tomis Umgebung als Gegenteil eines "locus amoenus", nämlich als "locus inamabilis":

> sive locum specto, locus est inamabilis, et quo
> esse nihil toto tristius orbe potest[3]

Wenn ich andererseits den Ort betrachte, so ist es kein lieblicher Ort, und auf der ganzen Welt kann es nichts Trüberes als ihn geben...

So trüb wie der Ort ist sein Bewuchs:

> tristia per vacuos horrent absinthia campos,
>   conveniensque suo messis amara loco.[4]

Traurig starren auf den öden Feldern Wermutsträucher, und seine bitteren eingeernteten Früchte passen zum Ort.

Auch in Ransmayrs Tomi ist Wermut eine charakteristische Pflanze[5]:

---

[1] De Groot, Es lebe Ovid, S. 256.
[2] Pont. 4, 10, 59-62.
[3] trist. 5, 7, 43-44.
[4] Pont. 3, 1, 23-24 (Verweis von Epple, Unterrichtshilfen, Anm. 20). Variation der Verse in Pont. 3, 8, 15-16.
[5] Epple, Unterrichtshilfen, S. 85.

Dann wandte Cotta sich ab und stieg auf einem von Wermut und Schlehdorn gesäumten Serpentinenpfad durch die Halden. (13)

Nach Ovid gibt es im Gegensatz zu seiner kultivierten italischen Heimat in Tomi weder Landwirtschaft, Weinbau, Obstbau, noch Bäume[1], und er stellt Roms kulturelle Errungenschaften dem primitiven Leben Tomis antithetisch gegenüber, wobei er u.a. das Landschaftsbild vergleicht:

non hic pampineis amicitur vitibus ulmus,
    nulla premunt ramos pondere poma suo.[2]

Hier wird die Ulme nicht von Weinreben umhüllt, keine Äpfel biegen mit ihrem Gewicht die Zweige.

Ebenso baut Ransmayr in "Die letzte Welt" einen Gegensatz zwischen Tomis und Roms Pflanzen auf[3]. In Rom gedeihen unter Gärtnerpflege empfindliche und wohlriechende Gewächse: "Begonien und Oleander" (11), "Schirmföhren" (116), "Feuerlilien und Seerosen" (132), "Oliven-und Orangenhaine" (232), in Tomi dagegen robuste und stachelige Gewächse, "blaue Färberdisteln, Taubnesseln, Reseden und Lavendel" (121), "Ginster" (177), "Kakteen, Disteln, Tamarisken" (199) und "Krüppelkiefern" (237). Südländische Gewächse, wie Pinien, sind den Tomiten unbekannt: "Pinien? wurde der Taubstummen bedeutet, was sind Pinien?" (121)

Allerdings ist Rom in "Die letzte Welt" kein Ideal wie bei Ovid. Man erfreut sich in Rom nicht an seinen schönen Kulturpflanzen, sondern Cottas Internatskameraden träufeln sich brennenden Orangenblüten-und Oleandersaft in die Augen, um die Schule schwänzen zu können (107). Und nicht nur am Rande der Welt, im barbarischen Tomi, auch im Zentrum Rom hält der Verfall Einzug. Nach Nasos Verbannung verwildert sein Garten, und seine Frau Cyane muß vor dem "unaufhaltsamen Verfall" (132-133) in eine neue Wohnung flüchten. Überhaupt würden in den Parks und Gärten Roms schon künftige Wüsten sichtbar (118).

Seit der Klimaveränderung gibt es empfindliche Pflanzen in Tomi, die in der brennenden Augusthitze wieder aussterben (199). Die exotischen Pflanzen, die es vormals in Tomi gegeben hat, hat man ähnlich wie es in Rom die Schulkinder tun, als Gift benutzt. Echo weiß von Fama, "daß sie ihr lallendes Kind vor Jahren mit einem Absud aus Zyklamen und Seidelbastblüten zu vergiften versucht hatte" (124).

Die Pflanzenwelt Tomis ist wie in Ovids Briefen nicht nur rauh und öde, sondern sogar feindlich. Auf dem Weg zur Lichtung wird Cotta von Pflanzen angegriffen:

---

[1] trist. 3, 10, 67-76.
[2] Pont. 3, 8, 13-14.
[3] Epple, Unterrichtshilfen, S. 70.

> Cotta stolperte dem Greis hinterher und spürte, wie Pflanzen sich an ihn herandrängten, schließlich an ihn streiften und ihn schlugen, Zweige, Blätter (47),

und wird auf dem Rückweg übel zugerichtet:

> Cotta folgte dem Greis durch das Labyrinth aus Stämmen und Zweigen und war zu müde, um sich noch gegen die Schläge der Sträucher zu schützen, folgte dem unaufhörlich Redenden schließlich gepeitscht und an den Schläfen blutend die Steintreppen hinauf in den Hof, der weiß unterm Mond lag. (76)

Selbst totes Holz erwacht auf unheimliche Weise zum Leben:

> Brennholz schlug aus. Verstohlen und mit glasigen Wurzeln zuerst, dann mit grünen Fingerchen, betörenden Blüten und schließlich mit zähen, von bemooster Rinde gepanzerten Armen griff die Wildnis nach der eisernen Stadt. (270)

Die personifizierte Natur geht gegen die Menschen vor. Bedrohlich wirken "schlug aus", "Verstohlen", "betörenden", "zäh" und "gepanzerten". Deshalb verwundert es nicht, wenn Lycaon Echo bisweilen beauftragt, alle Pflanzen als Unrat und Abfall in seinem Haus zu vernichten (103), weil Tomi an die (bei Ransmayr wörtlich) zurückschlagende Natur zu fallen droht.

Analog zur aggressiven Pflanzenwelt entwirft Ransmayr seine Tierszenen.[1] Bereits am Anfang von "Die letzte Welt" wird dies deutlich, als ein im Sturm toll gewordener Hund einem Matrosen die Sehnen zerreißt (7) und ein dürres Maultier nach Cottas Landung in Tomi an seinem Mantel knabbert (9). Die Tiergeräusche werden im Romanverlauf immer lauter und unangenehmer. Erst sitzen Dohlen stumm auf Nasos Haus (15), dann schreien sie (85 und 189), dann fliegen Möwen "unter gellendem Geschrei" (192) um Arachnes Haus. Schließlich

> wurde der Lärm der Zikaden so unerträglich, daß die Frauen der eisernen Stadt ihren Kindern die Ohren mit geweihtem Wachs verschlossen, um sie vor jener bösen Musik zu bewahren, die sie in dem Gezirpe zu hören glaubten. (199-200)

Für Tomi ist Ungeziefer charakteristisch, das sich zu einer Plage ausweitet (10). Es gibt "Spinnen von der Größe einer Menschenfaust" (200), Echsen und Schlangen (200), Skorpione (201) und in Cottas Zimmer einen Hornissenschwarm, "der das drohende Lampion seines Nestes zwischen die Deckenbalken gehängt hatte" (219). Ransmayrs Tierbezeichnungen enthalten Begriffe aus dem Militärwesen, so daß sich das feindliche Verhalten der Tiere in ihren Namen spiegelt: es gibt "Hellebardenfische" (120) und "Ameisenzüge" (16). Die Tiere bekämpfen sich untereinander:

---

[1] De Groot (Es lebe Ovid, S. 259-260) macht auf den bedrohlichen Charakter von Ransmayrs Pflanzen- und Tierwelt aufmerksam.

Über die Wände zogen Ameisen<u>heere</u> und lieferten sich lautlose <u>Schlachten</u> um Daunenfedern, unverdaute Körner aus dem Taubenkot und den schillernden, leergefressenen <u>Panzer</u> eines Rosenkäfers (268),

und wenden sich schließlich auch gegen Menschen. Aasvögel verzehren einen verunglückten Hirten bei lebendigem Leibe:

Eingeklemmt im Geröll, zerschlagen und mit seinen gebrochenen Gliedern unfähig, sich gegen den Hunger und die ungeheure Kraft der Vögel zu wehren, waren dem Hirten die Augen wohl noch bei lebendigem Leib aus dem Kopf gehackt worden, das Zarteste und Weichste immer zuerst. (227)

Kein Wunder, daß Cotta unter Alpträumen leidet:

Schlief er endlich, träumte er oft von den Stacheln, Bißwunden und den vielfältigen Waffen einer subtropischen Fauna .(202)

Aus Ovids Topoi eines barbarischen und öden Landes werden in "Die letzte Welt" Bilder einer verseuchten, giftigen, feindlichen, den Menschen angreifenden Natur, die nicht nur Bestandteil moderner apokalyptischer Visionen im allgemeinen ist, sondern die speziell in der jüngeren österreichischen Literatur dargestellt wird[1]: zu nennen sind etwa die Werke von Fritsch, Jonke, Rosei und Innerhofer, in deren klischeekritischen Anti-Idyllen die angeblich heile Bergwelt als zerstört und in jeder Beziehung abstoßend entlarvt werden soll.

2. 3. Bewohner

Ovid verwendet für Tomis Bewohner alte Barbarenstereotype, die sich in der antiken Ethnographie längst herausgebildet hatten[2].
Als für Beschreibungen der nördlichen Barbaren übliche Topoi gelten insbesondere durch Nordens[3] Untersuchung der berühmt gewordenen "Wandermotive"[4]: einerseits seien (nördliche) Barbaren groß, autochthon, nur sich selbst

---

[1] Ebd. S. 262.
[2] Hierzu und zum folgenden vgl. die kurze Übersicht in Städeles Ausgabe von Tacitus' "Agricola" und "Germania", S. 172-175. Abgesehen von fragmentarischen Äußerungen Hekataios' von Milet (6. Jh. v. Chr.) über den Zusammenhang zwischen Klima und Charakter der Bevölkerung in verschiedenen Weltteilen ist es Herodot (5. Jh. v. Chr.), in dessen Tradition alle späteren Ethnographen stehen. Hippokrates und Aristoteles (4. Jh. v. Chr.) folgerten, Griechenland, zwischen beiden extremen Klimazonen gelegen, sei in jeder Hinsicht das beste Land: die in kalten Regionen lebenden Völker seien tapfer, weil sie dank der feuchteren Luft viel Blut in sich hätten, aber wegen der dicken Luft seien sie träge und wenig kunstfertig; die Völker der warmen Regionen seien kunstbegabt und intelligent, aber ohne Kraft.
[3] Norden, Urgeschichte.
[4] Städele (S. 180-181) nennt sie für Tacitus' Germania.

ähnlich, aggressiv, in Felle gekleidet, einfach und einfältig, nicht zu vernünftigen Unternehmungen, sondern nur zu unüberlegten Attacken fähig. Andererseits besage der Einfachheitstopos aber auch, daß Barbaren sich nicht von Gold und Silber verführen ließen, keinen Prunk kennten, ihre Frauen hochachteten, ihre Kinder natürlich erzögen, erstaunlicherweise die Ehe hochhielten, auf natürliche Weise, d.h. ohne irgendwelcher Gesetze zu bedürfen, gerecht seien.

Diese Verallgemeinerungen bleiben bei den Griechen[1] und Römern[2] nicht unwidersprochen[3], denn der starre Gegensatz zwischen Barbaren und Römern bildet sich erst in der Spätantike[4]; in der Literatur aber überwiegt die Klischeevorstellung vom barbarischen Norden und den zivilisierten südlichen Gefilden, die sich über Ovid, Tacitus' Germania und Goethe, der am Ende seiner "Italienreise" Ovid zitiert, um seiner Schwärmerei für Italien Ausdruck zu verleihen, bis heute hält.

Nicht ohne Grund "kollern" in Ransmayrs Roman als letzter Gruß aus dem Land "wo die Citronen blühn // Im dunkeln Laub die Gold-Orangen glühn"[5] (inzwischen verschimmelte) Orangen über die Mole (8).

Ovid zufolge tragen die Tomiten (im Gegensatz zu den tunikatragenden Römern und Griechen) Felle und Hosen[6], sind wild, haben lange Haare und Bärte und sind aggressiv:

vox fera, trux vultus, verissima Martis imago,
   non coma, non ulla barba resecta manu,
dextera non segnis fixo dare vulnera cultro,
   quem iunctum lateri barbarus omnis habet.[7]

Ihre Stimme ist wild, ihr Blick grimmig, ein äußerst wahres Abbild des Mars, weder Haare noch Bart sind geschnitten, ihre Rechte ist nicht träge, mit einem Messer Wunden zu schlagen, das jeder Barbar an der Seite hängen hat.

Nach Ovid sind sie weniger als Menschen denn als Wölfe zu bezeichnen[8]:

---

[1] Christ, Römer und Barbaren, S. 275.
[2] Ebd. S. 277.
[3] In der geschichtlichen Wirklichkeit der hohen römischen Kaiserzeit (Christ, Römer und Barbaren, S. 281-286) gab es z.B. auf Münzen differenziertere Darstellungsweisen verschiedener barbarischer Völker, die sich in Bild und Legende deutlich voneinander unterscheiden. Eine Grenze im Sinne einer völligen Abschottung gegenüber den barbarischen Nachbarländern des römischen Reiches wurde nicht proklamiert, es herrschte reger Handel, das Leben einer wenn auch schmalen barbarischen Oberschicht wurde römisch beeinflußt, und Barbaren dienten in römischen Hilfstruppen.
[4] Christ, Römer und Barbaren, S. 287.
[5] Goethe, Mignon, V. 1-2, S. 103.
[6] trist. 5, 7, 49.
[7] trist. 5, 7, 17-20.
[8] Epple (Unterrichtshilfen, S. 85) macht auf eine Übereinstimmung mit Ransmayrs Menschenbild in "Die letzte Welt" aufmerksam, läßt aber außer acht, daß es sich bei Ovid um Topoi handelt.

> [...] vix sunt homines hoc nomine digni,
> quamque lupi, saevae plus feritatis habent.
> non metuunt leges, sed cedit viribus aequum,
> victaque pugnaci iura sub ense iacent.[1]

Kaum sind die Menschen des Namens [Mensch] würdig, und sie besitzen mehr wütende Wildheit als Wölfe. Sie fürchten keine Gesetze, sondern Gerechtigkeit weicht der Gewalt, besiegt liegt das Recht unter kampfbegierigem Schwert.

Es handelt sich jedoch eben um Topoi, die offenbar schon zu Ovids Zeiten ernst genommen wurden, denn die Tomiten sind über Ovids negative Bemerkungen empört, wie er in einem seiner Briefe schreibt. Sie nehmen durchaus und am dichterischem Schaffen des römischen Dichters Anteil:

> gramina cultus ager, frigus minus odit hirundo,
>   proxima Marticolis quam loca Naso Getis.
> talia suscensent propter mihi verba Tomitae,
>   iraque carminibus publica mota meis.
> ergo ego cessabo numquam per carmina laedi,
>   plectar et incauto semper ab ingenio?[2]

Weniger haßt bestelltes Feld Gräser und die Schwalbe Kälte als Naso die Gegend, die den Mars verehrenden Geten. Wegen solcher Worte sind die Tomiten zornig auf mich, und die Öffentlichkeit ist auf meine Dichtung wütend. Werde ich also nie aufhören, mir mit meiner Dichtung zu schaden, und infolge meines unvorsichtigen Talents Schläge einstecken müssen?

Ovid betont den fiktiven Charakter seiner Briefe, es sei doch alles nur Dichtung, und er beteuert seine Unschuld: die Tomiten liebe er, nur das Land hasse er. Letzteres muß der Dichter unbestritten lassen, weil er noch immer die Aufhebung des Verbannungsurteiles bewirken will, und man in Rom nicht den Eindruck haben soll, es gehe ihm ausgezeichnet. Ein "malus interpres"[3], ein böswilliger Dolmetscher seiner Dichtung, habe die Tomiten gegen ihn aufgebracht. Die Tomiten hätten sich seines Schicksals freundlich und gutherzig angenommen, man habe ihn mit Steuerfreiheit und Dichterkranz geehrt[4]. Auch mit seinem Lob übertreibt Ovid dichterisch, indem er sein Schicksal mit dem mythischen der Latona[5] vergleicht:

> quam grata est igitur Latonae Delia tellus,
>   erranti tutum quae dedit una locum,

---

[1] trist. 5, 7, 45-48.
[2] Pont. 4, 14, 13-18.
[3] Pont. 4, 14, 41.
[4] Pont. 4, 14, 47-56.
[5] Nur die Insel Delos wagte es, der von Jupiter schwangeren Latona Zuflucht zu gewähren. Latona mußte sich vor der zornigen Juno verstecken, weil sie von Jupiter Apollon und Diana erwartete.

> tam mihi cara Tomis, patria quae sede fugatis
> tempus ad hoc nobis hospita fide manet.[1]

Wie lieb die Delische Erde der Latona ist, die als einzige der Herumirrenden einen sicheren Zufluchtsort gegeben hat, so teuer ist mir Tomis, das mir aus heimatlichem Wohnort Vertriebenen bis heute treu gastfreundlich bleibt.

Ovid verwendet also in seinen Briefen negative Barbarentopoi, nimmt die wirklichen Tomiten jedoch in Schutz.

Ransmayr geht nur von den negativen Topoi aus. In "Die letzte Welt" ist es der deutsche Totengräber Thies, für den die Menschen Wölfe sind (vgl. auch die Lycaon-Episode und ihre Rezeption bei Ransmayr). Thies spricht selten, aber wenn, dann zitiert er trotz Spott der Umstehenden einen Kalenderspruch, den Naso aus Rom nach Tomi gebracht haben soll (266):

> Thies fühlte den Spott, und doch kam ihm die Banalität immer wieder über die Lippen, weil sie alles enthielt, was er erlebt und was die Welt ihm gezeigt hatte, *der Mensch ist dem Menschen ein Wolf.* (266)

"Der Mensch ist dem Menschen ein Wolf" ist ein verkürztes Plautuszitat, das Ovids oben zitierten Vergleich der Tomiten mit Wölfen beeinflußt haben könnte[2]:

> lupus est homo homini, non homo, quom [=cum] qualis sit, non novit.[3]

> Ein Mensch ist dem Menschen dann ein Wolf, kein Mensch, wenn er nicht weiß, was für ein Mensch er [der andere] ist.

Plautus schränkt noch ein: der Mensch sei nur dann dem anderen Menschen ein Wolf, wenn er sein Gegenüber nicht kenne.

Ransmayr ist wohl eher[4] vom allgemeinen Gebrauch dieses Sprichworts oder einem (häufig mißverstandenen[5]) Hobbes-Zitat beeinflußt. In "Die letzte Welt"

---

[1] Pont. 4, 14, 57-60.
[2] Luck zu trist. 5, 7, 45 ff.
[3] Plaut. Asin. 495.
[4] So sieht es auch Gottwald, Mythos, S. 11.
[5] Bei Hobbes heißt es nicht nur "homo homini lupus", sondern: "Profecto utrumque vere dictum est, Homo homini Deus, & Homo homini Lupus." (De Cive, epist. Hobbes, Freiheit, S. 40) - "Nun sind sicher beide Sätze wahr: Der Mensch ist ein Gott für den Menschen, *und* [sic]: Der Mensch ist ein Wolf für den Menschen" (Übers.: Gawlick. Hobbes, Freiheit, S. 41). Dazu Geismann und Herb: "Es ist unbegreiflich, wie Hobbes mit dem "Homo homini Lupus" so berühmt und berüchtigt werden konnte [...] Und doch ist die Mißdeutung jenes Satzes (und des anderen, ebenso berühmt-berüchtigten und notorisch zitierten, daß der natürliche Zustand der Menschen der Krieg aller gegen alle sei) die Grundlage für fast alles, was von Hobby-Denkern, welche Hobbes für ein besonders geeignetes Objekt ihrer Passion halten, vielfältig und durchaus kontro-

entwickelt sich die Menschheit zu Hobbes Auffassung von Naturzustand zurück, in einen Zustand ohne bürgerliche Gemeinschaft, in der ein egoistischer Krieg aller gegen alle herrsche.

Indem der Deutsche Thies das geflügelte Wort verwendet, stellt Ransmayr eine Verbindung her zwischen der Vorstellung vom Wolfscharakter des Menschen und den Erfahrungen unserer jüngsten Geschichte. Thies ist die einzige Gestalt, die eindeutig unserer Zeit entstammt, und verweist deutlich auf die Untaten der Nationalsozialisten.

Gesellschaftskritik in Form eines Vergleichs zwischen Wolf und Mensch übt bereits Platon. Im "Staat" fragt Sokrates rhetorisch, es sei doch wohl einem Volksvorsteher, der sein eigenes Volk vertreibe und töte, bestimmt, "entweder durch seine Feinde unterzugehen oder ein Tyrann und also aus einem Menschen ein Wolf zu werden?"[1]

Ovids Tomiten zeigen Emotionen, während sie bei Ransmayr keinerlei Gemütsregungen äußern und ihr Hauptcharakterzug Gleichgültigkeit[2] ist, die immer wieder betont wird:

Es schien in diesen Tagen nichts zu geben, woran sich die eiserne Stadt nach einem Augenblick des Schreckens oder des Erstaunens nicht gewöhnen konnte; noch in der ersten Stunde der Gewöhnung schien dieser Stadt auch das Fremdeste schon wieder gleichgültig zu werden. (201)

Oft tritt die Bevölkerung nur als unpersönliche Menge in Erscheinung: "Warum so früh, sprach und fragte es aus der Schar" (23) und:

Man sah den Fremden an Echos Seite über Saumpfade gehen. Man sah, daß er am hellen Tag vor ihrer Behausung auf sie wartete, sah vor allem, daß sie mit ihm sprach. (123)

Häufig ist statt von einzelnen Bewohnern nur von "Tomi" oder "die Stadt"[3] die Rede, und in Cotta steigt langsam Angst vor der anonymen Stadt auf: "Cotta fühlte, daß Tomi ihn zu beobachten, ja zu belauern begann." (124)

Ovid erklärt des öfteren, die barbarischen Geten verstünden kein Latein. Das Wort "Barbar" kommt vom griechischen Wort "βάβαρος" und meinte als re-

---

vers als sogenannte anthropologische Grundlage von Hobbes politischem Denken feilgeboten wird." (Hobbes, Freiheit, S. 41-42, Anm. 4) Besagtes zweites Zitat lautet korrekt in der Übersetzung von Gawlick: "Darauf zeige ich nun, daß der Zustand der Menschen außerhalb der bürgerlichen Geselllschaft (den ich den Naturzustand zu nennen mir erlaube) nur der Krieg aller gegen alle ist, und daß in diesem Kriege alle ein Recht auf alles haben." (Praef. Hobbes, Freiheit, S. 76)

[1] Bömer (zu 1, 227, S. 94) verweist im Zusammenhang mit Ovids Lykaonerzählung auf Platon, Staat, 565d-566a (Übers.: Schleiermacher. Platon. Bd. 4, S. 709).
[2] Epple, Unterrichtshilfen, S. 38.
[3] Z.B. (90): "diese Stadt hatte ihn [Cotta] nun zum erstenmal angefaßt."

duplizierte Nominalbildung ursprünglich völlig wertfrei denjenigen, der eine unverständliche Sprache redet[1].

In Ransmayrs Tomi kann von dieser wertfreien Bedeutung keine Rede sein, vielmehr scheinen alle Bewohner Tomis an Sprachstörungen zu leiden: Lycaon schweigt, Echo kann nur ein Echo wiedergeben, Phineus lallt stets, Tereus grölt, Arachne ist taubstumm, Philomela ist stumm, Pythagoras führt Selbstgespräche. Wie im absurden Theater kommunizieren die Menschen nicht miteinander, was vielleicht ein Hauptgrund für Tomis Niedergang ist, weil Sprache den Menschen vor anderen Lebewesen auszeichnet, und das einzige Mittel ist, Probleme ohne Gewalt zu lösen.

Ovid unterscheidet zwischen Barbarentopoi, die dazu dienen, in Rom Mitleid zu erregen, und den wirklichen, individuellen Bewohnern Tomis.

Ransmayr läßt sich von Ovids negativen Barbarentopoi anregen. Indem er sein negatives Menschenbild mit Thies auf unser Jahrhundert überträgt, übt er (wie Platons Sokrates mit seinem Vergleich in seiner Zeit) an unserer Gesellschaft Kritik. Die Schilderung einer dekadenten Bergbewohnergemeinschaft gehört zur Tradition der österreichischen Anti-Idylle.

2. 4. Medea

Ovid bringt seinen Verbannungsort mit dem Medeamythos in Zusammenhang, um ihn dadurch abermals in besonders schlechtem Licht erscheinen zu lassen.

In einer aitiologischen Elegie in der Art des Kallimachos[2] erzählt er, Medeas Vater habe diese bis in die Gegend von Tomi verfolgt, wo Medea ihren Bruder ermordet und seine Leiche zerstückelt habe, damit ihr Vater durch das Aufsammeln der Leichenteile aufgehalten werde. Daher habe Tomi seinen Namen:

> inde Tomis dictus locus hic, quia fertur in illo
>   membra soror fratris consecuisse sui.[3]
>
> Deshalb heißt dieser Ort Tomis ['Zerstückelung'][4], weil man sagt, dort habe die Schwester den Körper ihres Bruders zerhackt.

Ovid leitet den Namen "Tomis" volksetymologisch von griech. "τέμνω" ("schneiden") ab, um die Lokalisierung eines Teiles des Medeamythos an seinem Verbannungsort zu stützen.[5]

Ransmayr läßt sich diese Idee, Medeas Brudermord (Verwandtenmord ist das letzte und schrecklichste Merkmal des Eisernen Zeitalters in Ovids "Metamor-

---

[1] Christ, Römer und Barbaren, S. 275.
[2] Luck zu trist. 3, 9 (S. 208).
[3] trist. 3, 9, 33-34.
[4] Doblhofer, Exil und Emigration, S. 286, schlägt 'Zerstücklingen' vor.
[5] Holzberg (S. 565) zu trist. 3, 9, 6 .

phosen"[1]) nach Tomi zu verlegen, für seinen von der Darstellung des Verfalls menschlicher Ordnungen geprägten Roman nicht entgehen. Ovids Elegie über den Medeamythos ist an sich schon grausig:

> protinus ignari nec quicquam tale timentis
>   innocuum rigido perforat ense latus,
> atque ita divellit divulsaque membra per agros
>   dissipat in multis invenienda locis
> (neu pater ignoret, scopulo proponit in alto
>   pallentesque manus sanguineumque caput)[2]

Sofort durchbohrt sie mit starrem Schwert die unschuldige Seite dessen, der nichts ahnt und solches nicht befürchtet, und so zerteilt sie ihn und verstreut die zerteilten Körperteile auf den Feldern, damit sie an vielen Stellen zusammengelesen werden müssen (damit es dem Vater nicht entgeht, legt sie die bleichen Hände und den blutigen Kopf auf eine hohe Felsklippe).

In "Die letzte Welt" stellt eine der Faschingsfiguren Medea dar:

> Ein riesenhaftes, rot bespritztes Weib mit einem Oberkörper aus Holz und Stroh schleuderte mit zwei dünnen Armen, die aus ihrem Schoß wuchsen, einen Pappschädel wieder und wieder hoch und fing ihn mit gellenden Schreien auf. (91)

Ransmayr erklärt, es handle sich um Medea,

> die ihren eigenen Bruder abgeschlachtet, den kindlichen Leichnam zerstückelt und den abgeschlagenen Kopf gegen die Felsen der Steinküste geschleudert hatte, einen verschmierten, haarigen Ball (92).

Wieder zeigt sich, wie der österreichische Dichter mit kleinen Veränderungen seine Vorlage grausiger gestaltet. Medea tötet und zerstückelt ihren Bruder wie in Ovids Mythos, legt aber den abgeschlagenen Kopf nicht auf eine hohe Felsklippe, sondert schleudert ihn brutal gegen die Felsen. Der Zusatz "einen verschmierten, haarigen Ball" tut ein übriges. Ransmayr kann Medeas dritte Maßnahme auch nicht übernehmen, weil diese nur im Zusammenhang mit dem Mythos sinnvoll erscheint, in dem Medea die Verfolgung ihres Vaters verzögern will. Ransmayrs Medea dagegen handelt völlig unmotiviert, wodurch sie noch unmenschlicher erscheint.

Dies paßt gut zu Ransmayrs negativer Anthropologie und zum apokalyptischen Gesamtcharakter seines Romans.

---

[1] met. 1, 145-148.
[2] trist. 3, 9, 25-30.

3. Ovid und Naso

> ut cecidi, subiti perago praeconia casus
> sumque argumenti conditor ipse mei[1]
>
> Seit ich gestürzt bin, verbreite ich die Kunde des plötzlichen Sturzes und liefere mir selbst meinen Stoff,

erklärt Ovid im programmatischen ersten Brief seines letzten Tristienbuches. Der Sturz des Dichters liefert auch den Stoff zu Ransmayrs Roman. Wie Ovid über sich selbst, so reflektiert der Österreicher in "Die letzte Welt" den exemplarischen Charakter seines Naso, der besonders nach dem Gerücht vom Tode Nasos deutlich wird:

> Das Schicksal des Verbannten wurde in Rom noch einmal zum umstrittenen Thema. Alte Fragen wurden erneut und öffentlich gestellt, Fragen nach dem Vergehen und den Verdiensten des Dichters, nach der Kunstfeindlichkeit der Zensur oder der Willkür der Justiz ... Wo immer und gleichgültig aus welchen Gründen Empörung laut wurde - stets ließ sich dabei auf Nasos unwürdiges Ende am Schwarzen Meer verweisen. (137)

Im folgenden soll das Bild des Dichters bei Ovid und Ransmayr verglichen werden.

Wie sah der historische Ovid aus? Sein cognomen[2] "Naso" läßt vermuten, daß entweder einer seiner Vorfahren ihm den Namen oder den Namen und eine auffällige Nase vererbt hat oder Ovid der erste seiner Familie mit einer auffälligen Nase war.

"Wenigstens meiner Ansicht nach gibt es keinen größeren Beweis von Glückseligkeit, als wenn alle stets zu erfahren trachten, wie jemand ausgesehen hat."[3], schreibt der Ältere Plinius, aber zeitgenössische Beschreibungen oder Porträts Ovids existieren nicht mehr.[4] Erst seit dem 12. Jahrhundert sind Bildnisse erhalten, die ihn zum Teil mit einer großen Nase zeigen, aber auf das tatsächliche Aussehen Ovids keine Rückschlüsse erlauben.[5]

Ovid selbst teilt uns mit, daß es ein Bildnis und ein Abbild auf einem Freundschaftsring von ihm gab:

---

[1] trist. 5, 1, 9 f.
[2] Zum cognomen vgl. Mayer-Maly, Cognomen, 1242.
[3] Plin. nat. 35, 10-11 (Übers.: Roderich König in Zusammenarbeit mit Gerhard Winkler. Plinius, S. 19).
[4] Frau Professor Zwierlein-Diehl hat mich darauf aufmerksam gemacht, daß man lediglich von einem heute leider verschollenen Kontorniaten, einer Geschenk-Medaille für besondere Anlässe, weiß, auf der Ovid abgebildet war. Vgl. Alföldi, A. und E., Kontorniat-Medaillons, S. 49-50.
[5] Trapp, Portraits of Ovid.

> Siquis habes nostri similes in imagine vultus,
> deme meis hederas, Bacchica serta, comis.
> ista decent laetos felicia signa poetas:
> temporibus non est apta corona meis.
> hoc tibi dissimula, senti tamen, optime, dici,
> in digito qui me fersque refersque tuo,
> effigiemque meam fulvo complexus in auro
> cara relegati, qua potes, ora vides.[1]

Falls du in einem Bildnis den meinen ähnliche Züge besitzt, nimm von meinen Haaren den Efeu, den Bacchuskranz. Dieses Glückszeichen ziemt heiteren Dichtern: für meine Lebensumstände ist es nicht passend. Daß ich dir dieses Wort gilt, verbirg es, doch nimm es zur Kenntnis, mein Bester, der du mich stets an deinem Finger umherträgst, und, nachdem du mein Bild in blitzendes Gold gefaßt hast, die lieben Züge des Relegierten siehst, wie du sie alleine noch sehen kannst.

In "Die letzte Welt" lautet der erste Satz über den Dichter: "*Naso ist tot.*" (11) Der Österreicher beginnt mit der Botschaft, die am Ende der Exildichtung Ovids steht. "*Invide, quid laceras Nasonis carmina rapti?*"[2] - "Du Neider, warum zerfleischt du Gedichte eines toten Naso?" fragt Ovid zu Anfang seiner letzten Elegie und endet:

> quid iuvat extinctos ferrum demittere in artus?
> non habet in nobis iam nova plaga locum.[3]

Was nützt es, das Schwert in tote Glieder zu stoßen? Für einen neuen Hieb biete ich keinen Platz mehr.

Trotz angekündigter und schließlich Wirklichkeit werdender Abwesenheit des Autors machen sich in Ransmayrs Roman die Römer in Rückblenden ein Bildnis ihres noch ganz lebendigen Dichters.
Der oben erwähnte Ring mit dem Bildnis Ovids ist ein Zeichen freundschaftlicher Verbundenheit aus der Zeit vor der Verbannung und wird erst nach seiner Relegation als Zeichen einer geheimen Verschwörung unter seiner treuen Leserschaft in Münzen geprägt, wie sich Cotta beim Anblick von Battus' großer Karnevalspappnase erinnert:

> dieser Kopf mit der großen, hakigen Nase glich jenem Bildnis, das ein ebenso furchtloser wie vermögender Bewunderer Nasos nach dessen Verbannung aus Rom auf Silbermünzen hatte prägen und an die nächsten Freunde des Dichters verteilen lassen, ein Medaillon zur Erinnerung. [...] Dieses nicht einzuschüchternde, letzte Publikum zeigte bei seinen geheimen Zusammenkünften die Silbermedaillons den jeweiligen Gastgebern vor, Zeichen eines harmlosen Verschwörertums, das der Macht des Imperators nicht schadete, dem Verbannten nicht half und den Freunden seiner

---

[1] trist. 1, 7, 1-8.
[2] Pont. 4, 16, 1.
[3] Pont. 4, 16, 51-52.

Poesie die Illusion ermöglichte, Freunde einer ebenso gefährlichen wie bedeutsamen Sache zu sein. (95)

Wie einige seiner Vorgänger[1] arbeitet Ransmayr Ovids cognomen in seinen Roman ein:

> Die Prägung des Medaillons hatte die seltsam große Nase des unglücklichen Dichters mit einer fast spöttischen Genauigkeit wiedergegeben, eine Nase von einer so auffälligen und einprägsamen Form, daß sie dem Dichter in einer unbeschwerteren Zeit seines Lebens den manchmal liebevoll, manchmal ironisch gebrauchten Beinamen eingetragen hatte (95).

Auch erwähnt Ransmayr eine Dichterbüste (146), zusätzlich Abbildungen in Zeitungen und auf Plakatwänden. Nasos große Nase wird zum 'besonderen Kennzeichen' eines steckbrieflich gesuchten Flüchtlings, zum Hindernis einer möglichen Flucht:

> Was aber schon für irgendeinen namenlosen Staatsfeind galt, dessen Bildnis an Grenzposten, Hafenämtern und Mautstellen auflag, mußte einen berühmten Sträfling um vieles mehr bedrohen, einen Mann, dessen Porträt auf den Plakatwänden entlang der großen Straßen und in allen Zeitungen erschienen war, dessen Züge die Münzmeister in Prägestöcke und die Bildhauer in Stein geschlagen hatten - und der zu allem Überfluß auch noch ein Mensch war mit einer so unverwechselbaren, unvergeßlichen Nase! (186)

Die große Nase des berühmten Autors, die auf Zeitungsausschnitten zu sehen ist, die ein Schuldiener ans Schwarze Brett heftet, bleibt den Schülern von San Lorenzo, die "doch nur Verse und Worte wieder[erkennen], mit denen sie in den Schulstunden gequält wurden"(109), unter Fotografenblitzen verborgen.
Wodurch zeichnen sich Ovid und Naso weiter aus?
Ovid versucht, dem Wunsch seines Vaters nachzukommen und Prosa zu schreiben, die für 'anständige Berufe' nützlich sei, aber:

> sponte sua carmen numeros veniebat ad aptos,
>   et quod temptabam scribere versus erat.[2]

> Von selbst erhielt das Gedicht geeignete Maße und alles, was ich versuchte zu schreiben, war von selbst ein Vers.

Naso ergeht es ebenso:

> Es war, als hätte er *alles, was* er zu sagen und zu schreiben imstande war, in das Reich seiner Dichtungen verlegt, in die gebundene Rede oder eine vollendete Prosa

---

[1] Bartsch (Mythos, S. 16) erwähnt, daß in Maloufs Ovid-Roman Ovid "Naso" heißt, weil er ein Schnüffler sei, der eine 'Nase' für Vorgänge in Rom habe.
[2] trist. 4, 10, 25-26.

und wäre darüber in der Welt der Alltagssprache, des Dialektes, der Schreie und gebrochener Sätze und Phrasen verstummt. (53)

Naso ist ganz und gar Dichter, eine Art 'totaler' Dichter. Ihm zur Seite steht Pythagoras, der 'totale' Aufzeichner. Nasos Knecht ritzt in Tische, beschriftet Hauswände, Bäume und Tiere:

> Pythagoras verstieg sich in seiner Verehrung für den Dichter soweit, daß er alles zu bewahren versuchte, was Naso aussprach, jeden Satz, jeden Namen [...] und begann um *jedes* [sic] Wort Nasos ein Denkmal zu errichten (254).

Ovid wird als Achtzehnjähriger mit seinen "Amores" berühmt und ist von Haus aus reich. Naso wird mit seinen Liebeselegien bekannt und reich, mit seinem Schaupiel "Medea" berühmt (44). Wie ein tragischer Held hat er einen einzigen menschlichen Fehler: seine Ruhmsucht, die ihm schließlich zum Verhängnis wird:

> Obwohl Naso gewußt haben mußte, daß die Ovation in der Arena eine der Poesie unerreichbare
> Form des Beifalls war, schien er manchmal einer Sucht nach diesem Jubel verfallen zu sein (45).

Der historische lateinische Dichter erinnert sich im Exil an seine glückliche Zeit in Rom:

> donec eram sospes, tituli tangebar amore,
> quaerendique mihi nominis ardor erat.[1]

> Solange ich wohlbehalten war, wurde ich von Liebe zu Ruhm durchdrungen, und es gab das Verlangen, mir einen Namen zu machen.

Ovid verspricht aber nicht nur sich selbst Ruhm, sondern auch seiner Frau, seinen Freun-den, Herrschern und Göttern.
Im Exil kommt Ovid mehr aus Überlebenswillen[2] wiederholt[3] auf seinen Ruhm zu sprechen, distanziert sich jedoch vom Beifall der Massen. Sein Verse seien nie für die Aufführung bestimmt gewesen, auch wenn ihn der Erfolg freue:

> carmina quod pleno saltari nostra theatro
> versibus et plaudi scribis, amice, meis,[4]
> nil equidem feci - tu scis hoc ipse - theatris,
> Musa nec in plausus ambitiosa mea est;

---

[1] trist. 1, 1, 53-54.
[2] Doblhofers Kapitel: Therapie. Fomen der Selbstbehauptung (Exil und Emigration, S. 179-290).
[3] trist. 4, 10, 95-96; Pont. 3, 2, 30; Pont. 4, 2, 35-36.
[4] trist. 5, 7, 25-30.

> non tamen ingratum est, quodcumque oblivia nostri
> impedit et profugi nomen in ora refert.

Was das anbelangt, daß du mir schreibst, meine Dichtungen würden im vollbesetzten Theater getanzt[1] und meine Verse beklatscht, mein Freund, so habe ich freilich nichts - du weißt es selbst - für das Theater geschrieben und meine Muse ist nicht begierig nach Applaus; dennoch ist nicht unwillkommen, was immer mich vor dem Vergessen schützt und den Namen eines Flüchtigen wieder zum Gesprächsthema macht.

Naso hat keinerlei Einwände gegen seinen Massenerfolg:

> Damals wurde eine Tragödie, die er geschrieben hatte, in den vornehmsten Schauspielhäusern des Imperiums und noch in den Provinzen beklatscht. (44)

Ransmayr führt den kommerziellen Erfolg seines Dichters noch ein wenig weiter aus, wobei sich antike ("Mosaiken", "Pyramiden") und moderne Assoziationen ("in den Schaufenstern der Buchläden") die Waage halten:

> Nasos Bücher lagen in den Schaufenstern der Buchläden zu Pyramiden und Mosaiken geordnet unter Plakaten mit seinem Porträt (44).

Naso reicht es nicht aus, in Rom ein erfolgreicher Schriftsteller zu sein, dessen Tragödie und Elegien von einem kleinen Literaturzirkel begeistert aufgenommen werden. Auszüge aus seinem noch unveröffentlichten Hauptwerk "Metamorphosen" machen ihn "*populär*" (58), weil man sensationssüchtig vermutet, er schreibe an einem Schlüsselroman der römischen Gesellschaft. Nach dem Skandal um seine Komödie "Midas", wird Naso stadtbekannt und zum "Hofnarr" (58) oder "Aufputz der Anwesenheitsliste eines Banketts" (58) ungebildeter, aber reicher Kreise. Naso gilt als "Provokateur" (58), dennoch beschließen einige betrunkene Gäste eines solchen Banketts, ihn eine der Reden anläßlich der Eröffnung eines neuen Stadions halten zu lassen. Ovids Dichtung wird von den Römern gewürdigt und anerkannt, Naso dagegen erhält vom Volk nur Beifall, weil "die Begeisterung Vorschrift [war]" (66). Politische Kritik eines Dichters findet keinen Platz in einem Staat, der sowohl mittelalterliche und absolutistische[2] als auch wegen der Fackelzüge und der technischen Errungenschaften der Dreißiger oder Vierziger Jahre faschistische Züge trägt.

Die wirklichen Verhältnisse zur Zeit Ovids sehen für Dichter in Rom anders aus.[3] Ihre soziale Position ist gesichert, denn sie sind keine "scurrae" (Essensbegleiter) oder Reisegesellschafter mehr, sondern von Lukrez bis Ovid von Geburt römische Bürger. Sie sind selbstbewußt und zum Teil finanziell unabhängig, so daß sie auf niedrige Dienste nicht mehr angewiesen sind. Die römische

---

[1] d.h. tanzend aufgeführt.
[2] Darauf deutet Ransmayrs Vokabular: z.B. "Hof" (64; 66), "Kniefall" (60), "Hofnarr" (58), "Residenz" (126), "Zeremonienmeister" (60). Bornemann und Kiedaisch, Geschichtsbild, S.14.
[3] Vgl. Quinn, The poet and his audience.

Literatur kann seit Lucilius (gest. 102/101) sozialkritisch sein und erreicht mit der Zeit ein immer breiteres Publikum. Diese Entwicklung wird durch die Einrichtung privater Bibliotheken und seit Augustus auch öffentlicher Bibliotheken sowie durch die Verbreitung der Werke in Manuskriptform und durch Lesungen in Theatersälen gefördert, während man sich vorher in einem kleinen Kreis Dichtung gegenseitig vorgetragen hat.

Naso jedoch wird aufgrund seiner Gesellschaftskritik für den Machtapparat und persönliche Gegner zum Staatsfeind. Für die Opposition, die ihn vorher höhnisch einen "Mann für alle Jahreszeiten" (127) genannt hat, jetzt aber Verse aus Nasos Schilderung des goldenen Zeitalters auf die Fahnen ihres Widerstandes schreibt, ist er ein "Poet der Freiheit und Volksherrschaft" (128). Naso wird ein "Mythos unter Mythen" (128), ja sein Schicksal zerfällt in mehrere Mythen (130).

Nasos Reaktionen auf die Veränderungen seines Bildes in der Öffentlichkeit werden nicht beschrieben. Der historische Ovid vergleicht im ersten Exilbrief die Veränderung seines Schicksals[1] mit den von ihm erzählten Verwandlungen mythischer Gestalten. Sein Tristienbuch soll seinen geschwisterlichen Büchern in Rom, den "Metamorphosen" folgendes ausrichten:

his mando dicas, inter mutata referri
   fortunae vultum corpora posse meae.
namque ea dissimilis subito est effecta priori,
   flendaque nunc, aliquo tempore laeta fuit.[2]

Ihnen sage bitte, daß das Aussehen meines Schicksals zwischen den verwandelten Körpern erzählt werden kann. Denn plötzlich wurde es meinem früheren unähnlich, jetzt muß man es beweinen, zu einer anderen Zeit war es heiter.

Indem Ovid sich unter verwandelte mythische Figuren einreiht, verarbeitet er seinen Schicksalsschlag. Die kaleidoskopartige Zerspiegelung von Nasos Bild zeigt dagegen verschiedene gesellschaftliche Einschätzungen eines Dichters. Für Regierung und Opposition ist Naso nach seinen Verwandlungen weder tot noch lebendig (129). Dies entspricht Ovids Einschätzung des Phänomens der Metamorphose[3] (s.o. S. 76). Für beide Seiten 'versteinert' Naso so zu einem Mahnmal, zu einem Symbol entweder für die Vergeblichkeit einer Empörung oder für die Notwendigkeit einer solchen (129-130). Das Gerücht von Nasos Tod bewirkt eine weitere Verwandlung. Naso wird zum Märtyrer, weshalb die Regierung beschließt, Naso für ihre Zwecke zu vereinnahmen, indem sie ihrem unbequemen, jetzt wieder gnädig aufgenommenen Bürger, ein Denkmal setzt. Nachdem Naso in einer letzten Metamorphose zu einer roten Marmortafel 'versteinert', ist er wirklich tot und ungefährlich.

---

[1] Epple (Unterrichtshilfen, S. 86) erwähnt diese Stelle.
[2] trist. 1, 1, 119-122.
[3] met. 10, 487. Myrrha bittet die Götter, sie zu verwandeln und ihr dadurch sowohl Leben als auch Tod zu verweigern.

Schon Ovid bittet seine Frau um die Errichtung eines marmornen Grabmals mit der Inschrift, jeder Liebende möge dem toten Liebesdichter eine sanfte Ruhe wünschen.[1] Auf Nasos roter Marmortafel wird "Jeder Ort hat sein Schicksal" (141) eingemeißelt, vielleicht frei nach Terentianus Maurus[2] : "habent sua fata libelli". Dies scheint nicht ganz abwegig, da in "Die letzte Welt" der Autor am Ende nur in seinem Werk präsent ist.

Ovid schreibt seiner Frau, er wünsche die Bestattung seiner Asche in Rom:

> ossa tamen facito parva referantur in urna:
>   sic ego non etiam mortuus exul ero.
> non vetat hoc quisquam: fratrem Thebana peremptum
>   supposuit tumulo rege vetante soror.
> atque ea cum foliis et amomi pulvere misce,
>   inque suburbano condita pone solo[3]

> Sorge dafür, daß meine Gebeine in einer kleinen Urne überführt werden: so werde ich nicht auch noch als Toter ein Verbannter sein. Niemand verbietet dir dies: die thebanische Schwester [Antigone] bestattete trotz königlichen Verbots ihren verstorbenen Bruder im Grab. Und mische meinen Gebeinen Blätter und Pulver von
> Amomum bei, und setzte sie im Boden vor Rom bei.

In "Die letzte Welt" bereitet die augusteische Residenz nach dem Tod des Dichters eine Expedition nach Tomi vor:

> Nasos Gebeine, seine Asche oder was immer von ihm geblieben sei, hieß es, sollten von einer Kommission geborgen, in die Residenz geschafft, in einen Sarkophag getan werden und in einem Mausoleum die Epochen überdauern. (146)

Doch bevor Ovid stirbt und Naso in der Realität nicht mehr aufzufinden ist, bleibt den Dichtern noch etwas Zeit an ihrem Verbannungsort.

Exilierte Dichter zeigen in der Fremde u.a. mangelnden Willen zur Anpassung[4] und Unfähigkeit zur inneren Loslösung von der Heimat[5]. So ergeht es nicht nur Ovid, wie Doblhofer gezeigt hat, sondern auch Ransmayrs Naso. Naso bleibt im kalten Tomi seiner leichten mediterranen Kleidung treu:

> Naso...? War das nicht der Verrückte, der gelegentlich mit einem Strauß Angelruten auftauchte und selbst bei Schneegestöber noch in einem Leinenanzug auf den Felsen saß? (12)

Vielleicht hat sich Ransmayr hier an die Ovid zugeschriebenen "Halieutica" ("Über den Fischfang") erinnert. Naso wohnt in Rom an der Piazza del Moro

---

[1] trist. 3, 3, 71-76.
[2] Ter. Maur. 258.
[3] trist. 3, 3, 65-70.
[4] Doblhofer, Exil und Emigration, S. 136 ff.
[5] Ebd. S. 143 ff.

(ital. = Maulbeerbaum), im Innenhof seines Exilhauses steht "sanft und grün ein Maulbeerbaum" (15). Im Zimmer des Verbannten findet Cotta "eine römische Straßenansicht unter Glas im schwarzen Holzrahmen" (16).

Die Verbannung kann das dichterische Schaffen Ovids nicht beenden, obwohl er in Tomi zunächst von der Gesellschaft ausgegrenzt wird[1] :

> barbarus hic ego sum, qui non intellegor ulli,
> et rident stolidi verba Latina Getae;
> meque palam de me tuto male saepe loquuntur,
> forsitan obiciunt exiliumque mihi.
> utque fit, insanum me, si dicentibus illis
> abnuerim quotiens adnuerimque, putant.[2]

Hier bin ich ein Barbar, der von keinem verstanden wird, und dumm lachen die Geten über lateinische Worte; mit Sicherheit reden sie in meiner Anwesenheit oft schlecht über mich, und vielleicht werfen sie mir sogar meine Verbannung vor. Und falls ich, wie es geschieht, wenn sie reden, etwas durch Nicken verneine oder bejahe, so halten sie mich für verrückt.

Diese unbehaglichen Gefühle faßt Cottas erster Brief aus Tomi nach Rom zusammen: "Man mißtraut mir." (13)

Bei Ovid beruht das gegenseitige Unverständnis in Tomi auf Sprachproblemen, und dies auch nur am Anfang des Exils, weil Ovid später getisch lernt und sogar getisch dichtet[3]. In "Die letzte Welt" werden Nasos "Weisheiten" (158) verlacht. Andererseits berichtet Echo, daß man, nachdem man Nasos Harmlosigkeit erkannt habe, seinen Erzählungen am Feuer gerne zugehört habe (117), so wie Ovid in späteren Briefen seiner Exilliteratur zugibt:

> et placui (gratare mihi) coepique poetae
> inter inhumanos nomen habere Getas.[4]

Und ich gefiel (gratuliere mir!), und ich begann unter den unmenschlichen Geten den Namen eines Dichters zu haben.

Ovid feiert neue Triumphe: Tomi und die umliegenden Städte sprechen ihm öffentlich Lob aus und befreien ihn von der Steuerpflicht[5].

Davon ist in Ransmayrs barbarischem Tomi keine Rede. Naso lebt zurückgezogen, und die Verbindung nach Rom bricht vollständig ab. Die Geringschätzung des Künstlers in Rom und Tomi paßt zum Bild des gesellschaftlichen Verfalls der "Letzten Welt". Ovid beklagt zwar, daß ihm in Tomi eine gut be-

---

[1] Epple (Unterrichtshilfen, S. 86) verweist auf diese Stelle.
[2] trist. 5, 10, 37-42.
[3] Pont. 4, 13, 19ff.; vgl. Pont. 3, 2, 40 (trist. 5, 12, 58).
[4] Pont. 4, 13, 21-22.
[5] Pont. 4, 9, 101-104.

stückte Bibliothek und Literaturkenner fehlen[1], aber daß seine Werke deswegen schlechter als früher seien, ist lediglich ein Bescheidenheitstopos: Ihre hohe Kunst beweist gerade das Gegenteil.

Außerdem steht Ovid weiterhin mit Literaten in Verbindung.[2] Er pflegt Privatkorrespondenz mit gelehrten Freunden[3] und richtet seine Literaturbriefe aus dem Exil an gleichgesinnte Künstler. Zu nennen sind der Rhetoriklehrer des Germanicus, Salanus[4], Cotta, König Cotys, der griechisch dichtete[5], der epische Dichter Macer[6], Severus[7], der Offizier und Dichter Albinovanus[8], der Rhetor und Freund des Älteren Seneca Gallio[9], der Dichter Tuticanus, dem Ovid scherzhaft vorwirft, dessen Name sei nur schwer im daktylischen Versmaß unterzubringen[10], und Carus, Dichter und Erzieher des Germanicus[11]. Ovid beschwört die Gemeinschaft der Künstler, gedenkt an den "Liberalia", dem römischen Bacchusfest, seiner Dichterfreunde, die an dem Tag zu einem "collegium" zusammenkommen, und ermahnt sie, ihren exilierten Kollegen nicht zu vergessen[12], was man in Rom auch nicht tat: Salanus lobt Ovids Exilliteratur[13], Cotta und dessen Freunde lesen sich häufig aus Ovids Dichtung vor[14], die noch immer in gut gefüllten Sälen beklatscht wird[15], andererseits wird Ovid eine Rede Cottas ans Schwarze Meer gesandt[16].

Ovid ist also nicht nur in das gesellschaftliche Leben Tomis, sondern auch - zumindest auf brieflichem Wege - noch immer in das Roms eingebunden, seine Kunst wird anerkannt und gefeiert. Seine Freunde bemühen sich um Ovids Rehabilitation - allerdings ebenso ohne Erfolg, wie Nasos Freunde (128).

Naso wird von den meisten Bewohnern Tomis ignoriert. Zwar pflegt in Rom ein geheimer Literaturzirkel Nasos Literatur (95), dem sich Cotta anschließt (111), aber weder hat Naso zu den Verschwörern Kontakt, noch ist Cotta ein persönlicher Freund Nasos.

---

1 trist. 3, 14, 37-40.
2 Die zeitgenössischen Figuren behandelt Syme in seinem 5. Kapitel "The friends of Ovid" (History in Ovid, S. 72-93.
3 Pont. 4, 2 , 5-6.
4 Pont. 2, 5.
5 Pont. 2, 9.
6 Pont. 2, 10.
7 Pont. 4, 2.
8 Pont. 4, 10.
9 Pont. 4, 11.
10 Pont. 4, 12.
11 Pont. 4, 13.
12 trist. 5, 3.
13 Pont. 2, 5.
14 Pont. 3, 5.
15 trist. 5, 7.
16 Pont. 3, 5.

Das positive[1] Bild eines Künstlers, der Wirklichkeit auf seine Weise erfaßt und dadurch das Leben seiner Mitmenschen bereichert, lebt nur in der Erinnerung Cottas, der als einziger ein unwandelbares Bild Nasos aus seiner Kindheit bewahrt, und zwar das eines Dichters als "vates", als Seher, als den sich Ovid selbst[2] und jeden Dichter[3] betrachtet.

Naso hält in Cottas Schule eine Dichtervorlesung. Während des Lesens gleiten Nasos Augen "ins Unendliche und von dort wieder zurück [...] auf die Seiten eines aufgeschlagenen Buches" (110). Er scheint Cotta unnahbar und entrückt (110), und Cotta hat Angst, von "einem jähen zufälligen Blick aus dem Moosgrün dieser Augen" getroffen und beschämt zu werden. Naso blickt mit seinen Augen, die in der Lage sind, Natur zu erfassen (weil sie moosgrün aussehen[4]) in die Unendlichkeit, gewinnt dort im entrückten Zustand, wie der eines Orakelmediums, eine Erkenntnis und macht sie zu Kunst (er blickt auf das Buch)[5]. Dieses Nasobild ist unabhängig von Zeit und Ort und bleibt Cotta "als das für immer aus der Zeit genommene Bild eines Dichters in seinem Gedächtnis" (110).

Die einzige Verwandlung, die Naso noch durchmachen kann, ist die, sich selbst zum Gegenstand von Literatur zu machen, wie Ovid es in seiner Exillite-

---

[1] Ransmayr "problematisiert" dieses Dichterbild gerade nicht, wie Gottwald (Mythos, S. 14) meint. Seine Annahme, Ransmayr kritisiere damit die Goetherezeption in der Schule im 19. und 20. Jh., ist unbegründet.

[2] Z.B. trist. 1,8, 9: "haec ego vaticinor"; Pont. 3, 4, 89-90: "ista dei vox est, deus est in pectore nostro, // haec duce praedico vaticinorque deo." - "dies ist die Stimme einer Gottheit, ein Gott wohnt in meinem Innern, // ich verkünde und weissage dies, weil ein Gott es mir eingibt." Ähnlich äußert sich Goethes Tasso: "und wenn der Mensch in seiner Qual verstummt, // Gab mir ein Gott zu sagen, wie ich leide." Goethe, Torquato Tasso, V. 3432-33, 5. Bd., S. 833.

[3] trist. 4, 10, 41-42: "temporis illius colui fovique poetas, // quotque erant vates, rebar adesse deos." -"Glühend verehrte ich die Dichter jener Zeit, // und wieviele Dichter es gab, so viele Götter waren anwesend, glaubte ich"- So blickt Ovid ehrfürchtig auf seine jugendliche Schwärmerei für die damaligen Poeten zurück. In "Die letzte Welt" erscheint Naso dem jungen Cotta "von einer solchen Unberührbarkeit und Entrücktheit [...], daß er den Lesenden kaum länger als einen Atemzug unausgesetzt zu betrachten wagte" (110).

[4] Vgl. Goethe in seiner Einleitung zur Farbenlehre: "Wär nicht das Auge sonnenhaft, // Wie könnten wir das Licht erblicken? // Lebt' nicht in uns des Gottes eigne Kraft, // Wie könnt' uns Göttliches entzücken?" (Goethe, Farbenlehre, S. 24). Goethe beruft sich auf die "Worte eines alten Mystikers" (ebd.). Gemeint ist Plotin (205-270), der Begründer des Neoplatonismus, so zur Stelle Wenzel in seinem Kommentar (ebd. S. 1112). Ich zitiere nach Wenzels Kommentar aus dem 6. Abschnitt der ersten "Enneade" Plotins: "Nie hätte das Auge jemals die Sonne gesehen, wenn es nicht selbst sonnenhaft wäre." (ebd.)

[5] Naso trägt selbst bei Schneegestöber Leinenanzüge (12), und vor den Fenstern seines Hauses wehen rhythmisch (!) Leinenvorhänge (16). "Leinen" erinnert an die Leinwand eines Malers oder eine Kinoleinwand und bringt Naso mit Kunst in Zusammenhang, während seine moosgrünen Augen in den Bereich der Natur gehören.

ratur tut. Ransmayr läßt Naso zu Natur werden, nachdem dieser jede Geschichte bis an ihr Ende erzählt hat. Cotta vermutet jedenfalls, Naso sei

> wohl auch selbst eingetreten in das menschenleere Bild, kollerte als Kiesel die Halden hinab, strich als Kormoran über die Schaumkronen der Brandung oder hockte als triumphierendes Purpurmoos auf dem letzten, verschwindenden Mauerrest einer Stadt. (287)

Naso ist nicht mehr als Person, sondern nur noch in seinem Werk präsent, eine letzte Metamorphose, die ihm Unsterblichkeit verleiht und in dieser Hinsicht Ovids Epilog gleicht, der sein Fortleben mit dem "besseren Teil seines Ichs"[1], nämlich in seiner Dichtung, ankündigt.

Zum Schluß ließe sich fragen - bei aller Vorsicht, Autor und Romanfigur miteinander zu vergleichen - inwiefern Ransmayrs Einstellungen seinen im Roman geäußerten ähneln. Immerhin gibt der österreichische Autor Übereinstimmungen offen zu, diese seien ganz natürlich.[2]

Wie Naso sein noch unveröffentliches Werk in Manuskriptfragmenten und Lesungen bekanntmacht, so eilen der Veröffentlichung von "Die letzte Welt" Manuskriptteile, zeitlich gut abgestimmte Präsentationen auf Buchmessen und nicht zuletzt Enzensbergers Vorschußlorbeeren voraus. "Die letzte Welt" wurde "vor prominentestem Publikum in der Wiener Sezession"[3] vorgestellt. "Naso, hieß es, arbeite nun in aller Stille an seinem Hauptwerk" (44), schreibt Christoph Ransmayr in seinem Buch. Er selbst zieht sich in die Einsamkeit Irlands zurück und erklärt:

> Dinge, über die man nachdenkt, öffentlich auszubreiten, das führt zu einer seltsamen Drucksituation, der man sich selber aussetzt, also eine Geschichte, eine unerzählte Geschichte als bloßes Erzählziel zu beschreiben, das ist eigentlich etwas, was man <u>nur</u> in einem <u>Selbstgespräch</u> tun sollte.[4]

Wie wohl die meisten Dichter denkt der historische Ovid genauso: "carmina secessum scribentis et otia quaerunt" (trist. 1, 1, 41) - "Dichtung erfordert Abgeschiedenheit und Muße des Schreibenden". Die Herstellung des Ransmayrschen Textes vollzieht sich in gewisser Hinsicht wie Ransmayrs Figur Pythagoras Texte niederschreibt. Der 'totale' Aufzeichner Pythagoras

> schrieb in den Sand, damit die Wellen seine Worte und Zeichen aufleckten und ihn dazu anhielten, immer wieder und anders und neu zu beginnen. (251-252)

Genauso empfindet Christoph Ransmayr die Arbeit mit seinem Notebook:

---

[1] met. 15, 875: "parte [..] meliore mei".
[2] Interview.
[3] Töchterle, Spiel und Ernst S. 106, Anm. 41.
[4] Interview.

> Das Schreiben mit seinem Notebook kommt ihm wie ein archaisches vor, wie das Schreiben auf eine Schiefertafel, auf eine Höhlenwand, in den Sand. Er kann alles wie mit der Hand verwischen, drüberschreiben, neu beginnen. Er schaut durch das sanft glimmende Fenster hinein in seine Geschichte, vor sich hat er diese immaterielle Schrift, fast nur wie ein sichtbar gemachter Gedanke, die Sätze sind horizontale Fäden, können wieder und wieder wiederholt werden, ohne Abfall, Papierberge zu erzeugen, alles treibt langsam über den oberen Rand des Fensters hinaus und verschwindet scheinbar im Nichts, was die Empfindung von Vorwärtskommen erzeugt, die Sisyphosqualen mildert, und die Sätze, die Absätze werden durch die Wiederholung allmählich präziser, kürzer, dichter.[1]

"Naso habe erschreckend und wunderbar erzählt" (157), berichtet Echo. Ebendies gilt für Ransmayrs Argus, der "schön und furchtbar" (78) ist, darüber hinaus für den gesamten Roman des Österreichers.

Am Ende von "Die letzte Welt" vermutet Cotta:

> Und Naso hatte schließlich seine Welt von den Menschen und ihren Ordnungen befreit, indem er *jede* Geschichte bis an ihr Ende erzählte. Dann war er wohl auch selbst eingetreten in das menschenleere Bild (287).

Ähnlich ergeht es Ransmayr: "Man setzt sich mit den festgelegten Figuren an den Schreibtisch; aber diese stehen eine nach der anderen auf und am Schluß sitzt man allein da."[2]

Naso lehnt es ab, nach Lesungen Fragen zu beantworten (52), so auch Ransmayr: "Debatten auf Autorenlesungen halte er für 'peinlich und anstrengend'. Darum wolle er darauf gänzlich verzichten"[3], und er zitiert aus de Crescenzos Geschichte der griechischen Philosophie: "Das Dümmste, was man über irgendein Werk sagen konnte, kam stets von den Dichtern..."[4]. Nasos Ruhm beschränkt sich auf kleine Literaturkreise:

> Kein Zweifel, Naso war berühmt. Aber ein berühmter Dichter, was war das schon? Naso brauchte sich doch nur in einer Branntweinstube der Vorstadt zu den Handwerkern zu setzen oder ein, zwei Fußstunden von Rom entfernt unter den Kastanien eines Dorfplatzes zu den Viehhändlern und Obstbauern - und keiner kannte seinen Namen mehr oder hatte auch nur jemals etwas von ihm gehört [...] Nasos Ruhm galt nur, wo der Buchstabe etwas galt (45).

Ransmayr erklärt in einem Interview, "sein Ruhm beschränke sich auf den engen Korridor des Literaturbetriebs, und gleich gegenüber, quer über die Straße,

---

1 Lackner, "Morbus Kitahara", S. 18.
2 Nethersole, Vom Ende der Geschichte, S. 244, Anm. 21. Er zitiert aus einem Interview Sigrid Löfflers mit Christoph Ransmayr.
3 Akalin, Geheimnis, S. 18.
4 Ransmayr, Hiergeblieben, S. 169.

in dem Wirtshaus mit der Festbeleuchtung, erschöpfe sich seine Prominenz augenblicklich."[1]

In einem Punkt weicht der Österreicher von der Haltung seiner Hauptfigur Naso ab, für den das Leben als Dichter die einzig mögliche Lebensform ist (53), weil er meint: "Nur das geschriebene Wort bleibt, allerdings lege ich auch da auf sogenannte 'Ewigkeit' keinen Wert"[2] - eine Ewigkeit, die Ovid immer wieder beschwört.

Ransmayr ist sich des Dilemmas 'engagierter' Literatur bewußt, das sein österreichischer Kollege Handke in der These "Die literarische Form entwirklicht das Engagement"[3] formulierte. Literarische Sprache könne niemals die Wirklichkeit abbilden, geschweige denn verändern:

> Die Literatur ist unwirklich, unrealistisch. Auch die sogenannte engagierte Literatur, obwohl gerade sie sich als realistisch bezeichnet, ist unrealistisch, romantisch. Denn engagieren kann man sich nur mit Handlungen und mit als Handlungen gemeinten Wörtern, aber nicht mit den Wörtern der Literatur.[4]

Ransmayr schätzt die Tat mehr als das Wort, denn:

> Was immer Büchern aber zugetraut wird - es kann nicht mächtiger sein als die Sprache selbst: Wo jedes Wort und alles Reden vergeblich bleibt, ist auch Literatur umsonst. [...] Wäre etwa das Bombenattentat auf Hitler geglückt, das der Arbeiter Georg Elser im November 1939 gewagt hat und dafür umgebracht worden ist, dann hätte vermutlich ein einziger Mann die politische Wirkung der gesamten Literatur seiner Sprache und Zeit bei weitem übertroffen.[5]

Aber obwohl Ransmayr sich so äußert und "Die letzte Welt" im finsteren, endzeitlichen Chaos zu versinken droht, ist es nur die Kunst, deren "fiat lux" bisweilen das Dunkel der Welt etwas erhellt. "Die letzte Welt" selbst will die Wirklichkeit gemäß Scaligers "condere sicut alter deus" neu erschaffen: dies ist keine geringe Kraft, die Ransmayr der Literatur zutraut.[6] Sie steht Ovids hoher Wertschätzung der Dichtkunst nicht nach.

---

[1] Seiler, Offensiv bescheiden, S. 63.
[2] Petsch, Mörder in der Zuckerlösung, S. 11.
[3] Handke, Bewohner des Elfenbeinturms, S. 49-50.
[4] Ebd. S. 50.
[5] Ransmayr, Hiergeblieben, S. 170.
[6] Gegen Töchterle (Spiel und Ernst, S. 103 und 106), der meint, Ransmayrs Rhetorik setze sich selbst außer Kraft, gegen Glei S. 423 und gegen Jorißen (Der Autor ist tot, S. 1246). Richtig Scheck (Katastrophen und Texte, S. 289): "Die letzte Welt" sei auf der Diskursebene (damit meint Scheck die poetologische Selbstreflexion) nicht düster. Sie enthalte eher eine "Apologie der produktiven Einbildungskraft". Nach Petra Kiedaisch handelt es sich bei postmoderner Heiterkeit zwar eher um eine angestrengte "Verheiterung" (Ist die Kunst noch heiter?, S. 246), eine neue abgeklärte Heiterkeit trotz des Wissen um eine düstere Zukunft (ebd. S. 240), aber eben doch um eine ge-

VI. "EIN OVIDISCHES REPERTOIRE"

Am Ende dieser Arbeit soll im Rückgriff auf ihre Einleitung nun noch einmal nach intensiver Beschäftigung mit Ovid nach der Funktion des "Ovidischen Repertoires" gefragt werden. Das "Ovidische Repertoire - "kommt [es] mit subtiler Ironie den aufgeklärten Bedürfnissen von Bildungsbürgern und all jenen entgegen, die es genau wissen und sich der Tradition versichern wollen"[1]? Ist es bloß ein "Ovid light"[2], ein "beigegebene[r] Reader's Digest"[3]?

Es sollte deutlich geworden sein, daß das "Ovidische Repertoire" nicht eine Auseinandersetzung mit Ovid erübrigt[4] oder "une sorte de double fantomatique du poème d'Ovide, en est une métamorphose"[5] ist, daß vielmehr ein Vergleich mit Ovids Werk selbst zu einem tieferen Verständnis von Ransmayrs Roman führt[6]. Gleis wie selbstverständlich eingestreute Bemerkungen ("der Leser dank seiner Bildung (oder nötigenfalls des Repertoires)"; "Der gelehrte Leser weiß"; "außerdem erinnert sich der gelehrte Leser")[7] sind fehl am Platze, hat er doch selbst nur eine wenig erhellende Definition für das "Ovidische Repertoire" zu bieten. Er spricht von einem "Metatext"[8]. Glei beruft sich auf Gérard Genette, dessen Erklärung nur soviel besagt, daß es sich bei dem "Ovidischen Repertoire" um eine Art Kommentar handelt[9].

Im "Ovidischen Repertoire" werden "Gestalten der Letzten Welt" und "Gestalten der Alten Welt" synoptisch angeordnet, eine Profanisierung der theologischen Methode der Schriftauslegung. Das "Ovidische Repertoire" ist nicht ein bloßer Anhang. Schon zwei Äußerlichkeiten zeigen dies. Erstens wird die Seitennumerierung des Romans fortgeführt und zweitens umfaßt das "Repertoire" 29 Seiten, immerhin knapp ein Zehntel des Buches. Damit stellt sich die Frage, ob nicht eine engere Beziehung zum voranstehenden Roman besteht, als auf den ersten Blick vermutet wurde.

---

    wisse Heiterkeit. Auch Gottwald (Mythos, S. 31) nimmt am Auftauchen des Olymp als Symbol der ewigen Wiederkehr einen "Hauch von Optimismus" wahr.
[1] Schiffermüller, Untergang und Metamorphose, S. 236.
[2] Glei, Ovid in Postmoderne, S. 426.
[3] Ebd. S. 427.
[4] Gottwald, Mythos, S. 9; Lapidar De Groot (Es lebe Ovid S. 256): "Im Ovidischen Repertoire, das der Autor dem Roman als Anhang hinzufügte, kann man nachlesen, worin die Übereinstimmungen und Unterschiede bestehen."
[5] Camion, Le goût de métamorphoses, S. 31.
[6] Epple, Unterrichtshilfen, S. 90.
[7] Glei, Ovid in der Postmoderne, alle Zitate auf S. 419.
[8] Ebd. S. 418.
[9] Ebd. S. 418, Anmerkung 42: "on dit plus couramment de 'commentaire', qui unit un texte à un autre texte dont il parle".

Auf das Fehlen einiger Figuren und beinahe sämtlicher Vorbildstellen aus Ovdis Exilliteratur wurde schon hingewiesen. Andererseits bietet das "Ovidische Repertoire" zusätzliche Informationen. Zum einen nach Art der Regenbogenpresse im Falle des den Ceyx verkörpernden Schauspielers:

> Der neapolitanische Schaupieler Omero Dafano beging Selbstmord, nachdem in der römischen Filmzeitschrift *Colosseo* ein Verriß seiner Leistung als Ceyx erschienen war. (296)

Seine weibliche Partnerin Antonella Simonini wird durch ihre Rolle als Alcyone berühmt und eines ihrer Porträtplakate hängt an Famas Tür (290). Indem das "Ovidische Repertoire" zusätzliche Informationen enthält und von Figur auf Figur verweist, ähnelt das Repertoire den Personenregistern zu Ovidausgaben, die genaue Erläuterungen zur Herkunft einer mythologischen Figur geben. Ransmayr scheint ein "Who is who" seiner modern abgewandelten Mythologie geben zu wollen, die dieselbe Gültigkeit wie die antike Mythologie beansprucht.[1] Dadurch reiht Ransmayr sein Buch in die hohe Literatur ein, das deshalb von Kritikern dementsprechend leichter zur anspruchsvollen Literatur gezählt werden kann.[2]

Zum anderen interpretiert das "Repertoire" den Roman. Itys hat sich ein Jahr vor Cottas Aufenthalt in Tomi einen Finger in Cyparis' Ventilator verstümmelt (32), was Ransmayr in seinem "Ovidischen Repertoire" s. v. "Itys" explizit als Vorausdeutung wertet:

> Ein böses Omen sagt, → Proserpina. Tatsächlich wird Itys im nächsten Jahr das Opfer einer Tragödie. (303)

Das "Ovidische Repertoire" steht nicht für sich allein, sondern ist mit dem Roman verbunden. Es erklärt z.B. die Tereushandlung als "Tragödie".

Es überrascht nicht, wenn auch im "Ovidischen Repertoire" Regimekritik vorgebracht wird. Die Austauschbarkeit der kaiserlichen Herrscher geht aus den Bezeichnungen "Augustus I" und "Augustus II" hervor. Grausames wird betont: für sein "Ovidisches Repertoire" (s. v. "Hector") wählt Ransmayr keine Heldenszene, sondern die Ovidstelle, an der Hectors Mutter an seinem Grab ein Totenopfer spendet[3].

Weiter sollte man Ransmayrs eigener Titelgebung "Ein Ovidisches Repertoire" Beachtung schenken. "Repertoire" ist eine Stoffsammlung, ein Vorrat einstudierter Stücke, die zum Beispiel einem Musiker Variationen erlaubt [4].

---

[1] Isolde Schiffermüller meint ebenfalls, im O. R. könne "wie in einem Lexikon nachgeschlagen werden" (Untergang und Metamorphose, S. 236).
[2] Epple, Unterrichtshilfen, S. 90.
[3] met. 13, 422-428.
[4] Vogel, Letzte Momente/Letzte Welten. So lautet der Untertitel zu Juliane Vogels Aufsatz: "Zu Christoph Ransmayrs Ovidischen Etüden".

Der unbestimmte Artikel "Ein" verweist noch einmal auf Ransmayrs ganz indiviuelle und selbstverständlich legitime Ovidbearbeitung und gleichzeitig auf die unendlichen Möglichkeiten der Mythenproduktion und - rezeption.

VII. ZUSAMMENFASSUNG

Quantitativ betrachtet hat Christoph Ransmayr Ovid in einem noch viel größerem Ausmaß rezipiert als allein schon sein achtundzwanzigseitiges "Ovidisches Repertoire" erahnen läßt. Der Österreicher integriert mehr "Metamorphosen" - Episoden als er angibt. Vor allem konnten in dieser Arbeit (Teil V.) über sechzig sehr enge Anlehnungen an Ovids "Tristia" und "Epistulae ex Ponto" vorgestellt werden. Dies sind längst nicht alle Ovidischen Quellen. Hinzu kommen Vorstellungen, die nicht wörtlich, aber doch sinngemäß einzelne Exilgedichte oder ihren Gesamteindruck aufgreifen. Schließlich sind in "Die letzte Welt" auch (pervertiert) Ovids "Ars amatoria" und ganz allgemein antikes Gedankengut eingeflossen.

Ein qualitativer Vergleich zwischen Ransmayr und seinem römischen Vorgänger zeigt erstens, wie der Wiener von der reichen und virtuosen rhetorischen Technik Ovids beinflußt wurde (Teile IV. 1.-4.).

Zweitens wird deutlich, daß Ransmayr häufig auf den ersten Blick Ovid fast wörtlich zitiert, aber ihn mittels kleinster, doch entscheidender Abweichungen modern interpretiert. Wie der Titel "Die letzte Welt" vermuten läßt, kann der österreichische Roman der apokalyptischen Literatur zugeordnet werden. Ransmayr wählt aus Ovid, dessen Geschichten das gesamte Menschsein illustrieren, entweder nur die negativen Figuren aus oder deutet Positives negativ um. Indem der Österreicher Ovids Weltüberflutung und deszendente Zeitalterabfolge in unsere Zukunft verlegt und darüber hinaus ihre Schrecken steigert, sagt er er das baldige Verschwinden der Menschheit voraus (Teile III. 5. und III. 6.).

Mit dieser Perspektive stimmt Ransmayrs Metamorphoseauffassung überein. Während der Römer bereichernde (z.B. durch Liebe herbeigeführte) Verwandlungen kennt, geht "Die letzte Welt" in all ihren Verwandlungen ihrem Untergang entgegen. Gemeinsam jedoch ist beiden Dichtern, daß das Phänomen der Metamorphose sie 'handwerklich' herausfordert. Sie versuchen, irreale Verwandlungen überzeugend dichterisch darzustellen. Für den Österreicher ist Metamorphose unter poetologischem Aspekt ein Erzählprinzip, das Elemente seiner Geschichte sich auseinander und immer weiter fortentwickeln läßt (Teil III. 4.).

Von wenigen positiven Eigenschaften seiner Frauengestalten und der Tatsache, daß totale Negativität immer bereits den positiven Gegenentwurf enthalten kann, abgesehen, ist es die Kunst, der Christoph Ransmayr in seinem Roman Mächtiges zutraut.

Für sein lateinisches Vorbild gilt "Ars latet arte", die Kunst so zu perfektionieren, daß sie als solche nicht mehr zu erkennen ist - Ransmayr demonstriert (gleichfalls paradox) in "Die letzte Welt" die "Erfindung der Wirklichkeit", auch in poetologischer Selbstreflexion (Teil IV. 5.).

Der österreichische Schriftsteller verwandelt Ovids (umgedeutete) "Metamorphosen" aus Fiktionen (Manuskripten, Inschriften, Reden, Erzählungen, Kinofilmen) innnerhalb seiner Fiktion allmählich in Realität. Dies zeigt die Abfolge der acht dominanten "Metamorphosen" - Variationen (Teil III. 3.).

Ovids Exilliteratur liefert Ransmayr einerseits den Stoff für die Beschreibung des Umfeldes, in dem die "Metamorphosen" - Figuren in "Die letzte Welt" agieren (Teil V. 2.). Andererseits wird in Ransmayrs Auseinandersetzung mit Ovids "Tristia" und "Epistulae ex Ponto" die Auffassung beider von Dichtertum sichtbar. Der Römer nennt Dichter 'vates' - 'Seher'. So sieht es auch der Österreicher, dessen Naso zusätzlich Licht- und Schattenseiten des modernen Literaturbetriebes erlebt. Auch ein Dichter ist in "Die letzte Welt" dem dekadenten Szenario, der Vereinzelung und der aggressiven Umwelt ausgesetzt. Doch bereits die Klagen Ovids, der als erster exilierter Poet des Abendlandes gilt, besitzen für moderne Dichter, so für Ransmayr, exemplarischen Charakter (Teile V. 1. und V. 3.).

Mythos bedeutet für Christoph Ransmayr die Präsentation des Allgemeinen im Individuum. Typische mythische Gestalten sind für den Österreicher Dädalus als moralisch verwerflicher Wissenschaftler und die grausam handelnde Medea, die sich gut in die düsteren Bilder einfügen, die Ransmayr in "Die letzte Welt" entwirft.

Schließlich übt Ransmayr mit seiner Mythosrezeption Kritik an heutigen Gesellschaften, besonders an ihren faschistischen und totalitären Tendenzen.

In Zukunft wäre es aufschlußreich, die (internationale?) Ovidrezeption nach 1945 zu untersuchen. Erste Beobachtungen konnten in der voranstehenden Arbeit nur vereinzelt und beiläufig gemacht werden. Desweiteren könnte man nach der Funktion des Mythos in der deutschsprachigen Literatur nach 1945 fragen, ob etwa aus bestimmten Gründen eher griechische oder römische Literatur verarbeitet wurde oder ob sich in dieser Hinsicht vielleicht Unterschiede zwischen der Bundesrepublik Deutschland und der DDR[1] ergeben.

---

[1] Fuhrmann (Mythos und Herrschaft) stellt erste vergleichende Vermutungen über Christa Wolf und Christoph Ransmayr an.

VIII. LITERATUR

1. Primärliteratur

1. 1. Ovid

Ovid, Heroides. Select epistles. Edited by Peter E. Knox. Cambridge 1995
Ovid, Metamorphosen. Kommentar von Franz Bömer, 1-7. Heidelberg 1969-1986
Ovid, *Metamorphosen*. In deutsche Prosa übertragen, sowie mit einem Nachwort, einer Zeittafel zu Ovid, Anmerkungen, einem Verzeichnis der Eigennamen und bibliographischen Hinweisen versehen von Michael von Albrecht. München 1991 ([1]1981)
Ovid, Metamorphoses. Ed. William S. Anderson. Leipzig 1985
Ovid, Tristia. Herausgegeben, übersetzt und erklärt von Georg Luck, 2: Kommentar. Heidelberg 1977
Ovid, Tristia. Ed. John Barrie Hall. Stuttgart und Leipzig 1995
Ovid, Epistulae ex Ponto. Ed. J. A. Richmond. Leipzig 1990
Ovid, *Briefe aus der Verbannung*. Lat. u. dt. Übertragen von Wilhelm Willige, eingeleitet und erläutert von Niklas Holzberg. München 1990

1. 2. Antike Autoren

Horatius, Opera. Ed. David Shackleton Bailey. Stuttgart und Leipzig 1985
Iuvenal, Saturae. Ed. Ulrich Knoche. München 1950
Plautus, Comoediae. Ed. Wallace Martin Lindsay. Oxford 1955
Platon, Werke in acht Bänden. Sonderausgabe. Hrsg. v. Gunther Eigler. Bearbeitet von Dietrich Kurz. Griechischer Text von Léon Robin und Louis Méridier. Deutsche Übersetzung von Friedrich Schleiermacher. Darmstadt 1990
Quintilian, Institutio oratoria. Ed. Michael Winterbottom. Oxford 1970
Seneca Maior, Oratorum et rhetorum sententiae, divisiones, colores. Ed. Lennart Hakanson. Leipzig 1989
Seneca Minor, Naturales quaestiones. Ed. Harry M. Hine. Stuttgart und Leipzig 1996
Sueton, Divus Augustus. Ed. John M. Carter. London 1982
Tacitus, Agricola. Germania. Lat. u.dt. Herausgegeben, übersetzt und erläutert von Alfons Städele. München 1991
Vergil, Publi Vergili Maronis Aeneidos liber quartus. Ed. by Arthur Stanley Pease. Cambidge/Mass. 1935
Vergil, P. Vergili Maronis Aeneidos liber sextus, with a commentary by Roland G. Austin. Oxford 1977

1. 3. Christoph Ransmayr

<u>Reportagen</u>:
Extrablatt 1/80: Solidarität mit dem Suppenkaspar, S. 66-68
Extrablatt 2/80: "Böse Liebe". Ästhetik im Schaufenster. (Photos: Willy Birnbaum),S. 62-67
    Inzüchtiger Applaus, S. 62-67
    Die Gespräche in Gugging. (Kunst von Geisteskranken), S. 78-83
Extrablatt 3/80: Eine Art Wohnzimmer, S. 64-69
    Tango from Obango, S. 72-73
Extrablatt 5/80: Was heißt'n hier Kultur, S. 68-72
Extrablatt 6/80: "Zeit ist Blut, Genossen!", S. 67-70
Extrablatt 7/80: Die verschwundene Minderheit. (Photos: Dieter Sattmann), S. 74- 80
    Bilder keiner Ausstellung, S. 79-80
Extrablatt 8/80: "Mit Müch und Blarg". (Photos: Jörg Huber), S. 16-25
    Salzburger Rechenbeispiele, S. 74-76
Extrablatt 10/80: Beihilfe zum Glück, S. 76-77
Extrablatt 11/80: Ganz hinten ganz oben, S. 68-70
    90 Jahre Einsamkeit (Photos: Willy Puchner), S. 74-81
Extrablatt 12/80: Ein Nachmittag im Narrenhaus, S. 76-77
Extrablatt 1/81: Bericht eines Fans, S. 75
    Ein zutiefst österreichischer Ort, S. 76-77
Extrablatt 3/81: Liberté in Bad Aussee. Fasching im Salzkammergut (Photos: Willy Birnbaum), S. 16-23
    Eure Schalen sind voll Schweiß und Tränen, S. 84-90
Extrablatt 5/81: Vom Gehen im Eis, S. 70-73
    Selbstverwirklichung mit Anspruch auf Publikum, S. 74-75
Extrablatt 6/81: Unterbrochene Schulstunde, S. 82
Extrablatt 8/81: Keiner entkommt. "Anthropos" im öffentlichen Raum, S. 82-85
Extrablatt 9/81: Landschaftsansichten mit blauer Mauer und Truthühnern. Versuch über die Entstehung von Geschichten, S. 56-63
Extrablatt 3/82: Des Kaisers kalte Länder. Eine historische Reportage in zwei Teilen (Photos: Rudi Palla). Kreuzfahrten auf der K. u. K. österreichisch-ungarischen Nordpolexpedition, S. 16-25. Teil II In: Extrablatt 4/82, S. 60-63
Extrablatt 4/82: Der Weg in den Himmel. Eine nachösterliche Strapaze, S. 16-25
Extrablatt 6/82: Der Gondelbauer von Venedig. Ein Werkstattbesuch. (Photos: Wolfgang Mayer), S. 48-49
Trans-Atlantik 8/1982: Die Königin von Polen. Eine politische Wallfahrt
Trans-Atlantik 11/1982: Kaiserin Zitas Weg in die Kapuzinergruft
Merian 1/85 (Salzburger Land): *Kaprun. Eine Mauer wird zum Mythos*, S. 29-31 und S.114-118
Merian 4/85 (Türkei): *Der Held der Welt*. Vermutungen über den letzten Tag von Konstantinopel, S. 92-93
Merian 12/85 (Schleswig-Holstein): *Ein Leben auf Hooge*. Skizzen einer untergehenden Gesellschaft, S. 131-134
Merian 2/88: *Die ersten Jahre der Ewigkeit*, S. 63-66
Geo 7/89: *Die vergorene Heimat*, S. 30-42

Erzählungen:
Strahlender Untergang: Ein Entwässerungsprojekt oder die Entdeckung des Wesentlichen. Mit 28 Reproduktionen nach Photographien von Willy Puchner.Wien 1982
Przemysl. Ein mitteleuropäisches Lehrstück. In: Im blinden Winkel. Nachrichten aus Mitteleuropa. Hrsg. von Christoph Ransmayr. Wien 1985
Das Labyrinth. In: Das Wasserzeichen der Poesie oder Die Kunst und das Vergnügen, Gedichte zu lesen. In 164 Spielarten vorgestellt von Andreas Thalmayr. Nördlingen 1985, S. 10-13
Töten. In: Todesbilder. Kursbuch 114. Berlin. Dezember 1993, S. 1-5

Romane:
Die *Schrecken des Eises* und der Finsternis. Mit acht Farbphotographien von Rudi Palla und elf Abbildungen. Wien 1984
Die letzte Welt. Mit einem Ovidischen Repertoire. Zifferzeichnungen von Anita Albus (Die Andere Bibliothek 44). Nördlingen 1988.
Morbus Kitahara. Frankfurt am Main 1995

Entwurf zu "Die letzte Welt":
Entwurf zu einem Roman. In: Jahresring 87-88. Jahrbuch für Kunst und Literatur. Im Auftrag des Kulturkreises im Bundesverband der Deutschen Industrie e.V. hrsg. v. Jörg A. Henle u.a. Stuttgart 1987, S. 196-198

Reden:
Fatehpur. Oder die Siegesstadt. Dankrede anläßlich der Verleihung des Europäischen Literaturpreises Aristeion in Kopenhagen. In: Die Zeit. 15. November 1996
Hiergeblieben! Rede zur Verleihung des Anton-Wildgans-Preises 1989. In: Neue Rundschau Nr. 41. 101. Jg. 1990, S. 169
Schnee auf Zuurberg. Lektüre in Afrika. Dankrede anläßlich der Verleihung des Franz-Nabl- Preises in Graz. In: Neue Zürcher Zeitung. 20./21. April 1996
Die Erfindung der Welt. Rede zur Verleihung des Franz-Kafka-Preises 1995. In: Neue Zürcher Zeitung. 3.11.1995. Erneut in: Die Erfindung der Welt. zum Werk von Christoph Ransmayr. Hrsg. von Uwe Wittstock. Frankfurt a. M. 1997, S. 198-202 [hiernach zitiert]
Der Weg nach Surabaya. Dankesrede für den Großen Literaturpreis der Bayrischen Akademie der Schönen Künste in München. In: Die Zeit. Nr. 27. 26.6.1992, S. 60

Interviews:
Interview der Verfasserin mit Christoph Ransmayr am 17.10.1996 in Köln "... Eine Art lichter Momente". *Gespräch mit Volker Hage* über "Die letzte Welt". In: Die Erfindung der Welt. Zum Werk von Christoph Ransmayr. Hrsg. von Uwe Wittstock. Frankfurt a. M. 1997, S. 205-212

Eine Auswahl aus Reportagen und kleiner Prosa Christoph Ransmayrs wurden gesammelt veröffentlicht in: Ransmayr, Christoph: Der Weg nach Surabaya. Reportagen und kleine Prosa. Frankfurt a. M. 1997

1. 4. Moderne Autoren

Bochénski, Jacek: Nazo poeta. Warschau 1969. Dt.: *Der Täter heißt Ovid*. Wien 1975 [nach der dt. Ausg. zitiert]
Ebersbach, Volker: Der Verbannte von Tomi. Historische Erzählungen. Berlin 1984
Fischer, Ernst: *Elegien aus dem Nachlaß des Ovid*. Leipzig 1963
Fontane, Theodor: *Briefe* in zwei Bänden. Hrsg. v. Gotthard Erler. München 1981
Goethe, Johann Wolfgang. Sämtliche Werke, Briefe, Tagebücher und Gespräche. Hrsg. v. Hendrik Birus u.a. Frankfurt am Main 1985 ff.: *Torquato Tasso*: Abt. 1: 5. Dramen 1776-1790. Hrsg. v. Dieter Borchmayr. 1988
 Mignon: Abt. 1: 2. Gedichte 1800-1832. Hrsg. v. Karl Eibl. 1988
 Zur Farbenlehre: Abt. 1: 23, 1. Zur Farbenlehre. Hrsg. v. Manfred Wenzel. 1991
Handke, Peter: Ich bin ein *Bewohner des Elfenbeinturms*. Frankfurt am Main 1972
Hoffmann, E. T. A.: Sämtliche Werke. Hrsg. v. Hartmut Steinecke und Wulf Segebrecht. Frankfurt am Main 1993
Horia, Vintila: Dieu est né en exil. Paris 1959. Dt.: *Gott ist im Exil geboren*. Übersetzt von Erich Bertloff. Wien, Berlin und Stuttgart 1961 [nach der dt. Ausg. zitiert]
Lange, Helmut : *Staschek oder das Leben des Ovid*. Reinbek bei Hamburg 1973
Malouf, David: An imaginary life. London 1978. Dt.: Das Wolfskind. Nördlingen 1987
Martin, Christoph: *Homer*: Die Odyssee. Frankfurt a. M. 1996.
Naso, Eckart von: Liebe war sein Schicksal. Roman um Ovid. Hamburg 1958
Nietzsche, Friedrich: Kritische Gesamtausgabe. Hrsg. v. Giorgio Colli und Mazzino Montinari. 2. Bd. Berlin 1968
Novalis: Schriften. Hrsg. v. Richard Samuel. 2. Bd. Darmstadt 1975 ff.
After Ovid. New metamorphoses. Edited by Michael Hofmann and James Lasdun. London 1994
Nie wieder! *Die schlimmsten Reisen der Welt*. Dargeboten von Hans Magnus Enzensberger (Die Andere Bibliothek 122). Frankfurt a. M. Jahr 1995
Schlegel, Friedrich: Kritische Friedrich-Schlegel-Ausgabe. Hrsg. v. Ernst Behler. 2. Bd. München u.a.1967

2. Sekundärliteratur

2. 1. Rezensionen

Rezensionen von "Die letzte Welt"
eher positiv:
Akalin, Cem: Das *Geheimnis* der "Metamorphosen". Christoph Ransmayr als Gast der Buchhandlung Röhrscheid. In: General-Anzeiger 30056. 26./27.11. 1988, S.18
Altenburg, Matthias: Betbrüder und Bestien. In: Stern Tvmagazin 37. 8.9.1988
Baecker, Sigurd: Christoph Ransmayr: Die letzte Welt. In: Vorwärts Nr. 4. 28.1.1989, S. 52
Breitenstein, Andreas: Im Innern meiner Geschichte bin ich unverwundbar. In: Neue Zürcher Zeitung. Fernausgabe Nr. 22. 28.1.1994, S. 40
Eichholz, Armin: Ovid in der Zeitmaschine. In: Welt am Sonntag Nr. 49. 4.12.1988, S.64

Eggebrecht, Harald: In den Schluchten der eisernen Stadt. Zur zweiten Expedition eines literarischen Einzelgängers. In: Süddeutsche Zeitung. 22./23.10.1988

Endres, Elisabeth: Ovid und die Literaturliebhaber. In: Süddeutsche Zeitung Nr.130. 6./.7./.8.6.1992, S. 33

Ferchel, Irene: Der Mensch als des Menschen Wolf. Christoph Ransmayr liest bei Weise's. In: Stuttgarter Zeitung Nr. 261. 10.11.1988, S. 34

Fuhrmann, Manfred: Christoph Ransmayr: *Die letzte Welt*. In: Arbitrium 7. 1989, S. 250-254

Hage, Volker: Mein Name sei Ovid. In: Die Zeit. 7.10.1988

Halter, Martin: Der Dichter in der Einsamkeit der Verbannung. In: Badische Zeitung. 3.11.1988, S. 14

Halter, Martin: Die Schrecken des Ruhms und der Helligkeit. In: Basler Zeitung 19.10.1988

H., E.: Keinem bleibt seine Gestalt. In: Neue Zürcher Zeitung. Fernausgabe Nr. 202. 1.9.1988 S. 39

Heinrich-Jost, Ingid: Das Ende der Metamorphosen. In: Der Tagesspiegel. Nr. 130 81. 5.10.1988 S. 6

Hove, Oliver vom: Mit der Aura des Mythos gegen die Versteinerung. Christoph Ransmayrs ungwöhnliche Ovid-Paraphrase. In: Die Presse Nr. 12189. 22./23.10.1988, S. 9

Hielscher, Martin: Auf der Suche nach dem verlorenen Ovid. In: Deutsches Allgemeines Sonntagsblatt Nr. 41. 9.10.1988, S.32

Jacobs, Jürgen: Lust an der Phantasie. In. Kölner Stadt-Anzeiger Nr. 284. S. 6.12.1988, S. 2

Just, Renate und Kunz, Béatrice: *Erfolg macht müde*. In: Das Zeitmagazin Nr. 51. 16.12.1988, S. 42-51

Kaever, Katharina: Vorbeitorkelnde Pappnasen. In: Tageszeitung Nr. 2624. 30.9.1988, S. 10-11

Krättli, Anton: Metamorphosen. In: Schweizer Monatshefte 12/1988, S. 1023-1027

Löffler, Sigrid: Christoph Ransmayr: Die letzte Welt. In: Literatur und Kritik 235/236. Juni/Juli 1989, S. 271

Michaelsen, Sven: Mit dunklen *Visionen* zum Ruhm. In: Stern 24.11.1988, S. 264-256 C

Modick, Klaus: Das Lesen der Sprache in allen Dingen. In: Rheinischer Merkur/Christ und Welt Nr. 41. 7.10.1988

Nadaud, Alain: Metaphern und Metamorphosen. In: Liber 3. 12/90, S. 6

Niederle, Helmuth A.: Literaturpreis. In: Industrie. 21.12.1988, S. 19

Petsch, Barbara: Der *Mörder in der Zuckerlösung*. In: Die Presse Nr. 12395 1./2.7.1998, S. 11

Pressedienst der Industrie: Anton Wildgans-Preis an Christoph Ransmayr. 7.6.1989. 18.00 Uhr

Schiff, J.: Eine angenehme Falle. In: Der Literat 1989, S. 282-283

Schirrmacher, Frank: Bücher aus Asche, Leiber aus Ameisen. In: FAZ. 17.9.1988

Schütz, Erhard: Neue Nachrichten vom Pontus. In: Deutsche Volkszeitung Nr. 50. 16.12.1988, S. 10

Schütz, Erhard: Ferner Spiegel unserer Welt. in: Westdeutsche Allgemeine Zeitung Nr. 274. 24.11.1988

Seiler, Christian: Als ob's ihm peinlich wäre. *Offensiv bescheiden*: Christoph Ransmayr und sein Ovid-Roman. In: Die Weltwoche Nr. 46. 17.11.1988, S. 63

Siedenberg, Sven: Vom langsamen Finden der Worte. In: Süddeutsche Zeitung 4.6.1992, S. 16

Siedenberg, Sven: Das langsame Wandern der Worte ins Aus. Ein Besuch bei dem Schriftsteller Christoph Ransmayr in Wien. In: Stuttgarter Zeitung Nr. 229. 2.10.1992, S. 50

Tschapke, Reinhard: Auf der Suche nach Ovid. In: Die Welt. Nr. 233. 5.10.1988. S. 5

Wieser, Harald: Eine *Flaschenpost aus der Antike*. In: Der Spiegel Nr. 37. 12.9.1988, S. 226-232

eher negativ:
Biller, Maxim: Das letzte Gerücht. In: Tempo 8/88

Cramer, Sibylle: Christoph Ransmayr: Die letzte Welt. WDR III: Meinungen über Bücher. 22.12.1988

Jacobs, Jürgen: Dienst am eigenen Text? In: Kölner Stadt-Anzeiger Nr. 276. 26./27.11.1988, S. 37

Kaiser, Joachim: Mit erlauchten Worten Wirkungen zweiter Klasse. Was wagt die Sprache dieses Autors und was erbringt sie? In: Süddeutsche Zeitung. 22./23.10.88

Rudolph, Dieter Paul: Weltuntergang in Tomi. In: Saarbrücker Zeitung Nr. 227. 34/36

Rushdie, Salman: *Heimatländer der Phantasie*. Essays und Kritiken 1981-1991. München 1992. Über Christoph Ransmayr: S. 341-344

Schütte, Wolfram: Gußeisern. Ransmayrs zweiter Roman. In: Frankfurter Rundschau. 8.10.1988, S. ZB 4

Eine Liste ausländischer Rezensionen (deutschsprachig,, französisch, englischsprachig, israelisch) hat zusammengestellt:

Ibsch, Elrud : Zur politischen Rezeption von Christoph Ransmayrs "Die letzte Welt". In: Elrud Ibsch und Ferdinand von Ingen (Hrsg.): Literatur und politische Aktualität (Amsterdamer Beiträge zur neueren Germanistik 36). Amsterdam und Atlanta 1993, S. 239-256 (Rezensionenliste S. 253-256)

Rezension von "Morbus Kitahara":
Lackner, Erna: *"Morbus Kitahara"* verfinstert den Blick . Christoph Ransmayrs Roman wirft ein Licht in das Dunkel der Welt. In: FAZ Magazin. Heft. 815. 41. Woche. 13. Oktober 1995, S. 10-23

2. 2. Abhandlungen

Adelung, Andrea Lisa: *A decade of "time rebels"*. Tempo and temporality in the German literature of the 1980's. (DAI-54/06 p. 2160, Dec. 1993)

Adorno, Theodor W.: *Ist die Kunst heiter?* In: ders: Noten zur Literatur. Hrsg. v. Rolf Tiedemann. Frankfurt am Main 1974, S. 599-606

Albrecht, Michael von: *Dichter und Leser* - am Beispiel Ovids. In: Gymnasium 88. 1981, S. 163-178

Albrecht, Michael von: L'épisode d'*Arachné* dans les Métamorphoses d'Ovide. In: Revues des Etudes Latines 57. 1979, S. 266-277

Albrecht, Michael von: *Ovids Humor* und die Einheit der Metamorphosen. In: Ovid. Hrsg. v. Michael von Albrecht und Ernst Zinn. Darmstadt 1968 (WdF 92), S. 405-437

Albrecht, Michael von: *Mythos und römische Realität* in Ovids "Metamorphosen". In: Aufstieg und Niedergang der Römischen Welt 31.4. 1981, S. 2328-2342

Albrecht, Michael von: Ovid, Metamorphosen. *Interpretationen* und Unterrichtsvorschläge zu Ovids 'Metamorphosen'. (Consilia. Lehrerkommentare. Hrsg. v. Hans - Joachim Glücklich. Heft 5). Göttingen [2]1990
Albrecht, Michael von: Die Parenthese in Ovids "Metamorphosen". Die dichterische Funktion einer syntaktischen Sprachform. Diss. Tübingen 1959
Albrecht, Michael von: *Natur und Mythos*: Die Verwandlung bei E. T. A. Hoffmann und bei Ovid. In: ders.: Rom: Spiegel Europas. Texte und Themen. Heidelberg 1988, S. 147-176.
Albrecht, Michael von: Der *Teppich* als literarisches Motiv. In: Deutsche Beiträge zur geistigen Überlieferung 7. 1972, S.11-89
Albrecht, Michael von: *Venus* in Ovids "Metamorphosen". In: Vichiana 11. 1982, S. 318-331
Alföldi, Andreas und Elisabeth: Die Kontorniat-Medaillons. Teil 2. Berlin und New York 1990
Baldry, H. C.: Who invented the *golden age*? In: The Classical Quarterly. N.s. 2, S. 83-92
Ballauff, Th.: *Metamorphose*. In: Historisches Wörterbuch der Philosophie. Hrsg. v. Joachim Ritter und Karlfried Gründer. Darmstadt 1980. Bd. 5, 1177-1179
Bartsch, Kurt: "Und den *Mythos* zerstört man nicht ohne Opfer". Zu den Ovid-Romanen "An Imaginary Life" von David Malouf und "Die letzte Welt" von Christoph Ransmayr. In: Lesen und Schreiben. Literatur, Kritik, Germanistik. Festschrift für Manfred Jurgensen zum 55. Geburtstag. Hrsg. v. Volker Wolf. Tübingen und Basel 1995, S. 15-22
Bieler, Ludwig: *Geschichte der römischen Literatur*. Berlin/New York 1980
Blumenberg, Hans: Wirklichkeitsbegriff und Wirklichkeitspotential des *Mythos*. In: Terror und Spiel. Probleme der Mythenrezeption. Hrsg. v. Manfred Fuhrmann. München 1971, S. 11-66
Blumenberg, Hans: *Arbeit am Mythos*. Frankfurt am Main 1986
Bömer, Franz: Der *Kampf der Stiere*. Interpretationen zu einem poetischen Gleichnis bei Ovid (amor. 2, 12, 25 ff. met. 9,46 ff.) und zur Frage der "Erlebnisdichtung" der augusteischen Zeit. In: Gymnasium 81. 1994, S. 503-513
Bornemann, Christiane und Kiedaisch, Petra: Der Mensch ist dem Menschen ein Wolf - Das *Geschichtsbild* in der "Letzten Welt". In: "Keinem bleibt seine Gestalt". Ovids "Metamorphoses" und Christoph Ransmayrs "Letzte Welt". Essays zu einem interdisziplinären Kolloquium. Hrsg. v. Helmut Kiesel und Georg Wöhrle (Fußnoten zur neueren deutschen Literatur. Heft 20). Bamberg 1990, S. 13-21
Braun, Ludwig : Wie Ovid sich die *Fama* gedacht hat (met. 12, 39-63). In: Hermes 119. 1991, S. 116-119
Camion, Arlette: *Le goût de métamorphoses*. À propos de 'Die letzte Welt' de Christoph Ransmayr et de 'Der junge Mann' de Botho Strauß. In: Germanica. Bd. 13. 1993, S. 27-40
Canetti, Elias: Der *Beruf des Dichters*. Münchner Rede Januar 1976. München 1976
Christ, Karl: *Römer und Barbaren* in der hohen Kaiserzeit. In: Saeculum 10 (Jahrbuch für Universalgeschichte Freiburg). 1959, S. 273-288
Curtius, Ernst Robert: *Europäische Literatur* und Lateinisches Mittelalter. Tübingen und Basel [11]1993 ([1]1947)
Doblhofer, Ernst: *Exil und Emigration*. Zum Erlebnis der Heimatferne in der römischen Literatur (Impulse der Forschung Bd. 51). Darmstadt 1987
Dörrie, Heinrich: *Wandlung und Dauer*. Ovids "Metamorphosen" und Poseidonios' Lehre von der Substanz. In: Altsprachlicher Unterricht 4, 2. 1959, S. 95-116

Eggers, Torsten: Die Darstellung von *Naturgottheiten* bei Ovid und früheren Dichtern (Studien zur Geschichte und Kultur des Altertums. N. F. 1. R. 1. Bd.). Paderborn, München, Wien, Zürich 1984

Epple, Thomas: Christoph Ransmayr. Die letzte Welt. Oldenbourgh Interpretationen mit *Unterrichtshilfen*. Hrsg. v. Bernhard Sowinski und Reinhard Meurer. Bd. 59. München 1992

Ewers, Hans-Heino: *Kindheit als poetische Daseinsform*. Studien zur Entstehung der romantischen Kindheitsutopie im 18. Jh. Herder, Jean Paul, Novalis und Tieck. München 1989

Fleischanderl, Karin: *Lauter Scheiße*. Anmerkungen zum "Falschen" in der Literatur. In: Wespennest 80. 1990, S. 43-48

Fränkel, Hermann: A poet between two worlds. Berkeley/Los Angeles 1945. Dt.: *Ovid. Ein Dichter zwischen zwei Welten* (aus dem Amerikanischen übersetzt von K. Nikolai). Darmstadt 1970 [nach der dt. Ausg. zitiert]

Friedrich, Wolf - H.: *Episches Unwetter*. In: Festschrift Bruno Snell. Zum 60. Geb. am 18. Juni 1956 von Freunden und Schülern überreicht. München 1956, S. 77-87

Froesch, Hartmut: Exul poeta - Ovid als Chorführer verbannter und geflohener Autoren. In: Lateinische Literatur, heute wirkend. Hrsg. von Hans Joachim Glücklich. Bd. I. Göttingen 1987, S. 51-64

Fuhrmann, Manfred: *Mythos und Herrschaft* in Christa Wolfs "Kassandra" und Christoph Ransmayrs "Die letzte Welt". In: Der Altsprachliche Unterreicht 36. 1994, S. 11-24

Fuhrmann, Manfred: Die *Funktion grausiger und ekelhafter Motive* in der lateinischen Dichtung. In: Hans Robert Jauß (Hrsg.): Die nicht mehr schönen Künste. Grenzphänomene des Ästhetischen. München 1968, S. 23-66

Gadamer, Hans-Georg: *Mythopoetische Umkehrung* in Rilkes Duineser Elegien. In: ders.: Kleine Schriften II. Interpretationen. Tübingen 1967, S. 194-209

Gatz, Bodo: *Weltalter*, goldene Zeit und sinnverwandte Vorstellungen (Spudasmata 16). Hildesheim 1967

Gellhaus, Axel: Das allmähliche *Verblassen der Schrift*. Zur Prosa von Peter Handke und Christoph Ransmayr. In: Poetica 22. 1990, S. 106-142

Gelzer, Thomas: *Mimus und Kunsttheorie* bei Herondas, Mimiambus 4. In: Catalepton. Festschrift für Bernhard Wyss. Hrsg. v. Christoph Schäublin. Basel 1985, S. 96-116

"Keinem bleibt seine Gestalt". Ovids *Metamorphoses* und Christoph Ransmayrs *Letzte Welt*. Essays zu einem interdisziplinären Kolloquium. Hrsg. v. Helmut Kiesel und Georg Wöhrle (Fußnoten zur neueren deutschen Literatur. Heft 20). Bamberg 1990

Giebel, Marion: *Ovid*. Mit Selbstzeugnissen und Dokumenten. Reinbek bei Hamburg 1991

Gieseking, Kurt: Die *Rahmenerzählung* in Ovids Metamorphosen. Tübingen 1965

Glei, Reinhold F.: *Ovid in* den Zeiten der *Postmoderne*. Bemerkungen zu Christoph Ransmayrs Roman *Die letzte Welt*. In: Poetica 26. 1994, S. 409-427

Gottwald, Herwig: *Mythos und Mythisches* in der Gegenwartsliteratur. Studien zu Christoph Ransmayr, Peter Handke, Botho Strauß, George Steiner, Patrick Roth und Robert Schneider. Stuttgart 1996 (Stuttgarter Arbeiten zur Germanistik. Hrsg. v. Ulrich Müller, Franz Hundsnurscher und Cornelius Sommer. Nr. 333)

Groot, Cegienas de: *Es lebe Ovid* - ein Plädoyer für die Ars longa. Christoph Ransmayrs Roman "Die letzte Welt". In: Neophilologus 75. 1991, S. 252-269

Grumach, Ernst : *Goethe und die Antike*. Eine Sammlung. Erster Band. Berlin 1949

Gundel, Hans: *Aurelius*: Kl. Pauly 1, 1979, 767

Hawking, Stephen: *A brief history of time.* Toronto, New York, London, Sidney und Auckland 1988
Hegel, Georg-Wilhelm: *Ästhetik.* Hrsg. v. Friedrich Bassenge. Berlin 1955
Heinze, Richard: *Ovids elegische Erzählung.* Leipzig 1919. Jetzt in: Richard Heinze: Vom Geist des Römertums. Hrsg. von E. Burck. Darmstadt 1960, S. 308-403
Herter, Hans: Das Concilium Deorum im I. Metamorphosenbuch Ovids. In: Romanitas - Christianitas. Festschrift J. Straub. Berlin/New York 1982, S. 109-124
Herter, Hans: *Ovids Kunstprinzip* in den Metamorphosen. In: American Journal of Philology 69. 1948, S. 340-361
Hobbes, Thomas: Hobbes über die *Freiheit.* Eingeleitet und mit Scholien hrsg. v. Georg Geismann und Karlfriedrich Herb. Würzburg 1988
Horkheimer, Max und Adorno, Theodor: *Dialektik der Aufklärung.* Philosophische Fragmente. Frankfurt am Main 1994 (New York [1]1944)
Jorißen, Ludger: *Der Autor ist tot - es lebe der Autor!* In: Weimarer Beiträge 37. 1991, S. 1246-1252
Kaiser, Gerhard R.: Apokalypse im 20. Jh. In: Gerhard R. Kaiser (Hrsg.): Poesie der Apokalypse. Würzburg 1991
Kiedaisch, Petra: *Ist die Kunst noch heiter?* Theorie, Problematik und Gestaltung der Heiterkeit in der deutschsprachigen Literatur nach 1945 (Untersuchungen zur deutschen Literaturgeschichte Bd. 87). Tübingen 1996
Kraus,Walther: P. *Ovidius* Naso: Kl. Pauly 4, 1979, 385
Latacz, Joachim: Ovids "Metamorphosen" als *Spiel mit der Tradition.* In: Peter Neukam (Hrsg.): Verpflichtung der Antike (Dialog Schule-Wissenschaft, Klassische Sprachen und Literaturen XII). München 1979 , S. 5-49
Lausberg, Marion: $Arxétupon teß œdiaß poiësewß. Zur *Bildbeschreibung* bei Ovid. In: Boreas 5. 1982, S. 112-123
Lausberg, Marion: *Ovid:* Metamorphosen. Große Werke der Literatur. Eine Ringvorlesung der Augsburger Universität 1989
Lesky, Albin: *Tragödie* (I.): Kl. Pauly 5, 1979, 907-914
Lichtenstern, Christa: *Metamorphose.* Vom Mythos zum Prozeßdenken. Ovid-Rezeption. Surrealistische Ästhetik. Verwandlungsthematik der Nachkriegskunst. Weinheim 1992
Ludwig, Walther: *Struktur und Einheit* der Metamorphosen Ovids. Berlin 1965
Märtin, Ralf-Peter: *Ransmayrs Rom.* Der Poet als Historiker. In: Die Erfindung der Welt. Zum Werk von Christoph Ransmayr. Hrsg. von Uwe Wittstock. Frankfurt a. M. 1997, S. 113-119
Mayer-Maly, Theo: *cognomen*: Kl. Pauly 1, 1979, 1242
Meise, Eckhard: Untersuchungen zur *Geschichte der Julisch-Claudischen Dynastie.* München 1969
Meyer, Ernst: *Oros*: Kl. Pauly 4, 1979, 349
Misch, Georg : Geschichte der *Autobiographie.* Erster Band. Das Altertum. Erste Hälfte. Dritte stark vermehrte Auflage. Frankfurt a. M. 1949
Naumann, Barbara: *Topos-Romane* oder: Entgrenzung von Zeit und Raum bei Groß, Ransmayr und Malouf. In: Arcadia 27. 1992, S. 95-105
Nethersole, Reingard: *Vom Ende der Geschichte* und dem Anfang von Geschichten: Christoph Ransmayrs "Die letzte Welt". In: Acta Germanica Bd. 21. 1992, S. 229-245
Norden, Eduard: Die germanische *Urgeschichte* in Tacitus' Germania. Darmstadt [4]1959 (Leipzig und Berlin [1]1920)
Norwood, F.: *The riddle* of Ovid's "relegatio". In: Classical Philology 58. 1963, S. 150-163

Ovid im Urteil der Nachwelt. Eine Testimoniensammlung. Zusammengestellt von Wilfried Stroh. Darmstadt 1969

Pachale, Eva: *Metamorphose als Prinzip*. In: "Keinem bleibt seine Gestalt". Ovids "Metamorphoses" und Christoph Ransmayrs "Letzte Welt". Essays zu einem interdisziplinären Kolloquium. Hrsg. v. Helmut Kiesel und Georg Wöhrle (Fußnoten zur neueren deutschen Literatur. Heft 20). Bamberg 1990, S. 5-8

Peters, Heinrich: *Symbola* ad Ovidii artem epicam cognoscendam. Diss. Göttingen 1908

Pöschl, Viktor: Die *Erzählkunst* Ovids in den Metamorphosen. In: ders.: Kunst und Wirklichkeitserfahrung in der Dichtung. Abhandlungen und Aufsätze zur Römischen Poesie. Kleine Schriften I. Hrsg. von Wolf-Lueder Liebermann. Heidelberg 1971, S. 268-276 [hiernach zitiert]. Zuerst italienisch: L'arte narrativa di Ovidio nelle 'Metamorfosi'. Atti del Convegno Internazionale Ovidiano (Sulmona Mai 1958). Rom 1959, S. 295-305

Pöschl, Viktor: Der *Katalog der Bäume* in Ovids Metamorphosen. In: ders.: Kunst und Wirklichkeitserfahrung in der Dichtung. Abhandlungen und Aufsätze zur Römischen Poesie. Kleine Schriften I. Hrsg. von Wolf - Lueder Liebermann. Heidelberg 1971, S. 293-301 [hiernach zitiert]. Zuerst: Meddium aevum vivum (Festschrift für W. Bulst). Heidelberg 1960, S. 13-21

Podossinov, Alexander: Ovids Dichtung als Quelle für die *Geschichte des Schwarzmeergebiets*. (Xenia 19 = Konstanzer Althistorische Vorträge und Forschungen. Hrsg. v. Wolfgang Schuller). Konstanz 1987

Quinn, Kenneth: *The poet and his audience* in the Augustan Age. In: Aufstieg und Niedergang der Römischen Welt 30.1. 1982, S. 75-180

Rieks, Rudolf: Zum *Aufbau* von Ovids "Metamorphosen". In: Würzburger Jahrbücher. Bd. 6. 1980, S. 85-103

Ruge (ohne Vorname): *Limyra*. In: RE 13.1 (1927), 710-711

Sachs, H. u.a. (Hrsg.), Christliche Ikonographie in Stichworten. München, Berlin 1996

Scheck, Ulrich : *Katastrophen und Texte*: Zu Christoph Ransmayrs *Die Schrecken des Eises und der Finsternis* und *Die letzte Welt*. In: Hinter dem schwarzen Vorhang. Die Katastrophe und die epische Tradition. Festschrift für Anthony W. Riley. Hrsg. v. Friedrich Gaede, Patrick O'Neill und Ulrich Scheck. Tübingen und Basel 1994, S. 283-290

Schiffermüller, Isolde: *Untergang und Metamorphose*: allegorische Bilder in Christoph Ransmayrs Ovid-Roman "Die letzte Welt". In: Quaderni di lingue e letterature 15. 1990, S. 235-250

Schmidt, Reinhard: Die *Übergangstechnik* in den Metamorphosen Ovids. Breslau 1938

Schmoldt, H.: Steinigung. In: Reclams Bibellexikon. Hrsg. v. Klaus Koch u.a. Stuttgart 1978, S. 479

Schneider, Helmuth: Einführung in die *antike Technikgeschichte*. Darmstadt 1992

Seidensticker, Bernd: *Exempla*. Römisches in der literarischen Antikerezeption nach 1945. In: Gymnasium 101. 1994, S. 7-42

Speidel, M. A.: Goldene Lettern in Augst. Zu zwei frühen Zeugnissen der Kaiserverehrung und des goldenen Zeitalters in der colonia Augusta Raurica. In: Zeitschrift für Papyrologie und Epigraphik 95. 1993, S. 179-189

Syme, Ronald: History in Ovid. Oxford 1978

Thibault, John C.: *The mystery* of Ovid's exile. Berkeley/LosAngeles 1964

Töchterle, Karlheinz: Gegen das Große und Ganze, für das Kleine und Viele: Ovids Metamorphosen und ihre Nutzung durch Christoph Ransmayr. In: Pannonia 18. 1990/91, S. 12-13

Töchterle, Karlheinz: *Spiel und Ernst* - Ernst und Spiel. Ovid und "Die letzte Welt" von Christoph Ransmayr. In: Antike und Abendland 38. 1992, S. 95-106

Trapp, J. B.: *Portraits of Ovid* in the Middle Ages and Renaissance. In: Die Rezeption der "Metamorphosen" des Ovid in der Neuzeit. Der antike Mythos in Text und Bild. Internationales Symposion der Werner Reimers-Stiftung. Bad Homburg v. d. H. (22. bis 25. April 1991). Hrsg. v. Hermann Walter und Hans-Jürgen Horn (Ikonographische Repertorien zur Rezeption des antiken Mythos in Europa. Beihefte I). Berlin 1995, S. 252-278

Vogel, Juliane: *Letzte Momente/Letzte Welten*. Zu Christoph Ransmayrs Ovidischen Etüden. In: Jenseits des Diskurses. Literatur und Sprache in der Postmoderne. Hrsg. v. Albert Berger u. Gerda Elisabeth Moser. Wien 1994, S. 309-321

Hinter dem schwarzen Vorhang. Die Katastrophe und die epische Tradition. Festschrift für Anthony W. Riley. Hrsg. v. Friedrich Gaede, Patrick O'Neill und Ulrich Scheck. Tübingen und Basel 1994

Weizsäcker, P.: Ixion. In: Ausführliches Lexikon der griechischen und römischen Mythologie. Hrsg. v. Wilhelm Heinrich Roscher, Bd. 2, Leipzig 1890-1894, 766-772

Welsch, Wolfgang: *Perspektiven* für das Design der Zukunft. In: ders.: Ästhetisches Denken. Stuttgart 1990, S. 201-218

Zanker, Paul: Augustus und die Macht der Bilder, München 1982

Studien zur Geschichte und Kultur des Altertums. Neue Folge

1. Reihe: Monographien

Im Auftrag der Görres-Gesellschaft herausgegeben von Heinrich Chantraine, Tony Hackens, Hans Jürgen Tschiedel und Otto Zwierlein

---

1 **Die Darstellung von Naturgottheiten bei Ovid und früheren Dichtern**
Von Torsten Eggers. - 1984. 300 Seiten, kart., ISBN 3-506-79051-X

2 **Goten in Konstantinopel**
Untersuchungen zur oströmischen Geschichte um das Jahr 400 n. Chr.
Von Gerhard Albert. - 1984. 211 Seiten, kart., ISBN 3-506-79052-8

3 **Parrasios Epikedion auf Ippolita Sforza**
Von Thomas Klein. - 1987. 189 Seiten, kart., ISBN 3-506-79053-6

4 **Philophronema**
Festschrift für Matin Sicherl zum 75. Geburtstag
Von Textkritik bis Humanismusforschung. Hrsg. von Dieter Harlfinger.
1990. 389 Seiten, kart., ISBN 3-506-79054-4

5 **Die griechischen Erstausgaben des Vettore Trincavelli**
Von Martin Sicherl. - 1993. XII + 96 Seiten, kart., ISBN 3-506-79055-2

6 **Die Kynikerbriefe**
1. Die Überlieferung. Von Eike Müseler
Mit Beiträgen und dem Anhang 'Das Briefkorpus Ω'. Von Martin Sicherl.
1994. XVI + 167 Seiten, kart., ISBN 3-506-79056-0

7 **Die Kynikerbriefe**
2. Kritische Ausgabe mit deutscher Übersetzung. Von Eike Müseler.
1994. XII + 146 Seiten, kart., ISBN 3-506-79057-9

8 **E fontibus haurire**
Beiträge zur römischen Geschichte und zu ihren Hilfswissenschaften.
Heinrich Chantraine zum 65. Geburtstag.
Hrsg. von Rosmarie Günther und Stefan Rebenich.
1994. 417 Seiten, kart., ISBN 3-506-79058-7

9 **Das Motiv der Tagesspanne**
Ein Beitrag zur Ästhetik der Zeitgestaltung im griechisch-römischen
Drama. Von Jürgen Paul Schwindt.
1994. 232 Seiten, kart., ISBN 3-506-79059-5

10 **Griechische Erstausgaben des Aldus Manutius**
Druckvorlagen, Stellenwert, kultureller Hintergrund. Von Martin Sicherl.
1997. XXII+386 Seiten, kart., ISBN 3-506-79060-9

11 **Die Epistulae Heroidum XVII und XIX des Corpus Ovidianum**
Echtheitskritische Untersuchungen. Von Macus Beck.
1996. 348 Seiten, kart., ISBN 3-506-79061-7

12 **Die Achilles-Ethopolie des Codex Salmasianus**
Untersuchungen zu einer spätlateinischen Versdeklamation.
Von Christine Heusch. 1997. 238 Seiten, kart., ISBN 3-506-79062-5

Schöningh

Studien zur Geschichte und Kultur des Altertums. Neue Folge

2. Reihe: Forschungen zu Gregor von Nazianz

Im Auftrag der Görres-Gesellschaft herausgegeben von
Justin Mossay und Martin Sicherl

---

1. **Repertorium Nazianzenum. Orationes. Textus graecus.**
   1. Codices Galliae, recensuit Iustinus Mossay.
   1981. 133 Seiten, kart., ISBN 3-506-79001-3

2. **II. Symposium Nazianzenum (Louvain-la-Neuve, 25-18 aout 1981)**
   Actes du colloque international, édités par Justin Mossay.
   1983. 306 Seiten, kart., ISBN 3-506-79002-1

3. **Die handschriftliche Überlieferung der Gedichte Gregors von Nazianz.**
   1. Die Gedichtgruppen XX und XI. Von Winfried Höllger.
   Mit Vorwort und Beiträgen von Martin Sicherl und den Übersichtstabellen
   zur handschriftlichen Überlieferung der Gedichte Gregors von Nazianz
   von Heinz Martin Werhahn.
   1985. 174 Seiten, kart., ISBN 3-506-79003-X

4. **Die handschriftliche Überlieferung der Gedichte Gregors von Nazianz.**
   2. Die Gedichtgruppe I. Von Norbert Gertz.
   Mit Beiträgen von Martin Sicherl.
   1986. 188 Seiten, kart., ISBN 3-506-79004-8

5. **Repertorium Nazianzenum. Orationes, Textus Graecus.**
   2. Codices Americae, Angliae, Austriae, recensuit Iustinus Mossay
   1987. 152 Seiten, kart., ISBN 3-506-79005-6

6. **Gregor von Nazianz, Gegen die Habsucht (Carmen 1,2,28)**
   Einleitung und Kommentar. Von Ulrich Beuckmann.
   1988. 136 Seiten, kart., ISBN 3-506-79006-4

7. **Gregor von Nazianz, Über die Bischöfe (Carmen 1,2,12)**
   Einleitung, Text, Übersetzung, Kommentar. Von Beno Meier.
   1988. 176 Seiten, kart., ISBN 3-506-79007-2

Schöningh

Studien zur Geschichte und Kultur des Altertums. Neue Folge

2. Reihe: Forschungen zu Gregor von Nazianz

Im Auftrag der Görres-Gesellschaft herausgegeben von
Justin Mossay und Martin Sicherl

---

8 Gregor von Nazianz, Gegen den Zorn (Carmen 1,2,25)
   Einleitung und Kommentar von Michael Oberhaus.
   Mit Beiträgen von Martin Sicherl.
   1991. XVI+230 Seiten, kart., ISBN 3-506-79008-0

9 Gregor von Nazianz, Der Rangstreit zwischen Ehe und
   Jungfräulichkeit (Carmen 1,2,1,215-732)
   Einleitung und Kommentar von Klaus Sundermann.
   Mit Beiträgen von Martin Sicherl.
   1991. XVII+253 Seiten, kart., ISBN 3-506-79009-9

10 Repertorium Nazinazenum. Orationes. Textus Graecus.
   3. Codices Belgii, Bulgariae, Constantinopolis, Germaniae, Graeciae (pars prior), Heluetiae, Hiberniae, Hollandiae, Poloniae, Russiarum, Scandinauiae, Ucrainae et codex uagus, recensuit Iustinus Mossay.
   1993. 284 Seiten, kart., ISBN 3-506-79010-2

11 Repertorium Nazianzenum. Orationes. Textus Graecus.
   4. Codices Cypri, Graeciae (pars altera), Hierosolymorum,
   recensuit Iustinus Mossay.
   1993. 246 Seiten, kart. ISBN 3-506-79011-0

12 Repertorium Nazianzenum. Orationes. Textus Graecus.
   5. Codices Civitatis Vaticanae,
   recensuerunt Iustinus Mossay et Laurentius Hoffmann.
   1996. 224 Seiten, kart., ISBN 3-506-79012-9

13 Gregor von Nazianz, Mahnungen an die Jungfrauen (Carmen 1,2,2)
   Kommentar von Frank Erich Zehles und Mariá José Zamora.
   Mit Einleitung und Beiträgen von Martin Sicherl.
   1996. 300 Seiten, kart., ISBN 3-506-79013-7

Schöningh